DE CAÇADOR A *GOURMET*

UMA HISTÓRIA DA GASTRONOMIA

OBRA ATUALIZADA CONFORME
O **NOVO ACORDO ORTOGRÁFICO**
DA LÍNGUA PORTUGUESA.

Dados Internacionais de Catalogação na Publicação (CIP)
(Câmara Brasileira do Livro, SP, Brasil)

Franco, Ariovaldo
De caçador a gourmet : uma história da gastronomia / Ariovaldo Franco. – 5ª ed. – São Paulo : Editora Senac São Paulo, 2010.

Bibliografia.
ISBN 978-85-7359-970-1

1. Alimentos – História 2. Culinária – História 3. Gastronomia – História 4. Hábitos alimentares – História I. Título.

01-0536 CDD-641.01309

Índice para catálogo sistemático:
1. Gastronomia : História 641.01309

De caçador a *gourmet*

Uma história da gastronomia

Ariovaldo Franco

5ª edição

Editora Senac São Paulo – São Paulo – 2010

Gerente/Publisher: Jeane Passos de Souza (jpassos@sp.senac.br)
Coordenação Editorial/Prospecção: Luís Américo Tousi Botelho (luis.tbotelho@sp.senac.br)
Márcia Cavalheiro Rodrigues de Almeida (mcavalhe@sp.senac.br)
Administrativo: João Almeida Santos (joao.santos@sp.senac.br)
Comercial: Marcos Telmo da Costa (mtcosta@sp.senac.br)

Edição de Texto: Fernanda Franco de Camargo
Preparação de Texto: Claudemir Donizeti de Andrade
Revisão de Texto: Edna Viana, Kimie Imai, Luciana Lima (coord.), Globaltec Editora Ltda.
Capa: Ettore Bottini, sobre o quadro *La cuisinière*, de Pieter Aertsen (1508-1575) (Musées Royaux des Beaux-Arts, Bruxelas)
Projeto Gráfico e Editoração Eletrônica: RW3 Design
Impressão e Acabamento: Gráfica CS Eireli

Editora Senac São Paulo
Rua 24 de Maio, 208 – 3º andar – Centro – CEP 01041-000
Caixa Postal 1120 – CEP 01032-970 – São Paulo – SP
Tel. (11) 2187-4450 – Fax (11) 2187-4486
E-mail: editora@sp.senac.br
Home page: http://www.editorasenacsp.com.br

SUMÁRIO

NOTA DO EDITOR

Entre os muitos ensinamentos e revelações que este livro de Ariovaldo Franco nos reserva encontra-se o de que, "numa vida de cerca de 70 anos, quem consagra mais ou menos duas horas diárias ao ato de comer passará aproximadamente seis anos comendo". E, no entanto, a história da gastronomia foi, durante muito tempo, ignorada pela maioria dos historiadores, sociólogos e etnólogos.

Talvez essa omissão se deva ao fato de que, por ser animal, a necessidade de comer parecesse, a muitos, menos digna de considerações intelectuais.

No entanto – e isso se encontra também nas páginas adiante –, o ato de alimentar-se proporciona um "prazer peculiar à espécie humana. Pressupõe cuidados com o preparo da refeição, com a arrumação do local onde será servida e com o número e tipo de convivas". Em suma, e hoje isso é uma verdade universalmente admitida, a alimentação diz muito sobre a educação, a civilidade e a cultura das pessoas.

De caçador a gourmet*: uma história da gastronomia* é uma fascinante lição de história do comportamento. E o Senac São Paulo, instituição que tem uma grande área especializada em temas afins ao que aqui se enfoca – a área de Educação e a Faculdade de Turismo e Hotelaria –, lança com entusiasmo este livro que, ocupando-se do prazer de comer, instiga o prazer de ler.

Para Michèle Blanc,
amiga de todas as horas.

AGRADECIMENTOS

Pela amizade estimulante, minha gratidão a Anette e Tales Procópio de Carvalho, Cida Maria Sampaio Doria, Elisabeth Braz, Fernando Cotrim, Flávio R. Senna, Hamilton Muniz Mendonça, Marlise Moreira Salles, Maria Werneck de Castro, Paulo de Camargo e Almeida, Pepita Aguilera Viladés, Raul de Sá Barbosa, Reginaldo Chaves, Rita e Tito Hesketh, Sergio Vivacqua, Tommy Åberg e Wanda Mycielska.

APRESENTAÇÃO

A divisão do texto em capítulos de caráter predominantemente cronológico e a própria demarcação dos períodos são arbitrárias. Os fatos não ocorrem em fases estanques. É, portanto, artificial estabelecer limites absolutos, quando se consideram processos sociais de longo termo.

Não obstante, o critério de tomar como ponto de referência determinados limites de tempo permitiu ao autor ordenar dados, muitas vezes sincrônicos, da evolução da gastronomia.

Os grandes descobrimentos marítimos do século XV inscrevem-se no quadro do Renascimento. Entretanto, por seus efeitos profundos nos hábitos alimentares mundiais, são tratados em capítulo à parte. Da mesma forma, o desenvolvimento peculiar das cozinhas da China e do Japão, tão importantes na gastronomia moderna, merece um capítulo especial.

O interesse pelas cozinhas nacionais e regionais é crescente e foi mencionado no capítulo 9. Nesta obra, porém, o autor optou por ater-se às cozinhas de referência, ou seja, às vertentes culinárias que, durante séculos de amalgamação e troca de influência, contribuíram para a formação da cozinha e gastronomia mundiais. Entre elas, destacam-se as cozinhas da China, do Japão, do Oriente Médio, da Itália, da Espanha e da França.

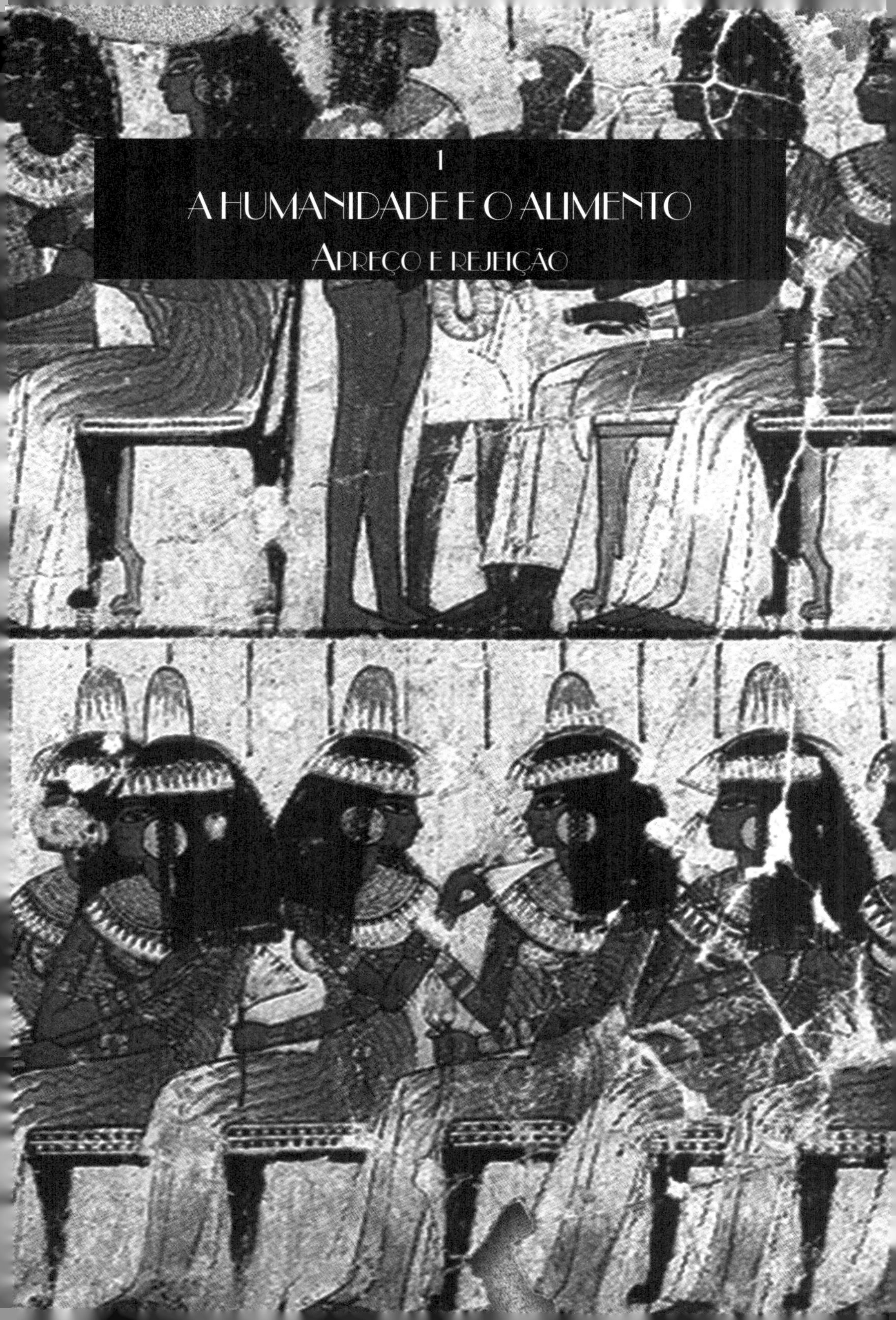

1
A HUMANIDADE E O ALIMENTO
Apreço e rejeição

Quando o homem aprendeu a cozinhar os alimentos, surgiu uma profunda diferença entre ele e os outros animais.

Cozinhando, descobriu que podia restaurar o calor natural da caça, acrescentar-lhe sabores e torná-la mais digerível. Verificou também que as temperaturas elevadas liberam sabores e odores, ao contrário do frio, que os sintetiza ou anula. Percebeu ainda que a cocção retardava a decomposição dos alimentos, prolongando o tempo em que podiam ser consumidos. Identificava, assim, a primeira técnica de conservação.

Os mais antigos fósseis humanos foram encontrados ao longo da Grande Falha Tectônica da África Oriental, onde abundam fontes termais e gêiseres. Paleontólogos acham provável que o proto-homem, mesmo antes de descobrir o fogo, tenha associado o calor proveniente dessas fontes ao de suas presas e ao de seu próprio corpo. Em decorrência, teria cozido caça em tais fontes de calor, numa tentativa bem-sucedida de devolver-lhe a temperatura e o sabor de presa recém-abatida. Teria, então, cozido alimentos antes mesmo de descobrir o fogo.

No entanto, a capacidade de gerar ignição representaria para os grupos humanos um importante salto cultural.

Gerador de calor e de luz, o fogo – associado à magia, ao sobrenatural e à ideia de vida, de purificação e de perenidade – foi, provavelmente, uma das primeiras divindades. São raras as religiões que não utilizam o fogo em seus ritos. O culto ao fogo é mesmo elemento essencial de algumas delas, como o zoroastrismo.

Nos salmos, no Evangelho e em algumas orações cristãs, o fogo é sinônimo de salvação, de vida eterna, do próprio Deus: "Tu que és chama irradia em mim tua força e teu amor".

Em muitas culturas, o fogo faz parte dos rituais da mesa e da hospitalidade. Ele sempre exerceu fascínio sobre a humanidade e há quem afirme tratar-se essa atração "de uma espécie de chamamento interior, inconsciente, uma reminiscência do fogo original..."[1] As chamas simbólicas, mantidas sempre acesas, denotam anseio de continuidade, de eternidade.

A cocção dos alimentos os tornaria mais fáceis de mastigar. Assevera-se que o menor desenvolvimento dos músculos faciais e o maior crescimento da cavidade craniana e do cérebro decorreriam do menor esforço na mastigação.

Os primórdios da arte culinária estão associados à invenção dos utensílios de pedra e de barro. Graças a eles, diferentes processos de cozimento permitiram maior variedade na dieta humana. As preparações culinárias não passariam dos níveis mais simples sem um vasilhame para ferver líquidos e manter alimentos sólidos em temperatura constante. Só com a fabricação desses artefatos puderam os homens iniciar-se na culinária propriamente dita, isto é, cozer os alimentos, condimentando-os com ervas e sementes aromáticas.

---

[1] José Saramago, *O Evangelho segundo Jesus Cristo* (São Paulo: Companhia Das Letras, 1971), p. 168.

Utilizando-se também a argila, inventou-se o forno de barro compactado. Essas inovações constituíram importantes mudanças na sociedade pré-histórica.

Para saciar a fome, a humanidade tem-se servido, ao longo de sua história, de quase todo organismo animal e vegetal que tem ao alcance.

Praticando a caça desde o Paleolítico, o homem pôde sobreviver às épocas glaciais. A caça possibilitou-lhe deixar de ser simples coletor de alimentos e, além da carne, deu-lhe peles para a proteção contra o frio.

O homem ampliaria sua atividade de caçador ao iniciar o cultivo da terra há cerca de dez mil anos. A agricultura nasceu quando ele se absteve de consumir parte dos grãos colhidos e os enterrou para que germinassem e se multiplicassem. Começaria também a domesticar alguns dos animais que antes caçava.

A humanidade tornava-se, portanto, criadora de animais e produtora de alimentos e deixava de ser um elemento mais ou menos inofensivo da cadeia ecológica, na medida em que evoluía do ritmo meramente biológico para o ritmo econômico.

A fabricação de ferramentas cortantes e a arte de tecer constituíram outro marco importante do período Neolítico.

O cultivo da terra, assim como a fabricação de utensílios de cerâmica e de fornos, implicava o estabelecimento de um núcleo habitacional fixo de uma comunidade. Em torno dos campos de cereais, apareceriam as primeiras aldeias.

O aumento gradual da produtividade agrícola permitiria que se armazenasse uma parte das colheitas e que um número crescente de pessoas pudesse dedicar-se a outras atividades. Esse fato é um dos marcos da história humana. Em decorrência dos primeiros excedentes de alimentos, surgiram excedentes de muitas outras coisas.

O fato de dispor de alimentos além do estritamente necessário para uso imediato propiciou ainda à espécie humana tempo livre para desenvolver tecnologia e outros aspectos da cultura.

O armazenamento de alimentos possibilitaria a vida em núcleos comunitários mais extensos e a fixação da humanidade em áreas de clima temperado, sem que fosse forçada a migrações cíclicas. O acúmulo de alimentos e de outros bens geraria, ao mesmo tempo, o apego a um determinado território.

Não obstante, mesmo os pequenos aglomerados humanos seriam, durante muito tempo, uma raridade. Neles, residiria apenas uma fração diminuta da humanidade, enquanto a capacidade de produção agrícola fosse baixa e o nível tecnológico mantivesse características paleolíticas.

Só o desenvolvimento da tecnologia possibilitaria o aparecimento das primeiras cidades. Estas surgiriam em áreas de clima benigno e com condições propícias ao cultivo da terra, geralmente ao longo dos vales fluviais, zonas onde os agricultores pudessem produzir alimentos em quantidade bem maior do que necessitavam para consumir. Os primeiros excedentes eram sempre alimentares. As cidades, portanto, evoluiriam como centros administrativos de excedentes originados pela interação de fatores tecnológicos, climáticos e sociais.

Lentamente esboçar-se-ia a substituição das simples relações do escambo por relações comerciais bem mais complexas.

Há indícios de que o Crescente Fértil – território que hoje compreende Irã, Iraque, Turquia, Síria, Líbano, Israel e Jordânia – teria sido o habitat natural de plantas e de animais que dariam origem às primeiras espécies domesticadas. No Crescente Fértil teriam sido domesticados o trigo, a cevada, a lentilha, a ervilha, o linho, a cabra, a ovelha, o boi, o porco.

Estima-se que há 11 mil anos, a Terra tinha cerca de 5 milhões de habitantes, e todos se nutriam unicamente de alimentos provenientes da coleta, da caça e da pesca.

A agricultura nasceu de maneira independente, com intervalos seculares, em vários pontos da Terra. Embora habitantes dessas áreas tivessem vivido exclusivamente da predação de espécies selvagens, num dado momento de sua história, lograram domesticar algumas delas.

Consequentemente, nessa região surgiriam as primeiras aldeias (7000-6000 a.C.). As cidades, porém, só apareceriam por volta do ano 3500 a.C., na Mesopotâmia Meridional.[2] Nesse contexto, comunidades aldeãs, ao se tornarem particularmente dinâmicas, deram origem a uma civilização urbana portadora de um modo de vida inovador e consciente de poder se transformar.

Provêm dessa mesma região as mais antigas receitas de cozinha de que se tem notícia. Foram talhadas na argila, em símbolos cuneiformes, por volta do ano 1500 a.C.[3]

O arqueólogo francês J. Bottero considera esses fatos reveladores de o quanto a Mesopotâmia se tornara rica e organizada, uma potência econômica capaz de atrair e de influenciar as populações vizinhas e, paulatinamente, se converter em uma civilização brilhante.

Tábulas de argila encontradas nas ruínas da cidade de Uruk, datando aproximadamente de 4000 a.C., têm gravados, de maneira rudimentar, sinais considerados a mais antiga manifestação da escrita.

Observando o ciclo sazonal – a estação chuvosa ou seca, a época de semear ou de colher –, o homem aprendeu também a observar o movimento dos astros.

O início das civilizações está intimamente relacionado com a procura dos alimentos, com os rituais e com os costumes de seu cultivo e preparação, e com o prazer de comer.

---

[2] Existe consenso de que a revolução neolítica teria ocorrido em diferentes momentos e lugares. Assim, a agricultura e a domesticação de animais só teria principiado no Egito (vale do Nilo), em 5000 a.C., na Índia (vale do Indo), em 3500 a.C., e na China (bacia do rio Amarelo), por volta do ano 2500 a.C. Baseados em dados cronológicos e noutros indícios, alguns autores pensam que os povoados agrícolas de todas essas regiões teriam uma origem comum: o Crescente Fértil. Acreditam, no entanto, que o início da produção de alimentos na América teria se originado de maneira independente. Seu núcleo inicial teria sido, por volta do ano 3000 a.C., a região central do México, de onde as práticas agrícolas se propagaram pelo restante do continente.

[3] Sobre o assunto, ver S. Piggot, *The Dawn of Civilization* (Londres: Thames and Hudson, 1961), pp. 35-96. E também Göran Burenhult, *Le monde antique* (Paris: Bordas S.A., 1994), pp. 9-37.

O prazer de comer é a sensação de satisfazer uma necessidade que temos em comum com os animais. Comer, o instinto que mais cedo desperta, constitui a base da vida animal.

Fome é a carência biológica de alimento que se manifesta em ciclos regulares. Apetite é fundamentalmente um estado mental, uma sensação que tem muito mais de psicológico do que de fisiológico.

É impossível precisar quando o alimento, necessidade humana sempre presente, se transformou em prazer da mesa.

Os animais comem até se saciarem. O homem logo inventou o ritual social básico que é a refeição e, mais adiante, o festim, este frequentemente realizado para ganhar a proteção e o favor dos deuses. Ele reflete também a busca de prazer e de divertimento e contitui um meio de escape das preocupações e da monotonia do cotidiano.

A refeição começou a existir provavelmente depois que a espécie humana deixou de se nutrir de raízes e de frutas. A preparação e a partilha das carnes exigiam a reunião do grupo ou da família. A refeição é, assim, "a ritualização da repartição de alimentos".[4] Por isso mesmo, tornou-se tão rica em símbolos.

Por volta de 800 a.C., o cultivo da terra nos vales do Tigre e do Eufrates permitiu o substancial crescimento demográfico e um volume de excedentes capaz de alimentar a população dedicada a atividades não relacionadas com a produção de alimentos: artesãos, guerreiros, sacerdotes, comerciantes.

A Mesopotâmia beneficia-se da ação fecundadora das enchentes de seus dois rios. A paisagem da região mudou radicalmente com o aperfeiçoamento do sistema de irrigação, por meio da abertura de canais. Tal empreendimento teve profundas consequências demográficas, econômicas, culturais e políticas, favorecendo o aparecimento de aglomerados humanos mais densos, núcleos formadores das primeiras cidades.

---

[4] Annick Sjögreen, "Le Repas comme architecte de la vie familiale", *Dialogue*, nº 93, Paris.

A manufatura de utensílios para a lavra da terra e o conhecimento acumulado pelas populações sedentárias propiciaram o desenvolvimento da agricultura e a criação de animais.

Assim, a origem da agricultura não teria sido, conforme se propõe na "teoria dos oásis", decorrência da desertificação, que teria levado grupos humanos, plantas e animais a se concentrarem em oásis, pois a desertificação do Oriente Próximo só se manifestou cerca de 2 mil anos após o surgimento da agricultura e da domesticação de animais.

A tendência humana de compartilhar alimento, ideia básica da hospitalidade, teria se originado quando o homem desenvolveu a capacidade de matar grandes presas. Esse tipo de caça muitas vezes o forçava à associação.

Desconhecendo ainda outros métodos de conservação, além da cocção, via-se obrigado a consumir a caça com certa rapidez. Isso o induziria a dividir com outros caçadores e famílias o produto de seu trabalho e, evidentemente, esperar gestos recíprocos. Teria nascido, assim, a hospitalidade à mesa.

A associação entre caçadores, na busca de presas maiores, criou também a necessidade de um sistema complexo de sinais, que fez com que se desenvolvesse a linguagem vocal.

O prazer da mesa é a sensação que advém de várias circunstâncias, fatos, lugares, coisas e pessoas que acompanham a refeição. É um prazer peculiar à espécie humana. Pressupõe cuidados com o preparo da refeição, com a arrumação do local onde será servida e com o número e tipo de convivas.

O prazer da mesa pode, como dizia Brillat-Savarin, preparar-nos para outros prazeres e também nos consolar ou compensar sua perda.

Sabemos que uma refeição, por mais perfeita que seja do ponto de vista gastronômico, será prejudicada se os convivas não forem simpáticos. Em contrapartida, uma refeição simples trará grande satisfação se a companhia for agradável.

Momento privilegiado de intercâmbio e de comunicação, a refeição em comum pode marcar uma nova direção nas relações humanas. Uma refeição a dois frequentemente faz parte da galanteria e da sedução.

No entanto, as refeições são também oportunidade para a exteriorização de conflitos latentes. Muitas delas, concebidas para comemorar datas festivas ou com o mero objetivo de reunir familiares, se convertem em ocasião para colisão e desavença. Não obstante, a refeição copiosa e bem regada permanece símbolo de hospitalidade e de amizade na maioria das culturas.

A comensalidade, tanto do ponto de vista religioso como profano, foi sempre vista como maneira importante de promover a solidariedade e de reforçar laços entre membros de um grupo. Entre os que comem e bebem juntos há, em geral, vínculos de amizade e obrigações mútuas, pois a fraternidade e a afinidade são inerentes à comensalidade. Esta não sói existir entre os que, por uma questão de crença ou de *status*, não são considerados afins. Os seres humanos atribuem grande função social à refeição e à comensalidade.

Transpõe-se um limiar social importante sempre que se convida alguém ou se é convidado para participar de uma refeição. A comensalidade é signo de paz e de confiança. Comer junto, observa Marianne Modak,[5] favorece a criação ou atualização de laços entre convivas para, "na magia do instante", gerar um coletivo. Por isso, o ágape se integra à liturgia de tantas religiões.

A socialização de uma criança compreende as mais variadas noções sobre alimentação. Desse processo advém a valorização ou rejeição de certos alimentos, princípios higiênicos e dietéticos e, evidentemente, preconceitos e tabus.

A refeição em família é um ritual propício à transmissão de valores. Por meio da aprendizagem de maneiras, sobretudo das de

---

[5] Marianne Modak, "Note sur les conversations de table en famille", *Dialogue*, nº 93, Paris.

mesa, desenham-se para a criança os contornos do mundo ao qual ela pertence, e as atitudes aprovadas pelo seu grupo social são assimiladas como norma.

Os hábitos culinários[6] de uma nação não decorrem somente do mero instinto de sobrevivência e da necessidade do homem de se alimentar. São expressão de sua história, geografia, clima, organização social e crenças religiosas. Por isso, as forças que condicionam o gosto ou a repulsa por determinados alimentos diferem de uma sociedade para outra.

O gosto, que muitos acreditam ser próprio, é uma constelação de extrema complexidade na qual entram em jogo, além da identidade idiossincrática, fatores como: sexo, idade, nacionalidade, religião, grau de instrução, nível de renda, classe e origem sociais.

O gosto é, portanto, moldado culturalmente e socialmente controlado. O homem nasce em estado semifetal e necessita de um longo período de aprendizado, antes de integrar-se às estruturas sociais. Tal processo compreende a formação do gosto e dos hábitos alimentares. Assim, os alimentos habituais tornam-se objeto de predileção, os mais saboreados. Por isso, também, apreciam-se tanto os pratos da região em que se cresceu e, no terreno alimentar, predominam o chauvinismo e o conservantismo. A humanidade é mais conservadora em matéria de cozinha do que em qualquer outro campo da cultura. Assim, a exaltação de alguns pratos da culinária materna, ou do país de origem, mesmo quando medíocres, pode durar a vida inteira e a sua degustação gera, às vezes, associações mentais surpreendentes.

Os hábitos alimentares têm raízes profundas na identidade social dos indivíduos. São, por isso, os hábitos mais persistentes no processo de aculturação dos imigrantes.

---

[6] Conjunto de regras e maneiras que orientam um indivíduo ou um grupo na preparação e no consumo dos alimentos usuais.

Os homens comem como a sociedade os ensinou. Os hábitos alimentares decorrem da interiorização, desde a mais tenra infância, de regras e de restrições. Por conseguinte, observa Léo Moulin, os homens preferem os alimentos que suas mães, "a sociedade encarnada e personificada", os ensinaram a gostar.[7]

Diz Gilberto Freire: "Pois a verdade parece ser realmente esta: a das nossas preferências de paladar serem condicionadas, nas suas expressões específicas, pelas sociedades a que pertencemos, pelas culturas de que participamos, pelas ecologias em que vivemos os anos decisivos da nossa existência."[8]

Gostos e aversões fazem parte do patrimônio da infância. No entanto, uma das peculiaridades do ser humano é continuar provando alimentos considerados desagradáveis, a ponto de adquirir gosto por eles. Graças a esse fato, um adulto acaba comendo com prazer coisas que lhe pareciam desagradáveis na infância, à medida que suas experiências gustativas se ampliam. Tornar-se-á, porém, indiferente a alguns alimentos que apreciava em decorrência dessa mesma evolução.

O desenvolvimento de um gosto eclético pode significar a ruptura com o mundo da infância e, portanto, autonomia e maturidade.

O olfato está intimamente relacionado com o paladar, e o papel do controle cultural na percepção olfativa é igualmente importante. Odores desconhecidos, da mesma forma que paladares novos, são muitas vezes desagradáveis e até repelentes.

Por meio do olfato é possível avaliar os alimentos antes de prová-los e mesmo de vê-los. Cheiro de boa comida abre-nos o apetite e odores repulsivos podem nos causar náusea. Observa-se também que as associações geradas pelo olfato são tão intensas quanto as provenientes do paladar.

---

[7] Léo Moulin, *Les liturgies de la table* (Anvers: Fonds Mercator, 1988), p. 10.

[8] Gilberto Freire, *Açúcar* (São Paulo: Companhia Das Letras, 1997), p. 25.

A rejeição de determinados alimentos se manifesta de várias maneiras. Em casos extremos, toma a forma de repugnância. A rejeição é, usualmente, mais do que reação individual ou fruto de experiências traumáticas. Assim como o gosto por certos alimentos, ela é, via de regra, transmitida culturalmente.

Em situações de escassez, a seletividade decresce e alimentos normalmente rejeitados ou considerados repulsivos são comidos. Quando há penúria e fome, provam-se coisas novas. Em casos extremos, até a antropofagia pode ser praticada.

Pelo fato de ser onívoro, o homem é o mais adaptável de todos os mamíferos. Não se conhece nenhuma espécie que se nutra de alimentos tão variados e que os consuma de maneiras tão diferentes. A falta de um determinado alimento não constitui para ele a ameaça que representa para os animais de dieta especializada.

Entretanto, toda sociedade elege, entre os alimentos virtuais de que dispõe, um número limitado que integrará a seus hábitos alimentares. Da mesma forma, cada sociedade tem seu alimento básico, geralmente um carboidrato – fonte de glucídios na dieta –, que assegura a impressão de saciedade esperada de cada refeição.

Nas culturas tradicionais, o alimento de base está frequentemente associado a uma divindade e a sua produção representa grande parte da atividade.

O homem é cerimonioso no comer. Tem com relação ao alimento atitude complexa. Não come somente para saciar a fome. Para ele, o alimento se reveste também de valor simbólico e, eventualmente, se transforma em objeto ritual.

Há grande imbricação entre o alimento e as crenças religiosas. No *Gênese*, a própria sorte da humanidade decorre de uma transgressão alimentar: o fato de o homem ter comido o fruto proibido da árvore do bem e do mal.

Os alimentos e as bebidas adotados pelos ritos de uma religião, bem como a proibição de alguns deles, refletem a geografia e a cultura do território onde ela se originou.

Abstinência e proibição, constante ou temporária, de certos alimentos são, geralmente, considerados meios para se atingir estado de graça e santidade.

Em toda a sociedade tradicional, os momentos de transição da vida humana são comemorados com antigos ritos. O nascimento, a puberdade, o casamento e a morte constituem motivos para cerimônias de passagem. Acredita-se que a não observância desses ritos poderia causar a ira dos deuses e dos espíritos ancestrais.

O alimento sempre esteve associado de maneira íntima a essas comemorações e é, muitas vezes, parte essencial de seus ritos. Consequentemente, há preparações e alimentos prescritos ou proibidos segundo as circunstâncias. O bolo de casamento e de aniversário podem ser considerados sobreviventes de práticas rituais primitivas na sociedade moderna.

A intenção de procissões fúnebres – como a representada na escultura que se vê na ilustração à página 97 – era, segundo antigas crenças egípcias, garantir ao morto alimento para sua vida no além. Tais objetos eram depositados nos túmulos com plantas e alimentos verdadeiros. Acreditava-se que essas reproduções podiam ter a função daquilo que representavam, quer se tratasse de comida, barcos ou instrumentos agrícolas, de pesca e de caça. Curiosamente, nota-se a existência de crenças desse tipo em várias culturas, mesmo entre algumas que não apresentam sinais evidentes de interação ao longo dos tempos.

Talvez mais do que na maioria dos países, na China o alimento não é só fonte de energia, de saúde e de prazer. Em certas partes do imenso território chinês, é tradição depositar no Ano-Novo uma tigela de arroz no altar dedicado aos ancestrais como oferenda de ação de graças e pedido de proteção. De acordo com outro rito chinês, uma tigela de arroz cozido deve ser colocada aos pés de um morto, a fim de que ele possa se alimentar em sua viagem para o além. Ademais, o arroz é na China, como em quase todas as culturas que o produzem, símbolo de vida e fertilidade.

O cacau era bebida cerimonial asteca usada para comemorar nascimentos, ritos da puberdade, casamentos e funerais. Tinha ainda papel importante na mitologia. Acreditava-se que o deus Quetzalcoatl, a Serpente Emplumada, havia trazido as sementes do cacau diretamente do paraíso.

Enquanto certos alimentos foram evitados em algumas regiões, por motivos vários, outros sempre gozaram de estima.

O alho, mais do que qualquer outra planta, gozou sempre, em diferentes culturas, da fama de ter grande valor medicinal.

Documentos assírios do século VIII a.C. louvam a alface por suas propriedades calmantes. No vale do Nilo, acredita-se que a alface garanta a fertilidade masculina. Há, no entanto, opinião oposta em outras áreas do Mediterrâneo.

Existe a crença em alimentos afrodisíacos em todos os folclores. Pratos, *menus* e até livros de receitas são elaborados com base em convicções dessa natureza. Na verdade, qualquer alimento, pelo fato de ser fonte de energia, pode ser considerado afrodisíaco. Diz Isabel Allende: "[...] o único afrodisíaco verdadeiramente infalível é o amor. Ninguém consegue deter a paixão de duas pessoas enamoradas".[9]

Mil e quatrocentos anos antes de Cristo, na Índia, o *Rigveda* descreve uma sociedade pastoril que se deleitava com festins em que se comia carne de vaca. Posteriormente, no entanto, a doutrina hindu proibiria o consumo de carnes em geral, baseada no princípio da reencarnação. A vaca passou a ser considerada descendente direta de um espírito sagrado, *Kamadhenu*. Desde então, seu leite é muito estimado como alimento e sua vida protegida.

Em contrapartida, na China e no Japão sempre houve preconceito contra o leite e os laticínios.[10] Parece estranho nessas culturas que

---

[9] Isabel Allende, *Afrodita* (Barcelona: Plaza & Janés, 1997), p. 31.

[10] Acredita-se que os laticínios sejam uma descoberta dos arianos, que invadiram a Índia, e cujas migrações em busca de pastagens os trouxeram até o Ocidente. Além de terem valor nutritivo concentrado, os laticínios conservam-se melhor que o leite e são mais fáceis de serem transportados. A fermentação do leite para a preparação de laticínios

seres humanos desmamados continuem alimentando-se de leite. Por tal motivo, quando os japoneses entraram em contato com os europeus, consideraram-nos de odor insuportável e atribuíram o fato ao uso de manteiga, produto desconhecido no Japão.[11]

Ademais, em alguns países mediterrâneos de cozinha à base de azeite, acreditava-se, até o século XVIII, que a manteiga causava lepra, enfermidade de incidência bem maior nos países do norte da Europa, grandes consumidores de leite e laticínios.

Os egípcios comiam vários tipos de pão. O forno e o processo de fermentação da massa de trigo foram inventados no vale do Nilo. A técnica de fazer a massa crescer sob a ação de fermento era conhecida, já por volta do ano 1500 a.C., em todo o Oriente Médio.

Para os israelitas, porém, o uso do fermento se transformou em objeto de restrições religiosas, e a fermentação, símbolo de corrupção e deterioração. Restrições desse tipo constituem a base do conceito judaico de *kosher*.

A prática de *faisander* a caça, ou seja, esperar o início de sua decomposição para prepará-la, signo de refinamento culinário em certas culturas europeias, é motivo de repugnância em muitas outras.

No Oriente Próximo e na área do Mediterrâneo Oriental, muito se apreciava o mel, o sal, a azeitona, a uva e o vinho.

---

constitui uma das formas mais antigas de se preservar alimento. A fermentação, técnica natural de conservação, representa a mais importante descoberta em matéria de alimentação, depois do cozimento. Paradoxalmente, a fermentação utiliza os próprios agentes da degradação dos alimentos para conservá-los. Ao mesmo tempo, esse processo transforma-lhes a textura e o sabor. Com a fermentação, além dos laticínios, dos produtos da panificação e da pastelaria, obtêm-se bebidas alcoólicas.

11 Com exceção de alguns grupos étnicos, como os caucasianos do norte da Europa e algumas tribos nômades da África, os seres humanos, depois da fase de lactância, desenvolvem uma intolerância à lactose, tornando-se incapazes de digeri-la. É o caso da grande maioria dos chineses, japoneses e dos nativos da Oceania e das Américas. Os recém-nascidos, porém, têm uma reserva de lactase, enzima que lhes permite digerir facilmente a lactose. Observa-se que a aceitação cultural do hábito de tomar leite parece condicionar a persistência da lactase na idade adulta. Mesmo assim, muitas pessoas jamais poderão digerir leite cru. Coalhada e iogurte têm um baixo teor de lactose, pois a bactéria da fermentação a consome. Podem, portanto, ser ingeridos pelos que não toleram leite cru.

No folclore da Mesopotâmia, o mel era uma substância mágica, com propriedades medicinais e purificadoras do organismo, capaz de garantir imunidade contra doenças e mesmo de assegurar a imortalidade.

Nas culturas mediterrâneas, o sal era tão importante para a conservação dos alimentos que se tornou, no advento do cristianismo, símbolo da renovação do mundo. "Vós sois o sal da Terra. Se o sal perder a força, com que se salgará?" E já o Velho Testamento falava em "aliança de sal", isto é, imperecível, permanente. Até recentemente o sal fazia parte da cerimônia do batismo católico romano. No mundo eslavo, ainda hoje, servem-se pão e sal em rito de hospitalidade e boas-vindas.

As oliveiras, cultivadas no Oriente Próximo desde os tempos neolíticos, gozaram sempre de reputação especial. Crescem em solos pobres e arenosos. Produzem, desde a mais remota história, o óleo que se usa na região para cozinhar, para iluminação, para limpeza e para fins cosméticos e terapêuticos. Em alguns países mediterrâneos ainda se toma azeite como remédio para os mais diferentes males ou com fim profilático. A evolução da dieta e da economia mediterrâneas teria sido distinta sem o azeite.

Há milhares de anos, a oliveira ocupa lugar de destaque na vida das populações da orla do Mediterrâneo. Associada a mitos e a práticas religiosas, constitui símbolo de vitória, de paz, de sabedoria, de justiça, de abundância e de fertilidade.

Na Grécia, a oliveira era considerada uma dádiva de Atena, deusa da sabedoria. Quando as mulheres aspiravam à maternidade passavam longas horas à sombra de uma oliveira ou dormiam sob sua copa.

Contudo, nenhuma outra cultura superou a importância atribuída à vinha, à colheita das uvas e à produção de vinhos. A mitologia e o simbolismo antigos atribuem ao fruto da vinha e ao vinho poderes regenerativos e a capacidade de aproximar o homem da divindade.

Os egípcios apreciavam muito a cerveja, talvez a mais antiga das bebidas alcoólicas. Fala-se da existência de cerveja na Babilônia há mais de seis mil anos. Mas, se hoje consideramos cerveja somente a bebida preparada com água, malte, lúpulo e levedo, sua composição nem sempre foi essa.[12]

Antes que o consumo da batata se generalizasse na Europa, no final do século XVIII, o trigo foi por quatro mil anos a fonte principal de nutrição da espécie humana numa área que abrange o Oriente Médio, a África do Norte e a Europa.

As sociedades tendem a ver seus alimentos básicos como coisa sagrada. Consequentemente, as religiões integram aos seus ritos os principais alimentos dos lugares onde se originam. Pão, vinho e oliva são a confirmação dessa assertiva no que diz respeito ao mundo cristão.[13]

Lembram-nos Ulpiano Bezerra de Meneses e Henrique Cardoso de que na Antiguidade grega e romana a alimentação baseava-se na trindade pão, vinho e azeite e de que o cristianismo assimilou essa tradição, conferindo aos três alimentos representação divina: o pão como corpo de Cristo, o vinho como seu sangue, e o azeite como a unção sagrada.

Note-se que através do consumo ritual do vinho e do pão o cristianismo aboliu os sacrifícios cruentos do paganismo.

Em várias culturas ameríndias o milho era considerado planta dos deuses. Assim, embora os homens se nutrissem dessa planta sagrada, ela não se destinava à alimentação de animais. Por isso, quando os europeus chegaram à América, os nativos chocaram-se com o fato de eles alimentarem seus cavalos e outros animais com milho.

---

[12] A fórmula mais antiga que se conhece para elaboração de cerveja foi encontrada na Mesopotâmia e faz parte do acervo do Museu Metropolitano de Nova York.

[13] Ulpiano Bezerra de Meneses & Henrique Cardoso, *A história da alimentação: balizas historiográficas*, vol. 5 (São Paulo: Anais do Museu Paulista, 1997), p. 46.

Quanto ao arroz, acredita-se que vem sendo cultivado há cerca de sete mil anos. Seu habitat de origem é provavelmente tropical, mas, hoje, cresce em grande diversidade de climas e latitudes. Mais da metade da humanidade come arroz diariamente. Constitui, com o trigo e o milho, um dos principais esteios da subsistência humana.

O arroz moldou as paisagens e as culturas dos povos asiáticos. Muitas dessas culturas ainda consideram o cultivo do arroz a base de sua ordem social e lhe atribuem qualidades permeadas de conotações religiosas.

Em Bali, acredita-se na alma dos arrozais e há neles pequenos templos para cerimônias religiosas. Dewi Sri é a deidade mais estreitamente a ele associada e, por isso mesmo, a mais fervorosamente venerada. Ela é macho e fêmea, positivo e negativo, e a sua imagem está sempre presente nas casas e nos arrozais.

Os magníficos terraços dos arrozais de Bali e Banaue, respectivamente na Indonésia e nas Filipinas, são obras de culturas com rituais e costumes intimamente relacionados com o arroz. São sociedades em que o ciclo do arroz – plantio, transplante, amadurecimento e colheita – imprime ritmo à vida de maneira semelhante a que o ciclo das estações condiciona em outros climas.

A busca intensa de alimentos pelo homem, muitas vezes depredatória, deixou sua marca no mundo inteiro. Hoje, por exemplo, as ruínas impressionantes de Sabratha e de Leptis Magna, na costa arenosa da Líbia, são testemunhos de que lá se encontrava o celeiro do Império Romano.

Travaram-se guerras não só para assegurar maior suprimento de carne, peixe ou cereais, mas também pelos condimentos que preservam e temperam os alimentos.

O comércio das especiarias, usadas na China, na Índia e no arquipélago Indonésio há milhares de anos, precedeu a história escrita. A demanda do mundo ocidental por essas especiarias provocou aventuras que levariam o homem a dar a volta à terra e o levariam também à colonização do Extremo Oriente. Assim, a procura de alimentos e de novos prazeres da mesa ampliou o conhecimento que a humanidade tinha de seu planeta. A história da humanidade é, além de produto da necessidade do gênero humano de se alimentar, fruto de sua curiosidade e oportunismo onívoros.

2

GREGOS E ROMANOS

Os primórdios da arte da mesa

A tradição diz que Cécrops teria sido, no segundo milênio, o primeiro rei da Ática, o fundador de Atenas e o iniciador dos gregos na agricultura. Ele teria também levado do Egito a oliveira e a arte de preparar o azeite.

A Grécia clássica teve um número considerável de escritores que se dedicaram à gastronomia. Arkhestratus, nascido na Sicília e contemporâneo de Aristóteles (384-322 a.C.), foi dos mais notáveis. Escreveu *Hedypatheia*, tratado dos prazeres. Seu trabalho foi também denominado *gastronomia*, vocábulo composto de *gaster* (ventre, estômago), *nomo* (lei) e do sufixo *-ia*, que forma o substantivo. Assim, gastronomia significa, etimologicamente, estudo ou observância das leis do estômago. Em *Gastronomia*, obra também chamada *Gastrologia* por alguns helenistas, Arkhestratus, poeta e viajante, relata de maneira metódica suas experiências e descobertas culinárias.

No século IV a.C. já havia em Atenas vários livros de cozinha. Parte deles sobreviveu graças ao trabalho de compilação de Athenaeus. Nascido na cidade egípcia de Naucratis, Athenaeus considerava Arkhestratus o fundador da gastronomia grega.

A obra de Athenaeus, intitulada *Deipnosophistai,* foi escrita por volta do ano 200. Reúne observações sobre as maneiras e os costumes antigos, compiladas de inúmeros autores. A maior parte do trabalho, porém, é dedicada aos alimentos, às bebidas e à arte da mesa.

Provavelmente, o banquete mais suntuoso da época helenística foi oferecido por Caranos, dignitário nascido na Macedônia. Athenaeus descreveu detalhadamente o grande festim. Essas páginas revelam a sensibilidade dos gregos aos prazeres da mesa.

A vida era amena para os aristocratas. No entanto, difícil e parca para os camponeses e escravos. Estes alimentavam-se sobretudo de *maza,* uma espécie de mingau feito de cevada.

A península grega, muito montanhosa e sem rios, com poucas planícies, não se prestava à agricultura extensiva nem à criação de gado. Como hoje, apenas cerca de um quinto de seu solo era arável.

A cabra, apesar de destruir a vegetação e causar erosão, era importante, pois sobrevive em solos pobres e rochosos, onde outros animais pereceriam. Queijos de leite de cabra e de ovelha eram muito consumidos e não se utilizava manteiga.

Cavalos e gado bovino eram criados sobretudo na Tessália, onde os solos permitiam a existência de boas pastagens.

O rebanho suíno era grande na Ática. Ao contrário dos hebreus e dos egípcios, os gregos apreciavam a carne de porco e a charcuteria.

Nas áreas férteis dos vales, cultivavam-se os produtos básicos: a cevada, o trigo, a vinha e a oliveira. A exploração das oliveiras, entretanto, era atividade exclusiva dos ricos, uma vez que somente eles dispunham do capital que lhes permitia esperar mais de quinze anos para que as árvores começassem a produzir e cerca de quarenta para que atingissem o auge de sua produção.

Não se praticava a rotação de culturas, e as técnicas agrícolas incipientes não garantiam o sustento da população. Entretanto, alguns produtos do campo – vinho, azeite e lã –, bem como os produtos dos artesãos urbanos – notadamente cerâmica, esculturas e joias –, eram vendidos por mercadores gregos, que desenvolviam intensa atividade em todo o Mediterrâneo e podiam, em contrapartida, trazer à Grécia cereais, queijo, carne de porco, vidro, tapetes, perfumes e marfim.

A costa muito recortada da Grécia, em relação à área de seu território, é mais extensa do que a de qualquer outro país da Europa. A pesca na civilização do Egeu era consequentemente uma das principais atividades. Os motivos marítimos na decoração dos utensílios, tradição ornamental pré-helênica, revelam a importância econômica da pesca.

Inicialmente, na Grécia não havia cozinheiro. Escravas moíam os grãos e preparavam a comida. A leitura da *Ilíada* e da *Odisseia* revela que no tempo de Homero – século IX a.C. – os próprios anfitriões, por mais ricos que fossem, preparavam as refeições com a ajuda de amigos, quando recebiam convidados especiais. Só depois apareceu o *mageiros*, isto é, o padeiro. Com o tempo, o *mageiros*, além de fornear, passou também a cozinhar, evoluindo para a posição de *archimageiros* ou chefe de cozinha, com uma equipe sob o seu comando.

No século IV a.C., conforme se depreende de algumas peças de teatro, os cozinheiros em Atenas eram escravos. Simultaneamente ao crescimento do apreço pela boa mesa, os cozinheiros ganharam importância e ascendência sobre todos os escravos da casa. Após anos de dedicação e de experiência, podiam até chegar à posição de mestres na sua arte.

Os egípcios deram ao pão, seu principal alimento, várias formas. São, assim, os inventores da padaria artística. Na Grécia, porém, o pão deixou de ser um simples alimento para entrar no domínio da gastronomia.

Os gregos acrescentavam à massa do pão ervas, sementes aromáticas, óleos vegetais e frutas. Os aromatizantes mais comuns eram o cominho, as sementes de papoula, a erva-doce, as sementes de coentro, o anis, as passas, o alecrim, as alcaparras, a sálvia, o alho e a cebola.

Athenaeus menciona 72 tipos de pão. Entretanto, é possível que o nome de um pão variasse de uma localidade para outra. Como ainda hoje em vários países, os nomes dos pães eram uma referência à sua forma.

Os padeiros gregos tornaram-se famosos. Mais tarde, durante o Império Romano, a maior parte dos padeiros de Roma seriam gregos ou de origem grega.

A utilização de fermento, para fazer a massa do pão crescer, não foi universalmente adotada na Antiguidade. Para facilitar o cozimento do pão sem levedo, assavam-no em pedaços finos. Esse tipo de pão, de consistência dura, podia ser umedecido com molhos e ser comido como se fosse um bolo. Um pão semelhante ainda é bastante comum nos países nórdicos.

De modo geral, a pastelaria grega, à base de trigo, mel, azeite e diversos aromatizantes, tais como pinhões, nozes, tâmaras, amêndoas e sementes de papoula, se assemelhava muito a tudo que se encontra hoje na África do Norte, no Oriente Próximo e nos países balcânicos.

Quase sempre se adicionava água ao vinho, exceto na primeira refeição, que consistia de pão molhado em vinho puro. Por isso, a refeição matinal se chamava *akratismon*, substantivo derivado do adjetivo *akratos*, que significa sem mistura ou puro.

O hábito de adicionar água ao vinho, ao servi-lo, decorria da preocupação de evitar a embriaguez e do fato de que os vinhos antigos, com um conteúdo alcoólico de 16% a 18%, eram muito fortes.

Os vinhos provenientes de Kios e Lesbos gozavam de grande prestígio, mesmo fora da Grécia. Eram fermentados em recipientes cujas paredes internas recebiam uma aplicação de resina.

Geralmente, faziam-se três refeições por dia: o desjejum ou *akratismon*, a refeição do meio-dia ou *ariston* e a refeição do fim do dia ou *deipnon*. Entretanto, os nomes das refeições, bem como o seu horário e a sua composição, variaram através dos tempos. Ésquilo[1] menciona três principais: *ariston*, *deipnon* e *dorpon*.

A maioria dos artefatos domésticos era produzida por ceramistas. Grande parte da informação que temos dos costumes e da vida cotidiana da Grécia antiga advém de pinturas que decoravam esses objetos de cerâmica.

Apresentavam desenho muito funcional. O recipiente para transportar água (*hydria*), por exemplo, tinha três alças: duas horizontais, para ser levantado, e uma vertical, para ser carregado ou esvaziado.

Os utensílios de cozinha e despensa, geralmente não vitrificados, incluíam caçarola (*lopas*), caldeirão (*chytra*), vasilha para transportar e guardar água (*hydria*), recipiente para guardar víveres (*amphora*), braseiro (*eschara*) e recipientes com duas alças e de diversos tamanhos para fins variados (*lekanai*).

Os primitivos utensílios de cozinha foram sendo aperfeiçoados. Caçarolas e caldeirões começaram a ser feitos de bronze e até mesmo de metais preciosos, ricamente decorados.

Os gregos nunca foram tão imaginativos como os romanos em matéria gastronômica, e a cozinha na Grécia jamais atingiu o nível das outras artes.

Hipócrates, em nome da higiene, e Sócrates, em nome da moral, se opunham aos excessos da mesa. Os banquetes de muitas horas de duração só se realizaram na Ática depois que Alexandre e os macedônios estenderam sua hegemonia sobre toda a Grécia, no século IV a.C. Mas, ao afirmar que a sobriedade grega contrastava com a extravagância romana, corre-se o risco de simplificar demasiadamente a comparação. Ambas as culturas, que evoluíram a partir de hábitos e dietas simples, desenvolveram, nos seus períodos de ascensão, costumes semelhantes no que concerne à mesa e à hospitalidade.

---

[1] O dramaturgo Ésquilo (525-456 a.C.), juntamente com Sófocles e Eurípedes, forma o grande trio ateniense de autores de tragédias.

Segundo a tradição, os primeiros habitantes de Roma dedicavam-se à atividade pastoril. Obtinham o sal, necessário à alimentação de seus rebanhos, por evaporação da água do mar, nas proximidades da foz do Tibre.

O sal do Latium deu origem ao comércio da região e foi sua primeira moeda de troca. Aos poucos, toda a desembocadura do Tibre se tornou uma área de salinas. De Óstia, partiam caravanas carregadas de sal para regressar com outros produtos.

Roma, situada a uns 30 quilômetros das salinas, teve logo função de mercado e de etapa da rota do sal. Durante séculos, o sal será uma das fontes de riqueza dos romanos. Até hoje uma das estradas de acesso a Roma é chamada Via Salaria. A agricultura se desenvolveria à medida que os sabinos, provenientes do norte, foram se agregando à população originária.

Os utensílios domésticos romanos, feitos com argila local, eram muito mais simples do que os elegantes recipientes fabricados em Corinto e Atenas. Objetos de prata eram raros. O mais comum era o saleiro, do qual se retirava um pouco de sal como oferenda aos deuses domésticos antes da refeição. Os utensílios de prata serão mais usuais depois das conquistas do século II a.C.

Entretanto, o estilo de vida, até então marcado pelos valores camponeses, assimilava paulatinamente o apreço ao luxo e ao prazer.

Em 185 a.C., as legiões romanas que voltaram da Síria trouxeram grande influência do *savoir-vivre* e dos hábitos alimentares do Oriente Médio.

As guerras entre os romanos e os gregos contribuíram para o desenvolvimento da gastronomia. Em contato com os gregos, os romanos aprenderam muitos princípios da arte culinária. De fato, foi depois da primeira Guerra Púnica (264-241 a.C.), com a conquista da Sicília pelos romanos, que a culinária de Roma começou a evoluir. Os cozinheiros sicilianos, que descendiam dos gregos, eram considerados os melhores de então.

Após as conquistas, acorreram a Roma pintores, escultores, arquitetos e cozinheiros gregos. Encontraram entre os romanos atitude favorável à assimilação do refinamento de todas as artes cultivadas pela civilização helenística.

Em meados do século II a.C., com a conquista da Grécia, manifestou-se em Roma uma vaga de influência grega que perdurou até o século I.

Apesar da assimilação de certos aspectos da cultura grega encontrar resistência por parte de elementos mais conservadores da sociedade romana, a aristocracia foi muito influenciada pelos valores gregos e, então, tornou-se usual os jovens patrícios completarem sua educação em Atenas.

Por outro lado, várias gerações de artistas gregos desse período viajavam muito pelo Mediterrâneo, influenciando a evolução das artes e criando gosto pelo refinamento e pelo estilo de vida gregos numa extensa área geográfica. Mas foram sobretudo os imensos recursos do império que permitiram aos romanos a criação de uma cozinha rica e variada.

Embora em outros tempos os cozinheiros tivessem sido considerados escravos comuns, os *chefs* hábeis na organização de banquetes, cada vez mais frequentes em Roma, tornaram-se figuras importantes e estimadas nas casas patrícias. Seus salários eram elevados, e ter um bom cozinheiro era símbolo de ascensão social.

Durante o império de Adriano (117-138), fundou-se em Roma uma academia denominada *Collegium Coquorum*.

Se é verdade que o Império Romano ultrapassou de longe seus antecessores gregos em matéria de culinária, as semelhanças nos hábitos de mesa entre Grécia e Roma levam naturalmente a uma abordagem comparativa do assunto.

O triclínio[2] era uma sala importante numa casa romana. Dedicava-se tempo e cuidado na sua decoração. Contudo, como não se

---

[2] Sala para refeições com três leitos dispostos em torno de uma mesa, podendo acomodar até nove pessoas.

fazia distinção rígida da função dos espaços domésticos, um triclínio podia ser rapidamente transformado em dormitório depois da *cena*, refeição principal, da mesma forma que nas noites de verão camas podiam ser arrumadas no *atrium*, menos quente. Por isso, o caráter essencial dos móveis era a sua fácil mobilidade.

Em Atenas, as mulheres e as crianças comiam em sala separada. A posição reclinada ao comer não era considerada adequada para as mulheres. Mesmo na intimidade, comiam sentadas, ainda que seus maridos estivessem reclinados a seu lado. Porém, jamais estavam presentes quando havia convidados em suas casas.

As famílias mais abastadas tinham sala especial para os banquetes. Era chamada *andron* – sala dos homens –, o que já deixava claro que somente os homens tinham acesso a esse recinto.

Em Roma, ocasionalmente as mulheres eram admitidas no triclínio, pois os costumes davam-lhes posição bem diferente da que a lei dispunha.[3]

O ritual dos banquetes gregos variava segundo a região e se modificava com o passar do tempo. Entretanto, alguns aspectos permaneceram imutáveis.

Os banquetes começavam depois de um sacrifício cruento e compreendiam duas fases: a fase em que se comia e a fase em que se bebia, ou seja, o simpósio.

O consumo de carne e de cereais, previamente consagrados aos deuses, era o aspecto central de um banquete. No entanto, os textos históricos e as imagens soem dar mais destaque ao simpósio.

O termo simpósio começou a ser utilizado pelo poeta Alceu (630-580 a.C.).

Em um simpósio, discutiam-se, entre outros temas, questões dialéticas e morais. O simpósio podia ser complementado por números de dança, música e poesia.

---

3 Segundo a lei, as mulheres passavam da tutela do pai à do marido e, em caso de viuvez, à do filho mais velho. Eram excluídas da vida pública. Em compensação, os costumes atribuíam à mãe de família prerrogativas religiosas, fato que às vezes lhes conferia poder desmesurado e grande influência na carreira política de seus maridos e filhos.

Antes de começar o simpósio, retiravam-se as mesas baixas onde a refeição havia sido servida aos convivas reclinados. Eram então trazidas mesas menores com frutas secas e frescas, azeitonas, nozes e outros alimentos que estimulassem a vontade de beber. Os convivas, depois de lavarem as mãos, ornavam-se com guirlandas e coroas. Elegia-se em seguida o chefe do simpósio, o simposiarca, que decidia qual seria o tema da conversação, determinava a dosagem de água no vinho e fixava a quantidade de vinho a ser diluída no recipiente cratera.

Além da distinção entre jovens e homens maduros, a única manifestação de hierarquia no simpósio era o simposiarca.

O simpósio iniciava pelas libações aos deuses e pelo canto do peã, em honra a Apolo.

No transcurso do simpósio buscava-se pôr termo às tensões, estabelecer relações harmoniosas com os deuses e atingir um estado de euforia pela ingestão do vinho.

O simpósio constituía também ritual de hospitalidade. Nele os convivas desconhecidos e os forasteiros podiam narrar suas histórias pessoais, seus feitos e descrever suas genealogias.

Gradualmente o consumo de vinho assumia tom lúdico e liberador, podendo levar a excessos e à libertinagem.

Em Roma, progressivamente a distinção entre a refeição e o simpósio desapareceu.

Os banquetes constituíam os principais acontecimentos da vida social romana. O número de convivas variava entre três e nove, segundo a norma: "Não menos que as Graças, e não mais que as Musas". Os convivas acomodavam-se em três leitos dispostos como se fossem três lados de um retângulo.

Observavam-se regras rigorosas de precedência na colocação dos convidados no triclínio. O anfitrião reclinava-se no leito central – *lectus medius* – e, à sua direita, o convidado de honra, como ainda hoje é de praxe em nossas mesas. À esquerda do anfitrião, ficava o convidado a quem se atribuía o segundo grau de importância. Os outros comensais dispunham-se respectivamente no leito da direita – *lectus sumus* – e no da esquerda – *lectus imus*.

No final da República, começou-se a usar um sofá semicircular – *stibadium* –, no qual os convivas se reclinavam lado a lado.

A colher era o único talher usado à mesa. As carnes eram servidas em pequenos pedaços e levadas à boca com os dedos. Os convidados traziam de casa seus próprios guardanapos.

Artistas profissionais distraíam os convidados no transcurso de um festim. Executavam números variados; desse costume iriam se originar os *entremets* ou *intermezze* da Idade Média. Durante os festins, podia haver também cantos especiais, chamados *carmina convivalia*.

Um banquete se compunha de três etapas. Primeiramente, era servido o *gustatio*, composto de saladas e pequenos pratos equivalentes aos *anti-pasti* de hoje. Em seguida, servia-se *mensae primae*, etapa principal composta dos pratos mais consistentes. Por último, servia-se *mensae secundae*: doces, bolos, frutas frescas e secas e vinho misturado com água.

A posição reclinada ao comer condicionava a predileção por alimentos moídos ou em pequenos pedaços. Criou-se, assim, uma grande variedade de pratos à base de carne, frango, peixe, camarão, lagosta, moídos e servidos sob a forma de bolinhos, croquetes e *quenelles*. Essas preparações, semelhantes a algumas servidas atualmente em coquetéis, eram chamadas *esicia*.

Chegava-se pontualmente a um banquete e não se esperava por quem se atrasasse. Os convidados vinham acompanhados pelos seus escravos, que, ao chegarem à casa do anfitrião, retiravam as togas de seus amos e neles vestiam uma roupa denominada *synthesis*. Trocavam também os sapatos de seus senhores por sandálias leves. Depois de se lavarem, os convivas entravam no triclínio, anunciados pelo *nomenclator*. Ofereciam-se-lhes guirlandas de flores ou folhas que, acreditava-se, protegiam a mente dos excessos no beber.

Nos banquetes, os comensais mantinham um de seus escravos ao lado. Era comum que, ao partir, levassem, envoltos em seus guardanapos, bocados do que lhes havia sido servido.

Lê-se no *Satiricon*, escrito por Petrônio no século I, uma crítica relativa aos excessos à mesa em Roma. Sêneca também manifestou seu desgosto pelos romanos.

Com base na literatura da época, Roma tem sido apresentada como sociedade em que predominavam extravagância e glutoneria. A realidade parece ter sido bem diferente quando se percebe que essa opinião decorre da descrição de acontecimentos excepcionais, comentados com intenção moralizadora.

Na verdade, somente uma minoria se dava à extravagância de certos banquetes. Muitos patrícios se abstinham desse tipo de ostentação, e a própria celebridade de algumas personagens por sua intemperança é sinal de que elas eram exceções.

Por outro lado, os festins romanos podiam revestir-se de caráter místico e religioso. Assim, vê-los apenas como simples manifestação de licenciosidade impede a percepção de sua verdadeira dimensão.

No início da República, a vida era marcada pela tradição rural. Seus cidadãos alimentavam-se sobretudo de cereais e legumes fervidos, que só excepcionalmente eram enriquecidos com um pouco de carne.

A principal fonte de informação sobre a alimentação e os costumes desse período é o tratado de agricultura de autoria de Catão, o Velho (234-149 a.C.).

As atividades diárias tinham início ao raiar do dia. Dormia-se cedo, pois a iluminação das casas era pobre.

O desjejum romano, o *jentaculum*, se resumia a um pedaço de pão umedecido em vinho ou comido com mel, queijo ou azeitona.

Inicialmente a *cena*, refeição principal, era servida por volta do meio-dia. Quando a *cena* começou a ser servida mais tarde, foi introduzida uma outra refeição, o *prandium* ou almoço. Mais frugal que a *cena*, o *prandium* podia consistir de pratos frios e de sobras da véspera. Quase nunca era acompanhado de vinho. Depois do *prandium*, principalmente no verão, era comum uma breve sesta.

Lucullus (século I a.C.) é uma das figuras legendárias da gastronomia romana. General vitorioso de várias campanhas, que lhe propiciaram imensa fortuna, construiu residências suntuosas e ofereceu festins magníficos aos ilustres de seu tempo.

O principal livro romano de cozinha é *De re coquinaria*. Suas primeiras edições impressas apareceram respectivamente em Veneza e Milão, no final do século XV. São vários os títulos dados a essa obra: *Ars magirica*, *Apicius culinarius*, *De re coquinaria libri decem* e simplesmente *De re coquinaria*.

Tem-se afirmado que Apicius foi seu autor. Trata-se, porém, de assunto a ser abordado com cautela, pois a própria identidade de Apicius é incerta. Viveram em Roma várias personalidades com esse nome, entre os anos 91 a.C. e 192 de nossa era. A mais célebre de todas elas foi Marcus Gavius Apicius, conselheiro de Nero (37-68) e citado por Sêneca. Grande gastrônomo, empregava vários cozinheiros e oferecia recepções tão faustuosas que nelas teria gasto sua fortuna. Já desprovido de meios para manter sua vida de luxo, teria convidado os amigos para um último banquete, no final do qual se envenenou.

De re coquinaria é uma coletânea de 468 receitas, verdadeira colcha de retalhos, que se desenvolveu a partir de um núcleo central e que foi recebendo acréscimos através dos tempos. Portanto, a rigor, é obra de vários autores.

Vale a pena notar que o mais antigo manuscrito de *De re coquinaria* que se conhece data do século IV, pelo menos 250 anos depois de ter vivido Marcus Gavius Apicius.

É surpreendente a variedade de matérias-primas que constam das receitas de *De re coquinaria.* Atribuíam-se efeitos medicinais a muitas delas, pois a cozinha romana, como tantas outras, estava imbuída de preocupação com a saúde.

Observam-se também em *De re coquinaria* o emprego generoso de especiarias, ervas aromáticas e a mistura de doce com salgado. A obra transmite a tradição da cozinha baseada em aromas e sabores enfáticos e na elaboração de molhos concentrados em que se utilizavam vinhos, especiarias e ervas.

Assim era preparado o *garum* ou *liquamen,* molho básico da cozinha romana. Os ingredientes principais do *garum* eram os intestinos, guelras e sangue de peixe, salgados em barris. A mistura era coberta à noite e, depois de remexida pela manhã, exposta ao Sol. A operação se repetia por várias semanas. Enquanto o molho fermentava, adicionavam-se vinho e ervas.

De re coquinaria dedica aos molhos uma boa parte de suas páginas. Na sua preparação, utilizava-se o almofariz para triturar ervas, especiarias e outros ingredientes sólidos, antes de diluí-los com *garum,* vinho, vinagre ou *mulsum.*[4] Os molhos podiam ser espessados com pinhões, amêndoas, avelãs, ovo cozido ou pão.

A *rouille* e o *pistou* provençais, o *romesco* catalão e o *pesto* genovês são reminiscências da técnica utilizada na preparação dos molhos romanos.

Acreditava-se ter o *garum* propriedades digestivas e terapêuticas. É o ingrediente mais característico da cozinha romana. Sua produção atingiu proporções quase industriais no Mediterrâneo Ocidental. O *garum* de mais renome provinha da costa espanhola.

Havia, portanto, *garum* de vários preços. O mais caro, preparado com os peixes da melhor qualidade, era o condimento da mesa dos ricos. O produto inferior temperava a comida dos pobres.

---

[4] *Mulsum* era a mistura de *defritum* (vinho ou mosto reduzido por fervura) com mel.

As receitas de *De re coquinaria* são extremamente resumidas e nunca especificam as proporções dos ingredientes. Contudo, fornecem informação importante a respeito da imensa variedade de ingredientes da cozinha romana, bem como sobre os processos de cozimento e os sabores preferidos.

As duas receitas que seguem exemplificam a redação sumária de *De re coquinaria*. São também exemplo do gosto pelos alimentos fervidos e pelo *garum*, presente em 75% das receitas. O alho-poró era muito usado como ingrediente principal ou mero tempero.

Agnus simplice
Cordeiro ao natural
Retire a pele do cordeiro e corte-o em pequenos pedaços.
Lave-os cuidadosamente e coloque-os numa panela.
Acrescente *garum*, vinho, alho-poró e coentro cortados à faca.
Quando a fervura tiver começado, mexa com frequência.

Porós maturos
Alho-poró
Misture água e azeite com um punhado de sal, cozinhe neles o alho-porro e escorra.
Sirva com azeite, *garum* e vinho.

Quanto ao gosto pelos alimentos fervidos, observa-se que mesmo a caça e os assados eram em geral aferventados antes de entrarem no forno.

A carne de porco era a mais consumida. Com ela, elaboravam-se presuntos e vários tipos de charcuteria. Prezava-se também a carne de cordeiro e de cabrito. A carne bovina era escassa, pois não havia rebanhos para corte. O boi, utilizado no cultivo da terra, era abatido quase que exclusivamente em cerimônias religiosas, como oferenda aos deuses.

O pouco interesse pela carne bovina confirma-se pelo pequeno número de receitas que a ela se referem em *De re coquinaria*. Originariamente reservada para ocasiões especiais, foi se tornando mais comum nas cidades. Continuava, porém, inacessível à maioria dos cidadãos.

A base da mesa romana eram os cereais, as leguminosas, o vinho, a azeitona e seu óleo. Contudo, o principal alimento dos pobres era o *pulmentum*, preparação precursora da polenta, feita ao longo dos tempos com diferentes cereais e, às vezes, com farinha de grão-de-bico. Até os primeiros tempos da era cristã o pão era caro, inacessível a muitos.

Os habitantes do vale do Indo domesticaram o galo selvagem por volta do ano 2000 a.C. Os persas o trouxeram da Índia e sempre tiveram um encanto por essa ave, um dos animais sagrados do zoroastrismo. Entretanto, a carne de frango só se tornou alimento usual com os romanos. Estes aperfeiçoaram a criação de frangos, aprendida com os gregos, bem como a técnica da castração para obter os capões gordos, tão apreciados.

O ovo era alimento corrente. O que chamamos hoje omeleta era preparada com mel – *ova mellita* – e servida sempre como sobremesa.

Galinhas-d'angola eram trazidas da África e bandos de gansos tangidos pelas estradas, do norte da Gália até Roma. Consumiam-se ainda pavões e aves silvestres como codornas, perdizes, gralhas, avestruzes, flamingos, garças e até papagaios.

Os proprietários ricos construíam grandes reservatórios para a criação de peixes (*piscinae*) e toda casa de campo tinha o seu pombal. Cultivavam-se ostras em viveiros. Rãs, mexilhões e ouriços também faziam parte da gastronomia.

Nos parques de caça, os *leporaria*, além de lebres, criava-se caça de grande porte, como, por exemplo, veados e javalis.

Havia fartura de frutas: abricós tinham sido trazidos da Armênia; pêssegos da Pérsia; e melões da África. Maçãs, uvas e figos eram especialmente apreciados.

O queijo, alimento frequente no campo, era consumido na cidade mormente no desjejum e na refeição do meio-dia.

O hábito de comer queijo de leite de vaca só se generalizou no final da República (27 a.C.). Anteriormente, o mais comum era o de leite de ovelha. Catão, no século II a.C., só se refere a este. Mas fazia-se também queijo de leite de cabra e outros mais raros, como os de leite de jumenta e de égua. Já se conhecia a manteiga, porém não era utilizada nas preparações culinárias.

Repolho e vários tipos de couve, simplesmente fervidos, eram alimentos diários. Atribuíam-se a essas verduras virtudes especiais no tratamento das perturbações digestivas.

Óstia, o grande porto de Roma, estava a dois dias de navegação das terras férteis da África do Norte, que forneciam um contínuo suprimento de víveres.

Com a expansão do império, o mercado de especiarias também cresceu. Ao se tornarem senhores do Mediterrâneo, os romanos fizeram de Alexandria o principal empório do Levante. Em Alexandria, construíram-se grandes depósitos para o armazenamento de especiarias. Estas constituíam parte vultosa do comércio e na capital havia uma área conhecida como bairro das especiarias.

O império desenvolveu um sistema racional de produção e distribuição de alimentos, no qual a extensa rede de estradas era essencial. O grande mercado da cidade de Roma, ampla construção em semicírculo, cujos vestígios ainda hoje estão nas ruínas do Fórum de Trajano, era o centro desse sistema.

Nas escavações de Óstia descobriram-se várias pequenas lojas de alimentação, chamadas *thermopolia*. Nelas comia-se ou comprava-se comida preparada para se levar para casa.

Os vinhos consumidos em casa também eram adquiridos no *thermopolium*. Conservavam-se em ânforas de terracota fechadas cuidadosamente com argila. Eram vinhos capitosos e alguns mais apreciados se diluídos com água do mar![5]

Havia um grande número de moinhos de pedra domésticos para extrair óleo das azeitonas. Distinguiam-se mais de 20 variedades

---

[5] A partir do período imperial, os autores utilizam a palavra *merum* para designar vinho puro.

de azeitonas. As mais ricas em matéria graxa destinavam-se à produção de azeite e as mais polposas, à preparação de conserva.

Muitas famílias possuíam também seus moinhos para trigo. Os ricos preparavam seu próprio pão e o forneavam em casa.

O clima mediterrâneo limitava a venda de peixe fresco às cidades costeiras. Os pobres comiam principalmente peixe salgado, muito mais do que na Grécia Antiga. Os ricos só comiam peixe salgado se proveniente de Cádiz ou da Sardenha, considerados os melhores produtores.

Enquanto a maioria dos cidadãos de Roma vivia na cidade o ano inteiro, a classe dirigente desenvolveu o gosto pela casa de campo e escapava da cidade sempre que os negócios e as atividades oficiais o permitiam.

Nos séculos II e III, construíram-se grandes *villae*, algumas bem distantes de Roma. As *villae* poderiam ser consideradas manifestação de nostalgia da vida campestre. Eram, no entanto, grandiosas e decoradas com belas esculturas, magníficos mosaicos e jardins monumentais.

Contudo, essas casas de campo não se destinavam unicamente ao ócio luxuoso e ao prazer. Delas provinha quase tudo que se consumia à mesa de seus proprietários. Nesse sentido, também a *villa* tinha algo de lembrança da autossuficiência do mundo campestre ancestral.

Muito se especulou sobre as causas da decadência do Império Romano. Há quem a relacione com o uso de água distribuída por meio de sistema de canalização de chumbo.

Uma das suposições mais curiosas, formulada pelo sociólogo americano Seabury Colum Gilfillan, é a de que a aristocracia romana foi se extinguindo, em grande parte, por envenenamento e esterilidade causados pelo chumbo, pois o revestimento dos utensílios de cozinha dos ricos continha esse metal. Ao se reduzir pela fervura o vinho das preparações culinárias, uma certa dose de chumbo passava para os alimentos, gerando o saturnismo.[6] Enquanto isso, os pobres, que cozinhavam em vasilhas de barro, sobreviviam.

Entretanto, na opinião de outros autores, a degradação de Roma foi consequência do efeito deletério do parasitismo. Não se referem eles somente ao parasitismo exercido pela classe dominante. Consideram que a degeneração foi completa porque Roma tinha suas extensas possessões para sustentá-la e o Estado podia distribuir *panem et circenses* para todos os cidadãos.

Eis o que afirma Manoel Bomfim a esse respeito:

> No dia em que Roma foi constituída por um grupo de gentes enfastiadas de riqueza, grandes proprietários, gozadores, vivendo sobre o trabalho de milhares de escravos nos latifúndios e minas, e que estes proprietários se organizaram de modo a tirar desse trabalho o custo de seus gozos e o soldo para os mercenários; no dia em que as contribuições e os tributos dos vencidos permitiram ao governo imperial o alimentar do erário público toda a população da Cidade Eterna; no dia em que a grande massa dos escravizados foi bastante degradada para não trazer sombras nem desassossegos aos senhores no gozo desbragado dos seus privilégios parasitários – nesse dia Roma entrou a desaparecer.[7]

[6] Intoxicação crônica produzida pelo chumbo.

[7] Manoel Bomfim, *A América Latina: males de origens* (Rio de Janeiro: Topbooks, 1993), p. 305.

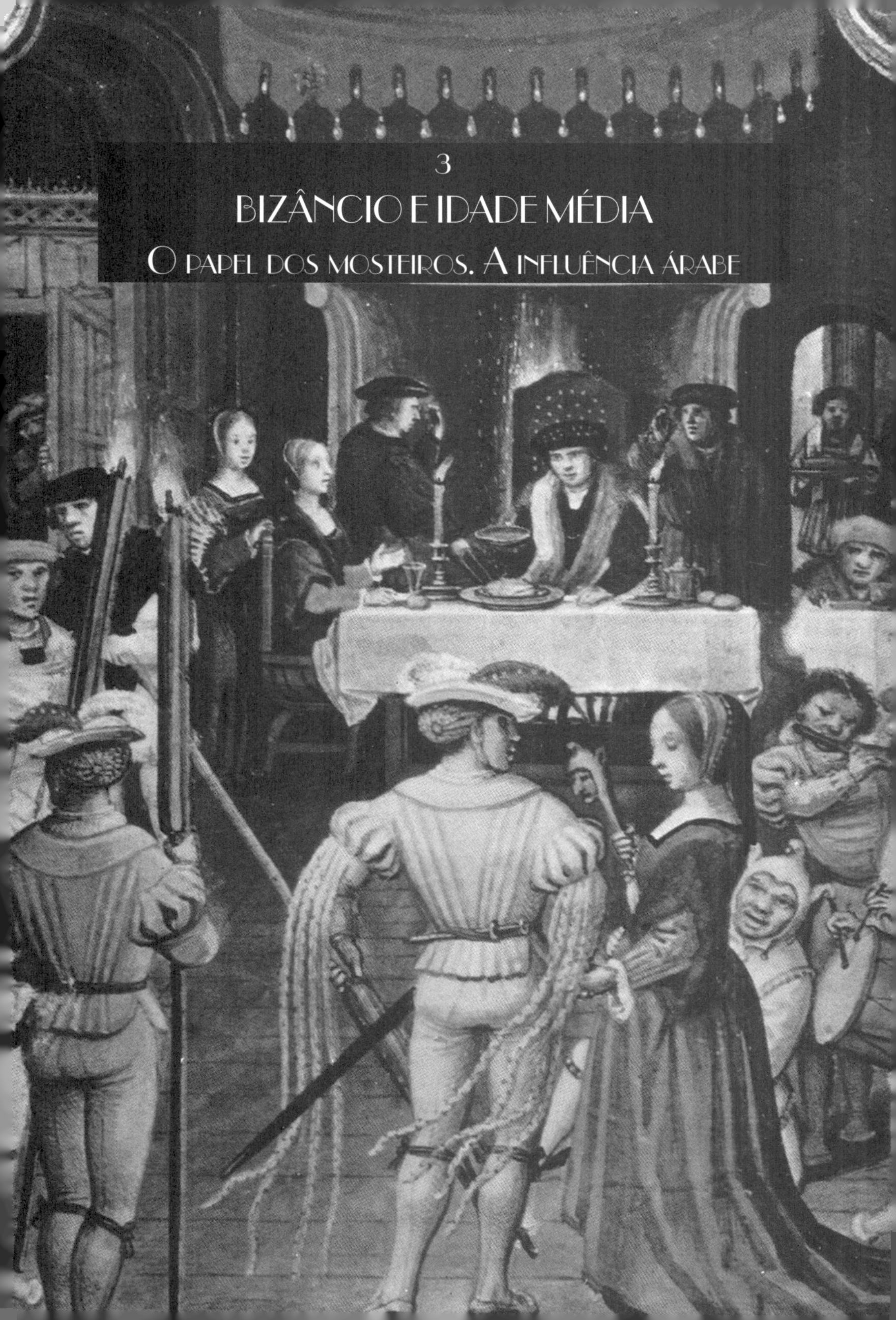

3

BIZÂNCIO E IDADE MÉDIA

O PAPEL DOS MOSTEIROS. A INFLUÊNCIA ÁRABE

BIZÂNCIO

A riqueza e o esplendor do Império Romano sobreviveram por mais de um milênio em Bizâncio.

À margem das consequências mais devastadoras das migrações bárbaras, Bizâncio guardará quase intacto o legado cultural greco-romano. A ele acrescentará, porém, uma grande força unificadora: o cristianismo. Por essa dualidade, o Império Bizantino será um reflexo do perfil eclético de seus próprios fundadores.

Não obstante as transformações por que passou o Império no transcurso da história, sua estrutura política e suas leis manterão os traços romanos de origem.

Quando em 330, Constantino, o Grande, decidiu mudar a capital para Bizâncio, decidiu também que a cidade seria tão magnífica quanto Roma. Chamou-a, assim, Nova Roma.[1]

---

[1] Mais tarde, conhecida como Constantinopla. Em 1930, passou a ser chamada Istambul.

Inúmeras famílias patrícias se transferiram para a nova capital, onde construíram belas residências. Simultaneamente, a cidade incorporou à arquitetura símbolos e emblemas religiosos, no intuito de caracterizar-se como sede da primeira nação cristã. E, para enfatizar esse traço, foram trazidos a Bizâncio relíquias e outros objetos de devoção que se expunham em urnas e cofres de ouro incrustrados de pedras preciosas.

Entrementes, desenvolvia-se em Bizâncio um estilo próprio de arte e de arquitetura. A originalidade artística bizantina exerceria grande influência em diversos pontos da Europa e do Levante e seria notória em cidades balcâncias, russas e italianas.

A violência da história de Bizâncio e as várias pilhagens de que Constantinopla foi alvo fizeram com que restasse relativamente pouco de seu imenso patrimônio artístico.[2] Palácios, *villas* e banhos públicos são conhecidos sobretudo por meio de trabalho arqueológico. No entanto, o brilho da arquitetura bizantina e o aperfeiçoamento por ela realizado na técnica de construção de arcos e cúpulas ainda podem ser admirados nos edifícios religiosos.

Durante o reinado de Teodósio, o Grande (379-395), o cristianismo foi declarado religião oficial e o batismo, uma obrigação para todos os cidadãos. A religião se tornou a grande força conglomeradora e o imperador, um instrumento temporal de Deus, com a missão de guiar seus súditos para a salvação eterna.

Atribuía-se vocação sagrada à própria capital do império. Em decorrência disso, proliferaram em Constantinopla igrejas, santuários, monumentos e objetos religiosos.

O monasticismo, considerado a maneira de resgatar a integridade da natureza humana, ganhou grande importância. No recolhimento monacal, criaram-se esplêndidas iluminuras, composições musicais litúrgicas e belíssimos afrescos e mosaicos.

---

[2] Paradoxalmente, parte desse patrimônio foi salvo sob a forma de butim e transportado para a Europa Ocidental pelos cruzados.

A dedicação a tais afazeres e à contemplação era possível graças à posse de grandes extensões de terra e à certeza dos alimentos e das rendas delas provenientes. A propriedade das terras podia se originar de doações feitas por diferentes motivos, inclusive a entrada do próprio doador numa comunidade religiosa. As doações imperiais e as imunidades fiscais constituíam, porém, as principais fontes geradoras do patrimônio dos mosteiros. Estes podiam compreender terras, aldeias inteiras e a renda procedente do trabalho de artesãos, pastores e camponeses.

Justiniano I aspirava restaurar, durante seu reinado (527-565), o Império Romano em toda a sua integridade. Após suas conquistas, embora muito aquém do que pretendera, os bizantinos haviam se expandido por quase todo o mundo mediterrâneo.[3]

Até então, estudava-se e falava-se igualmente o grego e o latim. Entretanto, este começava a cair em desuso como língua oficial e seria suplantado pelo grego, em meados do século VIII.

Constantinopla tinha localização privilegiada que lhe conferia vocação de encruzilhada comercial. Sua prosperidade adviria do controle das rotas das caravanas provenientes do Oriente e do tráfego marítimo entre o Mediterrâneo e o mar Negro.

Mais de 20 quilômetros de muralhas e 50 portas fortificadas protegiam a cidade. Grandes cisternas e imensas reservas de cereais podiam garantir a sobrevivência da população em caso de sítio.[4]

Situada entre a Rússia e o Mediterrâneo, a capital bizantina era escala inevitável para embarcações que, no rumo norte-sul, transportavam cereais, caviar, peles, cera, mel e ouro, produtos oriundos de portos russos e do Danúbio. No sentido oposto, carregavam sobretudo alimentos provenientes dos celeiros do Egito e das terras férteis da Anatólia.

---

[3] A Rússia entraria na órbita cultural bizantina por meio da relação comercial e religiosa no final do século X.

[4] O elaborado sistema de defesa de Constantinopla, construído no século V, originara-se do propósito de protegê-la dos godos e hunos, que haviam subjugado Roma.

Constantinopla era também o ambívio em que as mercadorias trazidas pelas rotas terrestres ligando a Ásia à Europa Oriental tinham apenas o estreito de Bósforo a cruzar. Para a capital bizantina convergiam as caravanas procedentes da Índia, do Ceilão, da China e do Oriente Médio, trazendo pedras preciosas, marfim, âmbar, porcelana, açúcar, aloés, almíscar, sedas, medicamentos e especiarias.

Mesmo em tempo de paz, as mercadorias passavam por inúmeras mãos durante o percurso. Constantinopla era, porém, o ponto para o qual confluíam e a cidade se enriquecia refinando, beneficiando, manufaturando e reexportando os produtos que por ela transitavam.

Imensa quantidade de víveres chegava à capital bizantina, como outrora chegara a Roma. Também como os romanos, os bizantinos importavam, regularmente, trigo do Egito. Três vezes ao ano uma frota carregada desse cereal zarpava de Alexandria para Bizâncio. Os cruzados, ao entrar em contato com Bizâncio, ficaram fascinados pelo fausto e abundância lá encontrados.

Grande parte da vida cotidiana transcorria nas ruas e fóruns, amiúde animados por músicos itinerantes e saltimbancos. As tavernas, como ainda hoje acontece na região, sempre que o clima permitia, punham mesas ao ar livre. Serviam comida, vinho e outras bebidas e tinham à disposição de seus frequentadores jogos semelhantes ao dominó e ao jogo de damas.

Os banhos públicos constituíam outro ponto de convivência. No entanto, o hipódromo era o principal foco de reunião e divertimento. Nele, realizavam-se as corridas de bigas e quadrigas, que duravam um dia inteiro. Às corridas compareciam o imperador, as famílias patrícias, os diplomatas e o povo em geral.

Depois da quarta corrida era de praxe um intervalo durante o qual o público era entretido por acrobatas, músicos e exibição de animais exóticos. Era também a hora da refeição composta de pão, peixe salgado, fiambres, caviar,[5] queijo e frutas frescas e secas. Tal

---

5 Caviar era abundante e consumido sobretudo nos períodos de abstinência de carne.

refeição era muitas vezes oferecida pelo imperador. Mantinha-se viva em Bizâncio a herança romana do *panem et circenses.*

As comemorações, fossem leigas ou religiosas, também propiciavam oportunidade para demonstração da liberalidade imperial. De fato, em Bizâncio os limites entre sagrado e profano eram inexistentes.

Em 537, para comemorar a inauguração da igreja de Santa Sofia,[6] considerada suprema expressão artística da cristandade, houve festejos para toda a população. Na ocasião, foram abatidos 6 mil cordeiros, mil bois, mil porcos e um número incontável de animais de caça e de aves diversas.

Cônscios de serem os sucessores da civilização romana, os bizantinos aplicavam-se em reproduzir as tradições e o estilo de vida de Roma. Assim, embora o hábito de comer sentado tivesse predominado em Bizâncio, nos grandes banquetes, em respeito ao costume ancestral, imperadores e patrícios comiam reclinados.

Tal fato não impedia inovações em matéria de maneiras de mesa. O garfo, por exemplo, cuja utilização causaria controvérsia em Veneza, foi invenção bizantina.

O consumo de alimentos trazidos de longe, caros e considerados refinados, conferia prestígio à elite. Em contrapartida, esta procurava aliviar a sorte dos pobres construindo um grande número de asilos, hospitais e obras assistenciais.

Alimentação e medicina eram assuntos afins. A medicina bizantina observava os princípios de Hipócrates e Galeno, de acordo com os quais as doenças decorreriam de desequilíbrio humoral, e este, por sua vez, era consequência de má alimentação (ver nota de rodapé nº 21, p. 84).

Os bizantinos não tomavam cerveja, considerada bebida bárbara. O vinho era sempre diluído com água. A adição de resina de pinheiro ao vinho, como conservante, conferia-lhe sabor característico

---

[6] Dedicada à sabedoria divina (em grego, *sophia*).

e é exemplo de como uma técnica de conservação pode criar sabores que se tornam apreciados.

O mel era o adoçante utilizado por todos. O açúcar não era de uso corrente.

Cebola, alho e alho-poró temperavam os alimentos, segundo a tradição romana. As carnes eram assadas no espeto e os peixes, fritos. Comia-se carne de porco e de cordeiro. A carne bovina só era consumida muito excepcionalmente. Os bois eram poupados para os labores agrícolas.

Vários fatores contribuíram para a extinção de Bizâncio. Entre as causas internas, predominou a luta inflamada pelo poder.[7] Externamente, foi elemento decisivo do seu declínio econômico a competição comercial com o Ocidente.

No século XI, a ocupação normanda de territórios bizantinos no sul da Itália acarretou o enfraquecimento do Império. Para pôr termo à invasão, Alexius Comnenus teve de solicitar ajuda a Veneza e, em troca, conceder-lhe importantes privilégios comerciais. A partir de então, os venezianos iniciaram escalada que lhes asseguraria o domínio do comércio com o Oriente.

Concessões que comprometeriam definitivamente a vitalidade econômica de Bizâncio teriam de ser feitas também a Gênova e a Pisa.

O atrito frequente entre a igreja de Roma e a bizantina não se limitava à controvérsia teológica e suas implicações políticas representavam mais um fator de debilitação de Bizâncio.

A coroação de Carlos Magno como imperador do Ocidente pelo papa Leão III, no ano 800, foi considerada em Constantinopla uma afronta. Entretanto, Roma continuaria tentando impor a Constantinopla a sua autoridade. Em 1054, o desacordo sobre os direitos de jurisdição nas dioceses dos territórios do sul da Itália causaria, finalmente, o cisma entre as duas igrejas.

---

[7] De 324 a 1453 houve 88 imperadores, dos quais 29 tiveram morte violenta e 13 se refugiaram em conventos para se salvar.

No transcorrer dos séculos seguintes, uma série de eventos levaria Bizâncio à perda paulatina de seu território e a um grande enfraquecimento econômico e político.

Em 1147, o contingente normando da Segunda Cruzada ocupou Corfu, Tebas e Corinto.

Em 1204, a Quarta Cruzada, que tinha como objetivo o Egito e a Terra Santa, foi desviada para Constantinopla, que seria impiedosamente pilhada. Após o saque, os incêndios provocados destruíram documentos e obras de arte acumulados ao longo de quase novecentos anos.

No século XIV, a Peste Negra matou cerca de dois terços da população de Constantinopla, reduzindo-a a 100 mil habitantes.

A partir daí, outros acontecimentos desastrosos para Bizâncio precipitariam sua queda. Em 1453, apesar da luta heroica dos bizantinos, Constantinopla não resistiria ao assalto turco.

O Império Bizantino deixava de existir como entidade política. Havia, porém, como observa Philip Sherrard,[8] cumprido o papel histórico de ponte entre o mundo greco-romano e o mundo moderno, que adviria com o Renascimento.

IDADE MÉDIA

No Ocidente, do século V ao século XI, as elites provenientes da fusão entre bárbaros e romanos manterão os modelos culinários da Antiguidade, da mesma forma que continuarão a falar latim.

Entretanto, as ordens religiosas foram o fator mais importante para a sobrevivência dos hábitos alimentares da Antiguidade. Pão, azeite, leguminosas e vinho, alimentos básicos do mundo romano, também o serão para os seguidores da Regra de São Bento.

A Regra de São Bento foi difundida graças à aprovação que recebeu de Gregório I, papa entre 590 e 604. Surgiu como código

---

[8] Philip Sherrard, *Byzantium* (Nova York: Time Life Books, 1966), p. 170.

de conduta para homens que viviam em comunidade, dividindo seu tempo entre o trabalho manual e a oração. O trabalho manual, basicamente agrícola, garantia a subsistência da comunidade. Forçados a uma grande intimidade, os monges necessitavam de um código de civilidade para atenuar as tensões comuns em tais ambientes e facilitar a vida contemplativa.

No final do século VIII, quando já eram numerosas as comunidades monásticas na Europa Ocidental e Central, gozando algumas de grande prosperidade material, uma nova interpretação da Regra atribuiu importância ao trabalho intelectual, em detrimento das atividades manuais.

O monasticismo, com seu ideal de ascese e reclusão, surgiu no Oriente cristianizado no século IV e, em pouco tempo, se expandiu pela Ásia Menor, pela Grécia e pela Itália.

Inicialmente, houve hostilidade contra a vida monacal. No final do século X, entretanto, havia, somente na França, 543 claustros monásticos. Representavam centros de estabilidade no cenário europeu e nele deixariam marca cultural indelével.

Após a partilha dos territórios galo-romanos entre os invasores germânicos, o estabelecimento das ordens religiosas, que teve início já no século V, teria sido impossível sem que as terras fossem doadas pelos senhores feudais.

No período de grande fé, entre os séculos X e XV, era comum um nobre doar terras para o estabelecimento de uma abadia como gesto de agradecimento aos céus por uma vitória, para expiar um pecado grave, por piedade pessoal, ou mesmo para abrigar uma filha que tomasse o véu. A esse patrimônio juntavam-se os dotes que os religiosos deveriam trazer ao tomar o hábito.

O recrutamento de oblatas e de noviços garantia, sobretudo aos filhos de famílias menos afortunadas, dignidade e segurança difíceis de conquistar na vida secular. Em contrapartida, os pais, ao entregar seus filhos e bens materiais aos mosteiros, esperavam contar com os benefícios das orações da comunidade monástica.

Desse modo, muitos monges iniciavam suas vidas religiosas ainda crianças, como oblatas, ou seja, como dádivas de suas famílias aos mosteiros.

A educação ministrada aos noviços e oblatas compreendia, além do ensino do latim, língua que teriam de falar fluentemente, o treinamento que os induzisse a um profundo sentido de disciplina e de lealdade à comunidade.

Os mosteiros eram mais do que meros centros de contemplação, pois os monges desbravavam florestas e tornavam produtivas áreas não cultivadas. Funcionavam também como armazéns de alimentos para as populações ao seu redor e abrigo para viajantes e peregrinos, oferecendo-lhes teto e boa mesa. A hospitalidade, aspecto da Regra ao qual os beneditinos davam especial atenção, reforçava o papel dos mosteiros como fonte de transmissão de tradição culinária. Em todas as abadias, havia monges encarregados de acolher e dar assistência aos hóspedes e peregrinos.

As doações dos visitantes representavam parte importante da renda dos mosteiros. Entretanto, para atraí-los, era fundamental que as comunidades religiosas fossem detentoras de relíquias.

Tais objetos de devoção eram, portanto, guardados como tesouros e houve graves contendas entre as comunidades sobre o direito à posse de algumas relíquias. Contudo, a autenticidade de vários desses objetos de culto foi contestada seguidas vezes pela própria hierarquia católica.

O desenvolvimento da jardinagem, favorecido pela vida monástica, trouxe legumes e frutas de volta às mesas. Possuidores de ampla informação sobre a fabricação de laticínios, os monges tiveram ainda uma função importante no refinamento de vários queijos rústicos tradicionais. Alguns deles conservam nomes que identificam as abadias onde se originaram: Cluny, Maroilles, Cîteaux, Igny.

A abadia de Saint Gall, no lago Constança, por exemplo, era uma verdadeira cidade, um centro de vida autossuficiente. Ademais, os mosteiros eram centros de vida comunitária e cultural, onde se faziam encenações e jogos para divertir camponeses e senhores feudais.

Alguns monges exerciam também a arte da medicina e era comum os enfermos se dirigirem às abadias em busca de cuidados médicos. Os religiosos estudiosos de botânica eram conhecedores das propriedades curativas de certas plantas, bem como dos efeitos letais de algumas delas.

Nos mosteiros se encontravam as poucas bibliotecas de então e até que fossem fundadas as primeiras universidades, no início do século XI, eles foram os únicos centros de estudo e de saber.[9]

Muito importante ainda foi a atividade colonizadora dos cistercienses. Em 1098, um grupo de monges beneditinos desejosos de vida mais simples e de observância estrita da Regra de São Bento abandonou a abadia de Molesme e construiu na Borgonha, ao sul de Dijon, o mosteiro de Cistertium (Cîteaux).

Os cistercienses se expandiram rapidamente de sua abadia inicial de Cîteaux e se estabeleceram na Inglaterra, nas costas do golfo de Biscaia, nas florestas da Alemanha e nos desfiladeiros dos Vosges.

A nova ordem dava ênfase à pobreza, à simplicidade, à necessidade do isolamento físico de suas abadias e à autossuficiência econômica. Para assegurar a autossuficiência das abadias e, ao mesmo tempo, romper com o sistema feudal na exploração de suas propriedades, os cistercienses criaram uma classe de monges, os irmãos leigos ou conversos.

Mão de obra constituída por homens de origem simples e geralmente iletrados, os irmãos leigos, vestindo hábitos que os diferenciavam dos outros monges, eram encarregados praticamente de

---

[9] As universidades mais antigas são, por ordem de fundação: Bolonha, Paris e Oxford. Alguns frades franciscanos e dominicanos, ordens fundadas no início do século XIII com o objetivo de propagação da fé, logo assumiriam trabalho docente em diversas universidades.

todo o trabalho braçal nas abadias e seus domínios. Muitos viviam dispersos no território abacial e só compareciam ao mosteiro aos domingos e dias de festa.

Graças em grande parte ao trabalho dos irmãos leigos, a economia das abadias foi, durante séculos, bem-sucedida. Algumas abadias podem ser consideradas precursoras das empresas agrícolas modernas.

Os cistercienses cultivaram uvas para fazer vinho, maçãs para sidra, e cereais para elaborar malte e cerveja. Exploraram minas de sal, praticaram a pecuária, aprimoraram o processo de conservação da carne, curtiram o couro, transformaram e comercializaram a lã. Construíram diques protetores contra as marés do mar do Norte, drenaram pântanos, transformando-os em áreas de cultivo e pastagem. Desvinculados da autoridade episcopal, os abades cistercienses gozavam de considerável autonomia. Deveriam, entretanto, comparecer anualmente ao capítulo geral, realizado em Cîteaux.

O espírito empreendedor de alguns mosteiros foi o sopro estimulante que começou a despertar a Europa. Vários deles ultrapassaram de longe o objetivo de autossuficiência e, apesar de fundados em áreas rurais desabitadas, em decorrência de sua vitalidade econômica, logo núcleos de população se desenvolveram às suas portas.

Existiam, porém, sérios obstáculos para o comércio. Além das péssimas estradas e do banditismo, havia pedágios e cobrança de direitos sobre a circulação de mercadorias, cada vez que se entrava em novo território. Isso numa época em que a Europa era um mosaico político. Havia também grande quantidade de leis conflitantes, situação monetária caótica e muitas moedas diferentes e não cambiáveis. Acrescente-se que uma parte da Europa falava línguas oriundas do latim, enquanto a outra utilizava dialetos germânicos. Assim, as mercadorias, transportadas mais por terra do que por via fluvial ou marítima, tendiam a permanecer em circuitos bastante limitados. Apesar de todas essas barreiras, a produção, o comércio e as viagens foram ganhando importância.

As grandes feiras, geralmente organizadas por ocasião de festas religiosas, constituíam o lado ameno da vida na Idade Média e a manifestação da economia internacional nascente. Nelas, caravanas de mercadores, camponeses, jograis e menestréis se reuniam periodicamente para exibir e vender seus produtos – fossem estes histórias, canções, carnes salgadas, especiarias ou seda. Algumas feiras podiam durar várias semanas.

Os centros de vida monástica, que contribuíram enormemente para reavivar a agricultura e a produção sistemática de alimentos, começaram a gozar de grande prosperidade.

Enquanto os mosteiros expandiam suas propriedades, o trabalho nos campos passava, aos poucos, dos monges aos servos. As ordens se enriqueciam e a vida religiosa atraía mais e mais os filhos da aristocracia feudal, para quem o trabalho manual estava longe de ser artigo de fé. Assim, a supervisão da atividade dos servos e dos irmãos leigos[10] foi considerada um substituto aceitável para o trabalho manual.

As refeições nas abadias se desenrolavam segundo ritual minucioso contido na Regra de São Bento. Tal ritual é, sem dúvida, precursor das maneiras de mesa da sociedade europeia. Nesse sentido também, os monges eram mais refinados do que os leigos, inclusive os nobres.

Os mosteiros mantiveram ao longo da Idade Média elevado nível de *savoir-faire* culinário e enológico. Os religiosos desempenharam grande papel no aprimoramento dos vinhos, e a viticultura pode ser considerada um dos principais pontos de resistência das tradições romanas, em confronto com a influência bárbara. Coube às abadias da França desenvolver a cultura das cepas vinícolas nobres. São inúmeros os grandes vinhos europeus que devem sua origem à atividade monástica.

---

[10] Os irmãos leigos, classe de religiosos criada pelos cistercienses, seria instituição adotada por outras comunidades.

O vinho, além de utilizado na eucaristia, era também consumido à mesa pelos monges e seus hóspedes. A venda de vinhos tornou-se essencial à economia das comunidades religiosas. Grandes vinhedos na Borgonha passaram a ser propriedade das ordens.

Enquanto isso, nos vales costeiros da Gironda, desenvolveu--se um vinho um pouco mais leve do que os da Borgonha. Chamavam-no *clairet*, ou seja, clarete, por sua cor mais clara. Até hoje, em inglês, os vinhos da região de Bordéus são também chamados de *claret*.

Misturar água ao vinho, de acordo com a tradição greco-romana, era prática corrente. O hábito se manterá até o século XVIII. Além disso, vinho e cerveja eram aromatizados de várias formas. Utilizavam-se cascas e resinas de árvores, ervas, frutas, sementes e especiarias. Com relação ao vinho, isso será usual até o século XVII.[11]

Hipocraz era vinho com mel e aromatizantes. Hidromel ou mulso – bebida preparada com mel, água, um pouco de levedo e aromatizada com canela, gengibre e outros ingredientes – era fabricado sobretudo nos países onde não existia a vinha.

A sidra, conhecida em Castela já no século XI, passou a Biscaia, Normandia e Inglaterra.

A cerveja era, porém, a bebida mais popular. Uma das mais antigas bebidas fermentadas, foi feita ao longo dos tempos de misturas heterogêneas. Os romanos faziam cerveja com cevada. Mais tarde, outros cereais entrariam na sua preparação. Somente no final da Idade Média, lúpulo seria adicionado à cevada, ao trigo ou à aveia.

No século XI, houve um grande crescimento demográfico e surgiram inúmeras cidades. Essas polarizavam a riqueza gerada pelo comércio internacional florescente.

---

[11] A tradição de aromatizar o vinho com resina mantém-se até hoje na Grécia. Na Bélgica, várias cervejas são ainda aromatizadas com cereja, pêssego, groselha negra (*cassis*) e framboesa.

Entrementes, a atividade pesqueira no Atlântico crescia. Os portos do mar do Norte recebiam grandes quantidades de arenque, que era salgado, posto em barris e expedido para todos os mercados europeus.

A Liga Hanseática (Hansa), poderosa confederação mercantil que unia várias cidades costeiras, tais como Amsterdã, Lubeck, Hamburgo, Bremen, Stettin, Dantzig e Visby, desenvolveu o intercâmbio comercial nos mares do Norte e Báltico. A Hansa trocava peixe e laticínios da Escandinávia por trigo da Prússia Oriental e peles da Rússia. Mas foi sobretudo com o comércio do arenque que fez a sua riqueza.[12]

A prosperidade do comércio e da agricultura, impulsionados pelos novos mercados urbanos, transformou consideravelmente as estruturas sociais.

O aparecimento do moinho de vento – por volta de 1150 – e o aperfeiçoamento do moinho hidráulico, ampliando a capacidade captadora de energia, possibilitaram a mecanização de certas indústrias e sua maior rentabilidade.

Para a aristocracia, o fausto se tornou uma virtude. Os nobres erigiam castelos e ostentavam um estilo de vida baseado na aquisição de artigos de luxo. Ia-se ampliando o mercado de pedras preciosas, brocados e especiarias provenientes do Oriente, o que um dia estimularia as expansões marítimas em busca de novos caminhos para as Índias.

Muitos enriqueciam com o comércio e construíam casas urbanas condizentes com suas fortunas. Protegiam-se as cidades com muralhas e erguiam-se grandes catedrais. Esse florescimento arquitetônico, que transformou a fisionomia da Europa, atingiu seu ponto alto no século XIII, com o triunfo do estilo gótico.

---

[12] Criada em Lubeck, no século XIII, a Hansa englobaria dezenas de cidades, conquistaria amplos privilégios e implementaria poderosos meios de atuação. Seu declínio começou com o surgimento de novas rotas comerciais nos séculos XV e XVI e se acentuaria com a guerra dos Trinta Anos (1618-1648).

Nos mosteiros, a prosperidade material comprometeu a vida contemplativa, sobretudo depois que seus abundantes estoques de víveres passaram a ser vendidos em feiras livres. Por outro lado, havia os excessos da mesa, objeto de severas críticas pelos reformadores da Igreja.

Não obstante, lentamente as ordens religiosas contribuíam para o surgimento das condições que ensejaram a mudança dos padrões gastronômicos na Itália renascentista e na França do século XVI.

As diferenças entre a cozinha da Idade Média e as da Grécia Antiga e de Roma decorrem do fato de que, na Idade Média, inicialmente, não se conhecia grande variedade de processos de cocção.

Havia grandes lareiras em frente às quais giravam os espetos para assar as carnes e onde eram dependurados caldeirões para cozinhar sopas e legumes. Os espetos giravam movidos à mão, por engrenagem mecânica ou por um cachorro fechado em uma jaula circular giratória.[13] Nessas cozinhas, o fogo era mantido aceso constantemente, pois não existia meio de ignição fácil e imediata.

Não se utilizava o forno, tão importante na Antiguidade. E, como não havia nas grandes lareiras possibilidade de controlar o calor para uma cocção lenta, não se podiam preparar guisados e carnes em molhos, muito apreciados mais tarde.

Somente no final do século XIII se redescobriu a arte dos guisados e molhos e se recomeçou a utilizar o forno. Paralelamente, foram se aperfeiçoando técnicas culinárias e utensílios. Além do forno, a arquitetura incorporou às cozinhas mesas para a preparação e arranjo dos pratos antes de serem servidos.

Em algumas casas havia dois fogões: um, que mantinha fogo intenso, e outro, com fogo baixo para cocção mais lenta.

Nas cozinhas medievais mais antigas, o fogão-lareira se situava sob o centro da abóbada do teto. Os mosteiros seriam inova-

---

[13] Ver a ilustração "Cozinha do século XVIII", p. 181.

dores na mudança do fogão do centro da cozinha para uma parede lateral.

Geralmente, só os conventos e castelos tinham padaria. Muitos senhores feudais forneavam o pão de seus vassalos mediante pagamento. Com o fim do Império Romano, desapareceram as grandes padarias públicas e, na maior parte da Europa, voltou-se ao fabrico doméstico do pão, que era muitas vezes assado em fornos comunitários. Essa prática sobrevive em algumas aldeias de países mediterrâneos.

Crônicas medievais mencionam um tipo de pão assado duas vezes ou *biscuit*. Esse pão, de consistência dura, era mais fácil de se conservar e, portanto, muito útil para provisão de navios e de cidades ameaçadas de sítio.

Os ricos comiam sobretudo pão branco de trigo. Quando torrado e triturado, o pão branco servia para espessar os molhos. Os pobres comiam pão escuro feito com diferentes cereais: cevada, aveia e centeio eventualmente misturados com trigo integral. Nos anos de colheita ruim, farinhas obtidas de leguminosas podiam entrar na composição da massa do pão.

Nas casas nobres, grossas fatias de pão escuro de quatro ou cinco dias, no centro das quais se fazia uma ligeira concavidade, tinham função de prato. Essas fatias de pão eram trocadas no transcurso da refeição e guardadas para serem dadas aos pobres.

Na Idade Média, o peixe não era somente um alimento barato, como constituía a base da dieta cristã. Contando-se as sextas-feiras, a Quaresma, o Advento e outros dias de jejum e abstinência, comer carne era proibido durante quase metade do ano. O salmão e a truta eram muito prezados. Mosteiros e mansões senhoriais tinham seus próprios viveiros de peixe, semelhantes aos *vivaria* dos romanos. Peixes de água doce eram mais abundantes do que hoje e importantes na dieta dos que viviam nas proximidades de lagos e rios.

Para suavizar o rigor dos frequentes dias de abstinência de carne, algumas comunidades religiosas adotaram peculiar classificação zoológica. Assim, aves que vivem na água ou se alimentam de peixes e crustáceos, como certos gansos, eram consideradas peixes. Da mesma forma, os castores, pelo fato de terem cauda que lembra a de determinados peixes, podiam ser servidos como se fossem peixe!

A culinária da Idade Média, como a da Antiguidade, utilizava os condimentos sem o sentido da combinação dos ingredientes, limitando-se a justapô-los. A cozinha dos ricos, consequentemente, incorria no abuso das especiarias e voltava-se mais para o impacto da apresentação dos pratos do que para a arte de sua preparação.

Depois da queda do Império Romano, o comércio de especiarias declinara. Em consequência da estagnação de sua indústria e agricultura, durante muito tempo, a Europa pouco tinha a oferecer em troca dos produtos da Ásia. No entanto, o restabelecimento da atividade econômica e a interação de cristãos e muçulmanos estimularam o gosto pelos sabores exóticos. As novidades trazidas pelos cruzados mudaram a vida cotidiana dos europeus e o gosto pelos novos aromas e sabores terminou por criar um comércio intenso e lucrativo.

A evolução culinária é fruto da importação e assimilação de novos ingredientes. Assim como a cozinha chinesa atingia seu apogeu no século XII, graças aos produtos trazidos por mercadores aventurosos, na Europa a mesa dos ricos se orientalizava pelo uso imoderado de especiarias.

A influência da civilização islâmica se propagou principalmente por três áreas de contato: a Espanha, a Sicília e o próprio Oriente Médio, onde, por mais de dois séculos, os cruzados se empenharam na defesa dos Lugares Santos e de suas rotas de acesso.

Por meio do contato com o mundo muçulmano aprendeu-se a utilizar, além do açúcar e do trigo sarraceno, a noz-moscada, a canela, o gengibre, a hortelã, o cravo, o anis, o açafrão e o cominho. Várias especiarias, outrora usadas pelos romanos, voltaram às mesas. E o limão, fruta também conhecida dos romanos, começou a substituir o suco de uvas verdes em certas preparações.

Ao absorver imensa influência cultural no Oriente Médio, os cruzados foram também portadores do gosto pelos requintados brocados de seda de Damasco, bem como pelos tapetes e tapeçarias.

As tapeçarias, revestindo as paredes até então nuas, transformariam os interiores medievais, dando-lhes mais calor e aconchego. Esse artigo de luxo se tornaria indispensável para decorar casas nobres, catedrais e salas capitulares. Nos dias de grandes festas, enfeitavam claustros, balcões e fachadas.

Criava-se, assim, um mercado que favoreceu o surgimento de manufaturas em algumas cidades. Nesses estabelecimentos, artesãos reproduziam pacientemente, com fios de lã, de seda e de ouro, minuciosas cenas criadas por pintores.

Em contato com os muçulmanos, os cruzados aprenderam também cuidados de higiene pessoal e descobriram o prazer do banho frequente, hábito sobre o qual tinham reservas.

As rotas comerciais do Oriente Médio já eram importantes mesmo antes do islamismo. A Arábia era o elo do comércio entre o Mediterrâneo e o Extremo Oriente, e Meca, o principal centro dessa atividade.

Após o surgimento do islamismo, no século VII, as conquistas e o comércio árabes expandiram-se rapidamente. Em meados do século VIII, o domínio muçulmano se estendia da península Ibérica ao vale do Indo.

Os muçulmanos, em cinco séculos, desenvolveram conhecimento científico de alto nível. No século XI, a grande enciclopédia médica do filósofo e médico Avicena (Ibn Sina) codificou os conhecimentos dos mundos grego e árabe e Ibn al-Haytan concluiu seu *Tratado de ótica*, sobre a teoria da visão. Ao mesmo tempo que Ibn Sina impulsionava a arte da medicina na parte oriental do império islâmico, no extremo ocidental cientistas como o espanhol Ibn Rushd – também conhecido como Averroes – escreviam obras de medicina, astronomia e filosofia. Ibn Rushd se tornou um dos principais intérpretes de Aristóteles.

Os árabes já haviam, então, estudado muitas plantas medicinais existentes em seus domínios e as vendiam aos europeus.

A expansão islâmica foi fator decisivo para o desenvolvimento de uma cozinha muito rica, pois, pelo intercâmbio entre regiões de cultura e recursos tão variados, amalgamaram-se diversas culinárias.

Há textos árabes do século X que são verdadeiros estudos gastronômicos. O *De medicinis et cibis simplicibus*, de Abul Mutanif, é disso um exemplo.

Para entender a importância das especiarias na história e na cozinha medievais, tem-se de levar em conta a influência árabe, bem como a da Espanha e da Sicília, ocupadas pelos mouros. Há, por exemplo, uma receita de frango gratinado com pistácio e amêndoas atribuída ao emir de Catânia, e uma outra de croquetes de carne ao cominho, atribuída ao califa de Palermo. Ainda em contato com os árabes, os sicilianos aprenderam a preparar sorvete.[14]

Os mouros introduziram a cultura da cana-de-açúcar na Espanha. O mesmo não se pode afirmar com relação ao arroz, que provavelmente chegou à península Ibérica com a dominação bizantina. Porém, não há dúvida de que a sua cultura se aperfeiçoou e se expandiu durante a ocupação islâmica.

Arroz, aparentemente em estado nativo, foi encontrado em diferentes partes do mundo, exceto na região ártica, no norte da Ásia, na Europa e na América do Norte. Uma teoria afirma que o arroz existia antes da divisão do continente Gondwana em África, Austrália, América do Sul e Antártida.

---

[14] Embora no Brasil não seja comum fazer-se a distinção entre sorvete e gelado, as palavras não são sinônimas. Sorvete (*sorbet* em francês, *sorbetto* em italiano, *sherbet* em inglês) é geralmente preparado com suco de frutas e – ao contrário do gelado – não leva gema de ovo, nem leite ou creme. A palavra "sorvete" vem do arábe vulgar *churba*, através do turco *xorbet*.

Para Henri Dupin e alguns outros autores, há dois centros de origem do arroz: um na Ásia, para a espécie *Oryza sativa*, e outro na África Ocidental, para a *Oryza glaberrima*.[15]

A palavra "arroz", todavia, tanto em português como em espanhol, provém do árabe, que por sua vez a herdou do aramaico *ourozza*.

Os mouros também legaram à Espanha o açafrão e os pratos com ele aromatizados, como a *paella*.[16] Até hoje a Espanha é dos poucos produtores mundiais de açafrão, um dos mais caros ingredientes culinários. O açafrão é obtido de pistilos do *Crocus sativus* extraídos da flor à mão, um a um, para depois serem postos para secar.

Laranjas e limões eram muito apreciados pelos romanos e de utilização frequente na culinária. Sua cultura, no entanto, foi rara em terras romanas e desapareceu depois das invasões bárbaras. A citricultura só reaparecerá na Europa depois da expansão islâmica no Mediterrâneo. Os primeiros laranjais da Espanha foram plantados pelos mouros no século VIII. Quase ao mesmo tempo os sarracenos o faziam na Sicília.

Muito mais tarde, seria moda cultivar laranjeiras em vasos, como plantas ornamentais. No século XVII, em muitos palácios seriam construídas *orangeries*, das quais a mais famosa, criada por Mansard para Luís XIV em Versalhes, conteria 1.200 laranjeiras.

Segundo o botânico japonês T. Tanaka, que fez muitas viagens de exploração entre 1920 e 1930, a maioria das frutas cítricas é originária do Assam e do norte da Birmânia.[17] Daí, propagaram-se para a China, a Índia e a Malásia. A palavra "laranja", entretanto, vem do sânscrito *naranga* que, com pequenas variações fonéticas, se incorporaria a quase todas as línguas ocidentais.

---

[15] Henri Dupin, *Les aliments* (Paris: PUF, 1973), p. 60. (Que sais-je?, 22.)

[16] *Paella* é corruptela espanhola da palavra persa *pilaf*, que designa arroz cozido com carnes e especiarias.

[17] Atual Myanmar.

Do Oriente Médio veio ainda a destilação. Essa técnica permitiria o fabrico de aguardentes e vinhos fortificados, que fariam a fama do Porto e de Jerez. A palavra "álcool", também originária do árabe *alkuhl*, significa "o ilusionista".

Dois trabalhos publicados na Espanha na década de 1960[18] atestam a importância da influência moura na culinária ibérica. Essa influência é também perceptível em receituários antigos como o *Libre de Sent Sovi*, texto catalão do século XV.

A culinária moura marcou especialmente algumas cozinhas regionais espanholas. Em várias regiões, misturam-se doce com salgado, confeitam-se frutas, elaboram-se *turrones* e *mazapanes*, preparam-se *hojaldres*, usam-se frutas secas e aromatizam-se os alimentos com açafrão, água de rosas, anis, canela e diferentes ervas e especiarias. E mesmo os *churros* são considerados produtos da influência árabe.

No Oriente Médio sempre se prezou a tâmara e outras frutas secas, o iogurte, os sorvetes e o melão. Preparavam-se geleias de pétalas de rosa, laranja, cidra, ameixa e já se faziam *nougat* e massa folhada. Doces, bolos e confeitos, com amêndoas e mel, encontravam-se por toda a área.

Conservavam-se em vinagre pepinos, cebolas e aspargos. O carneiro era, como hoje ainda o é, parte importante da dieta, exceto para os muito pobres, que só o comiam em ocasiões especiais.

No final do ramadã, tempo de jejum que corresponde ao nono mês do ano lunar muçulmano, príncipes e mercadores ricos ofereciam ao povo lautas festas. Nessas refeições copiosas podiam ser servidos, por exemplo, frango ou vitela refogados com cebola e berinjela e cozidos, em fogo brando, no suco de romã. Condimentava-se essa preparação com cardamomo e cúrcuma. O ponto alto da refeição era

[18] *La cocina arabigoandaluza según un manuscrito inédito*, por Fernando de La Granja, publicado em Madri, em 1960; *Traducción española de un manuscrito anónimo del siglo XIII sobre la cocina hispanomagrebi*, por Ambrosio Huici Miranda, publicado em Madri, em 1966.

o cordeiro assado inteiro e recheado com frutas secas, amêndoas, pinhões, triguilho e cebola. Esse recheio era temperado com gengibre e coentro. Serviam-se ainda frutas secas e cristalizadas, além de doces à base de massa folhada, com recheios variados e umedecidos em calda aromatizada com pétalas de rosas.

O islamismo adotou padrões alimentares mais próximos da antiga tradição semita e judaica do que do modelo alimentar cristão, que desconhece proibições. No entanto, um muçulmano, segundo as normas islâmicas, poderia comer qualquer alimento, mesmo os proibidos, se disso dependesse a sua sobrevivência.

O café, originário da Etiópia, da província de Kaffa, teve sua difusão no mundo maometano favorecida pela proibição religiosa de se tomar vinho. Chegou a ser conhecido como o vinho do Islã, e a vida social do Oriente Médio girava em torno dele. Era apreciado particularmente pelos sufis porque os mantinha despertos durante as orações noturnas.[19]

A riqueza culinária do Oriente Médio tem raízes milenares. A Mesopotâmia, entre o Tigre e o Eufrates, atualmente parte do Iraque, pode ser considerada o berço da *haute cuisine*.

Tábulas em argila oriundas dessa região, que se encontram na Universidade de Yale, contêm grande quantidade de símbolos cuneiformes. Recentemente, ao decifrá-los, Jean Bottero, descobriu tratar-se do mais antigo conjunto de receitas de cozinha. Acredita-se que elas tenham sido talhadas por volta do ano 1500 a.C. Bottero se surpreendeu com a variedade e refinamento dessas receitas, pois não se imaginava que uma culinária tão antiga pudesse ser tão avançada.

São ao todo 35 receitas contidas em três tábulas pertencentes à *Babylonian Collection* da Universidade de Yale. As tábulas encontram-se muito danificadas em decorrência da ação do tempo e da friabilidade da argila.

---

[19] O sufismo é uma ramificação do islamismo, predominantemente mística, originada no século VI. Sustenta que o espírito humano é emanação do espírito divino, ao qual procura se reintegrar.

Outros dados arqueológicos indicam a imensa variedade de alimentos dos babilônios e de seus predecessores na Mesopotâmia, os sumérios. Jean Bottero considera as cozinhas turca e árabe herdeiras dos ensinamentos dos *chefs* babilônios.

Os manuscritos medievais são em geral tardios, o que torna difícil ter um quadro completo da evolução da culinária entre a decadência do Império Romano e o Renascimento. Ademais, na sociedade anterior à imprensa, em que predominavam os iletrados, os padrões culinários eram transmitidos principalmente por tradição oral.

Os raros manuscritos e receitas medievais que chegaram a nossos dias nos dão ideia de como se alimentavam sobretudo os ricos. São escassos, na Idade Média e em outros períodos da história, os registros de hábitos alimentares de camponeses e pobres em geral. Sabem eles, por tradição, preparar o que comem e sua dieta é limitada por seus próprios meios.

Entretanto, em oposição à rusticidade e às restrições do cotidiano da grande maioria, observa-se a abundância das festas agrárias e religiosas e dos banquetes servidos por ocasião de bodas e funerais.

As mesas das classes altas da Europa Ocidental mantiveram grande semelhança durante longo período. Graças aos valores cristãos, a Europa apresenta, entre o século VI e o século XII, uma considerável unidade espiritual e cultural. As diferenças entre os estratos sociais – com relação à alimentação, maneiras e estilo de vida – eram maiores do que as diferenças entre as nações. Era ainda inexistente o mosaico de cozinhas regionais que mais tarde se delinearia.

Almoçava-se entre nove e dez horas da manhã e o jantar era por volta de três da tarde. A maioria das pessoas se limitava a essas duas refeições. Entre nobres castelhanos do século XIII, entretanto, mencionam-se cinco refeições: *almuerzo* pela manhã, *yantar* ao meio-dia, *merienda* à tarde, *cena* ao fim do dia e *zahorar* à noite.

Na alimentação da aristocracia predominavam as carnes assadas. As receitas dos manuscritos da época são sobretudo de pratos destinados a acompanhar e a realçar os assados. Muitos desses acompanhamentos eram moídos em almofariz para serem comidos com colher.

O padrão alimentar ideal na Idade Média baseava-se no alto consumo de carnes. Nesse sentido, distanciava-se da Antiguidade e pode ser considerado fruto do caldeamento entre bárbaros e romanos. Os povos ao norte da área mediterrânea consumiam mais carne e laticínios do que os romanos.

O *garum* foi desaparecendo das mesas medievais. Ao mesmo tempo, cessava seu uso como medicamento.

O *verjus* era ingrediente básico dos molhos medievais. Na sua composição podiam entrar, por exemplo, brotos de vinha, suco de limão ou de laranja, romã, maçã, açúcar, água de rosas, vinagre, mostarda, alho, hortelã, pimenta-do-reino, gengibre, canela e cravo.

Os molhos eram, portanto, ácidos ou agridoces. Não eram, porém, ricos em gordura. Os espessos eram engrossados com pão, gema de ovo e amêndoas. A técnica de engrossar molhos com farinha de trigo, como veremos, é muito mais recente.

Anne Willan[20] é um dos autores que identificam semelhança entre a cozinha medieval e a cozinha indiana. Refere-se não somente ao uso abundante de especiarias, mas também de doce e ácido para acentuar sabores.

No século VIII, havia caído em completo desuso no Ocidente a posição reclinada ao comer. Os viajantes ocidentais vão descobri-la com surpresa em Bizâncio, no século X.

Entretanto, seria mantida, durante a Idade Média, a concepção romana do banquete como divertimento e espetáculo. É nessa perspectiva que se deve ver o efeito espetacular e de surpresa de alguns pratos servidos entre números de canto, declamação, dança e acrobacia.

---

[20] Anne Willan, *Great Cooks and their Recipes: from Taillevent to Escoffier* (Londres: Elm Tree Books, 1977), p. 9.

Os comensais se sentavam deixando livre um dos lados das longas mesas. Além de facilitar o serviço, essa distribuição dos convivas permitia a todos uma boa visão dos *entremets*. Não eram pratos menores servidos entre os principais, mas, sim, a diversão proporcionada por cômicos, acrobatas, dançarinos, jograis e menestréis, nesses intervalos.

Todos os pratos eram postos sobre a mesa de uma só vez. Ao final da refeição, as mesas eram retiradas e servida a sobremesa. Os convivas comiam-na de pé. Com a sobremesa – bolos variados e frutas secas – servia-se hipocraz, vinho com especiarias.

Não se usavam pratos individuais. Até o século XV sua função era desempenhada, como vimos, por grossas fatias de pão envelhecido, posteriormente substituídas por pranchas de madeira. Para os alimentos líquidos, também havia uma só escudela para dois ou mais comensais.

A utilização de pratos individuais de cobre, de estanho, de prata e de ouro se generalizará bem mais tarde. Cada conviva, porém, manterá diante de si o mesmo prato durante toda a refeição.

Em geral, os anfitriões proviam somente de colher. Ainda não se usava garfo e os convidados traziam suas próprias facas. Essas não eram usadas apenas à mesa, pois tinham numerosas funções.

A tradição de jovens nobres encarregarem-se de servir a mesa de senhores feudais se manterá por séculos e a arte de trinchar, segundo normas bem definidas, será considerada um sinal de distinção.

A expressão "serviço" tinha um sentido diferente do atual, pois designava as etapas de uma refeição. Alguns restaurantes e *traiteurs* ainda usam a palavra "serviço" de acordo com essa acepção.

A grande lista de pratos dos antigos *menus* pode surpreender. No entanto, os convivas não provavam de todos os pratos de cada serviço. Limitavam-se a se servir daqueles que estivessem ao seu alcance.

Nos festins, enormes bandejas eram trazidas à mesa com cabritos, veados, javalis – às vezes inteiros – acompanhados de cisnes, gansos, pavões, perdizes e galos de pradaria revestidos de suas plumagens.

Havia criações domésticas de frangos, patos, perdizes e faisões e era comum a existência de pombais. Ganso podia aparecer com certa frequência mesmo nas mesas de artesãos e de burgueses. Não obstante, a carne bovina era de qualidade inferior e seu consumo, relativamente pequeno.

Príncipes, bispos e comunidades religiosas criavam grandes rebanhos de porcos para seu próprio consumo e para o comércio. As grandes festas religiosas, em geral precedidas de um período de abstinência de carne, eram marcadas pelo aparecimento, nas feiras e nas mesas, de uma profusão de presuntos, salsichas e fiambres de diversos tipos.

A nobreza tinha grande apreço pela carne de caça. As principais atividades dos nobres eram a guerra e a caça. Esta era apanágio da aristocracia e proibida a servos e camponeses. Os infratores dessa regra podiam ser punidos severamente. Portanto, as caçadas e o consumo de seu produto representavam um outro elemento de distinção entre os nobres e o restante do povo. Este somente podia apreender e comer animais de pequeno porte, como lebres e coelhos.

Era comum o uso do açúcar nos molhos, a mistura da carne com peixe, bem como das frutas com caça, assados e ragus.

Como na Antiguidade, serviam-se as frutas frescas antes da refeição; as secas ou cozidas, ao encerrá-la. Ao final da refeição, para refrescar o hálito, serviam-se sementes de coentro, erva-doce, anis ou cominho.

Águas perfumadas, principalmente a de rosas, outra influência do Oriente Médio, eram utilizadas em confeitaria, pastelaria, molhos e bebidas.

O custo das especiarias era alto e apenas os ricos as utilizavam. Nas casas nobres, eram apresentadas à mesa em salvas apropriadas de ouro ou prata, incrustradas de pedras preciosas. O elevado preço das especiarias também conferia ao seu consumo função de distinção social. Assim, um dos principais motivos do uso generoso de especiarias na mesa dos ricos não era gastronômico.

Simultaneamente, a maneira de se consumir algumas delas mudou. O cravo e a canela, antes utilizados quase exclusivamente como medicamento, ganharam importância nas preparações culinárias.

Certas especiarias e produtos orientais, aos quais se atribuíam propriedades terapêuticas, eram vendidos por boticários e classificados como drogas. Eram empregados isoladamente ou na composição de cataplasmas e eletuários.

O uso de especiarias era grande também por se reconhecer nelas qualidades digestivas e antissépticas, aspectos importantes quando consideradas as condições precárias de conservação e de higiene da época. Ademais, creditavam-se propriedades afrodisíacas a vários desses produtos.

O Oriente Médio produzia, então, o único açúcar que se encontrava na Europa. Seu nome árabe, *sukkar*, passou para quase todas as línguas europeias.

Desde o século X, Veneza e Gênova aprovisionavam o Ocidente de açúcar. Os cruzados foram, entretanto, seus grandes divulgadores. Descobriram a cana-de-açúcar em Trípoli, no Líbano. Sicília, Creta, Chipre, Madeira, Andaluzia e Canárias seriam territórios propícios para sua aclimatação e cultivo.

Entretanto, até que isso acontecesse, o açúcar era raro e caro, ao alcance somente dos ricos. Mesmo estes o utilizavam com moderação e guardavam-no fechado à chave. Era importado em forma de cones compactos, chamados pão de açúcar, partidos e triturados na medida da necessidade.

Até o século XVI o açúcar foi usado principalmente como remédio e vendido por boticários, que o recomendavam para o tratamento de dores de cabeça, febres, epilepsia e melancolia. Já no século XI, havia receitas que utilizavam açúcar para tratamento de várias doenças.[21]

Aos poucos aumentava a utilização do açúcar nas preparações culinárias. Substituía o mel com a vantagem de ser mais fácil de transportar e armazenar.

Entretanto, a expansão otomana e a queda de Constantinopla, em 1453, comprometeram o comércio com o Oriente e a importação do açúcar, produto que já conquistara o gosto dos europeus.

Em resposta à demanda, desenvolveram-se desde a primeira metade do século XV as plantações de cana da Sicília e da Espanha.

Os portugueses, que haviam descoberto a ilha da Madeira em 1419, logo começaram o cultivo da cana no novo território.

No final do século, as Canárias e a ilha de São Tomé também se transformariam em produtoras de açúcar.

Somente no século XIX, em decorrência da escassez de açúcar na Europa, durante as guerras napoleônicas, seriam criadas as condições econômicas para a fabricação de açúcar de beterraba.[22]

O manuscrito *Le fait de cuisine*, datado de 1420 e de autoria de Chiquart, revela os reflexos culinários do fascínio medieval pela alquimia e pelas propriedades milagrosas atribuídas aos minerais. Chiquart foi cozinheiro de Amadeu VIII, duque de Savoia e depois papa, sob o nome de Félix V.

A receita número 65 de *Le fait de cuisine*, um caldo restaurador recomendado para pessoas enfermas, além de um galo capão e

---

[21] A virtude medicinal que se atribuía ao açúcar advinha da teoria dos humores, herdada da medicina de Hipócrates e de Galeno. Segundo ela, todo organismo possuiria quatro humores fundamentais: sangue, bílis amarela, linfa e bílis negra ou atrabílis. Pensava-se que as enfermidades eram falta de equilíbrio humoral e que podiam ser tratadas com alimentação adequada. O açúcar era, então, considerado um alimento "quente" e "úmido", cujas propriedades humorais teriam efeito positivo sobre o sistema digestivo.

[22] A técnica para se obter açúcar de beterraba foi desenvolvida no século XVIII pelo químico berlinense Andreas Maggraf.

água de rosas, emprega pérolas, pedras preciosas e algumas moedas de ouro. As pedras utilizadas dependiam de prescrição médica e podiam compreender diamantes, rubis, esmeraldas e safiras. Chiquart não se esqueceu de recomendar que as moedas, bem como as pedras preciosas, fossem retiradas do caldo antes deste ser servido em um prato de ouro!

Não se conhece nenhum tratado de gastronomia medieval antes do século XIV. Só então começaram a aparecer os primeiros livros de cozinha redigidos depois de Apicius.

O receituário inglês mais importante da época é *The Form of Cury*, escrito por volta de 1390 pelo cozinheiro de Ricardo II, e contém 96 receitas.

Os manuscritos culinários italianos, bem como os franceses, parecem ter uma fonte comum. Dentre os franceses, os dois mais antigos na Bibliothèque Nationale, em Paris, datam do século XIV.[23] O mais famoso manuscrito medieval sobre cozinha, porém, é *Le Viandier*, de Taillevent.

Guillaume Térel, cognominado Taillevent, nasceu em 1310 em Pont-Audemer, na Normandia. Foi o precursor de uma longa série de *chefs* que deixaram marcada influência na cozinha de seu tempo.

Após vários anos a serviço de Filipe VI de Valois, Taillevent foi chamado para a corte de Carlos V. O seu *Le Viandier* descreve também pormenores dos gostos e costumes da corte.

Há indícios de que Taillevent tenha sido alquimista. Além de frases crípticas na redação de *Le Viandier*, alguns símbolos alquimistas[24] constam do escudo de armas talhado no seu túmulo em Henne-Mont.

Contemporâneo de *Le Viandier*, *Le Ménagier de Paris* pode ser considerado o primeiro livro da cozinha burguesa. É um tratado

---

[23] *Liber de coquina* e *Tratactus de modo preparandi et condiendi omnia cibaria.*

[24] Três caldeirões com três rosas em cima e três embaixo.

de economia doméstica, escrito sob a forma de conselhos que seu autor, homem idoso, oferece à noiva, de condição social modesta e de apenas 15 anos.

A importância de Taillevent consiste principalmente na atenção que deu aos molhos e no aprimoramento de receitas antigas. As receitas de *Le Viandier*, porém, não são criações suas e, sim, compilações originárias de diferentes fontes.

Os condimentos das receitas de Taillevent e de Apicius são consideravelmente diferentes. Contudo, ambas as culinárias se caracterizam por transformar, pela justaposição, vários sabores em um único.

Mesmo considerando que a obra de Taillevent não representa ruptura dos quase imutáveis modelos culinários medievais, seu trabalho será um dos fatores que permitirá, na Renascença, a assimilação e o aperfeiçoamento da contribuição italiana à *haute cuisine*, arte que, desde então, é francesa por excelência.

4

AS ESPECIARIAS E AS NOVAS ROTAS MARÍTIMAS

OS ALIMENTOS DA AMÉRICA

O desejo de encontrar fontes de riqueza fora de seu continente levou os europeus a um conhecimento sem precedentes do planeta.

A demanda de especiarias e o seu comércio serviram de motivação para o início da era das expedições marítimas, para a formação dos impérios coloniais e para o desabrochar do capitalismo europeu.

Em meados do século XV, a expansão dos poderios turco e árabe fez com que as viagens por terra, através do Oriente Médio, se tornassem difíceis, quase proibitivas.

Até então um carregamento de especiarias exigia complicados roteiros, fato que provocava seu alto preço. Eram transportadas em juncos chineses, no dorso de carregadores indianos, em pequenos veleiros árabes do golfo Pérsico, por caravanas de dromedários e por galeras venezianas.

As cargas que se destinavam a Veneza, depois de entregues no Ceilão pelos indianos e malaios, seguiam principalmente duas rotas: ou eram levadas por barcos árabes até a costa oriental da África e depois, em dorso de camelo, até o Nilo, pelo qual desciam até Alexandria, ou então do Ceilão eram levadas ao golfo Pérsico e Bagdá para, a partir daí, serem transportadas por caravanas até a costa da Ásia Menor e, finalmente, despachadas para Veneza.

Grande parte dessas mercadorias transitava por Constantinopla, que foi durante séculos, como vimos, a grande encruzilhada das rotas comerciais entre o Oriente e a Europa.

Um caminho alternativo para as especiarias que chegavam à Europa era a rota chinesa. Nesse caso, os carregamentos eram levados por juncos chineses das ilhas Molucas para Xangai. De lá, caravanas os transportavam via Turquestão e Samarkand até Novgorod, importante centro comercial da Rússia. Em Novgorod, as especiarias eram compradas por comerciantes da Liga Hanseática, que as distribuíam ao longo do Báltico, do mar do Norte e na Escandinávia.

No século XV, porém, Veneza se tornara o principal empório da Europa e o mais ativo centro do lucrativo comércio com o Oriente. Muitos dos resplandecentes palácios de Veneza foram construídos com o lucro do comércio das especiarias.

As mercadorias trazidas do Mediterrâneo Oriental pelos navios venezianos eram vendidas nos portos italianos e franceses e, então, transportadas pelos passos alpinos ou pelo vale do Ródano, para serem distribuídas em Flandres e na Europa Central.

Veneza contava com milhares de barcos em sua frota comercial. Em qualquer porto do Oriente Próximo onde chegassem caravanas transportando produtos orientais havia sempre galeras venezianas para encontrá-las.

A importância das especiarias não se devia somente ao fato de melhorarem o sabor dos alimentos. Advinha, sobretudo, de sua propriedade de conservá-los. Além disso, sabemos que às inúmeras especiarias eram atribuídas propriedades medicinais.

A palavra "especiaria" vem do latim *species*. Denota produtos que, pelo seu caráter exótico, preço e raridade, eram considerados especiais. Para os europeus de então, com noções geográficas ainda muito vagas, a origem das especiarias era misteriosa. Muitos acreditavam que elas vinham diretamente do Éden.

Os mercadores árabes, evidentemente, tinham interesse em ocultar a verdadeira procedência das especiarias e divulgavam lendas sobre a existência de monstros e perigos em suas rotas. No entanto, os árabes haviam reunido, desde o século IX, um grande acervo de informações práticas e objetivas sobre as regiões visitadas por seus viajantes e mercadores.

A esse respeito, Manoel Bomfim nos diz:

> Decididamente, o português deve muito ao sarraceno: foi este quem lhe revelou o Oriente, foi quem o decidiu ir à Índia, quem o transportou da Europa à África, quem o levou da Costa da África à Índia, guiando-o pelo oceano desconhecido.[1]

Sabe-se que um mouro, tendo permanecido a bordo em Moçambique, guiou Vasco da Gama em direção ao litoral leste da Índia, onde chegaram após 26 dias de viagem.

Em 1415, a tomada de Ceuta, um dos pontos através dos quais o ouro africano era distribuído para a Europa, significou para os cristãos a abertura de um território cuja exploração havia sido até então privilégio dos muçulmanos. Assim, o que poderia ter sido um simples passo para a reconquista cristã da península foi o início do interesse ibérico pelo comércio africano.

Contudo, a exploração sistemática da costa ocidental da África pelos navegadores portugueses, em busca do caminho das Índias, só começou depois que Gil Eanes penetrou o "mar Tenebroso" e atingiu o cabo Bojador.

Em 1453, Constantinopla foi tomada pelos turcos, cujo império logo dominou o litoral do Mediterrâneo Oriental e as rotas terrestres da Ásia Menor e do Egito. O Ocidente só podia comprar especiarias por preços exorbitantes.

---

[1] Manoel Bomfim, *A América Latina: males de origem* (Rio de Janeiro: Topbooks, 1993), p. 87.

Os italianos, porém, continuavam a auferir grandes lucros no comércio com o Oriente e estavam mais interessados na manutenção do mercado como tal do que na descoberta de novas rotas. Em Portugal e na Espanha, entretanto, crescia o desejo de atingir a Ásia por nova rota marítima.

Não havia nesses países interesse em empreender viagens exploratórias, com o mero propósito de investigação ou de ampliação de conhecimentos. De modo geral, o principal objetivo de tais viagens, ainda que nem sempre explícito, era o lucro.

Aliado à sede de metais preciosos e à necessidade de especiarias, havia também o desejo de agradar a Deus com a conversão dos pagãos, motivação que, por vezes, era sincera e levava a uma certa crença de que as viagens eram missão de inspiração divina. Reis e mercadores, ao planejar as expedições, serviam-se desse sentimento para justificar seus desígnios.

Sabia-se, porém, que o proselitismo cristão era chave para a conquista e bons negócios, pois contava-se com a solicitude e cumplicidade dos conversos. Nota a propósito Leonardo Boff:

> Muitos são os fatores que impulsionam os europeus a deixar o Mediterrâneo e alcançar o Atlântico, e preferir as rotas marítimas àquelas terrestres para chegar às fontes da riqueza comercial. Não é este ou aquele fator que determina a expansão. É a totalidade complexa do *orbis christianus*, portador de uma dimensão econômica, política, ideológica e evidentemente também religiosa que se coloca em movimento de expansão e de conquista.[2]

Os comerciantes venezianos e genoveses, que viajavam até a Ásia Central, eram o ponto de união entre o Oriente e o Ocidente. Na mesma época, missionários cristãos estavam indo mais longe ainda e enviavam a seus superiores relatórios em que narravam maravilhas.

Marco Polo, que partiu em 1271 para o Extremo Oriente, já enviara da corte de Kublai Kan relatos sobre as riquezas de

---

[2] Leonardo Boff, *América Latina: da conquista à nova evangelização* (São Paulo: Ática, 1992), p. 17.

Pequim, do reino insular de Cipango (Japão), das ilhas do mar da China, de Java, onde abundavam a pimenta-do-reino, a noz-moscada e o cravo.

Embora a veracidade das narrativas de Marco Polo fosse posta em dúvida, elas, como outras tantas, estimulavam a imaginação e a avidez. Iluminuras, desenhos e tapeçarias refletiam o fascínio por esse mundo desconhecido, fruto em grande parte da imaginação.

O universo imaginário europeu continha, certamente, elementos de compensação de uma vida pobre, monótona e limitada. Até mesmo o conhecimento geográfico objetivo estava sempre acoplado com o fantástico. Assim, as narrativas de viagem mesclavam fantasia e realidade, reforçando o caráter tênue dos limites entre o verdadeiro e o fictício.

Para os europeus dos tempos medievais havia quatro continentes: a Europa, a África, a Ásia e a *Terra Incognita*, que se acreditava estar situada em algum ponto do Hemisfério Sul.

A confusão geográfica não decorria somente da ignorância dos cartógrafos, mas também de crença religiosa. Como, segundo a tradição cristã, Jerusalém estava situada no centro do mundo, os cartógrafos da Idade Média, em respeito a essa crença, faziam mapas em que a Terra Santa aparecia como centro dos três continentes conhecidos.

Entretanto, Marco Polo trouxera do Oriente uma informação muito importante: a Ormuz, na entrada do golfo Pérsico, chegavam os barcos árabes, carregados de especiarias.

Em meados do século XV, o mercador e aventureiro veneziano Nicola de Conti regressou à Europa por terra, depois de 25 anos na Índia e no Sudeste Asiático. Trazia notícias extraordinárias e pormenorizadas sobre Birmânia, Malaia, Sumatra e Java. Porém, o mais notável foi a sua afirmação de que as águas que circundavam a Índia e as ilhas do Sudeste Asiático eram oceano aberto e, assim, poderiam ser atingidas por navio diretamente da Europa, evitando-se a perigosa rota terrestre.

Nessa época, Portugal e Espanha haviam adquirido excepcional competência em dois campos de alto valor prático: cartografia e navegação. Essa competência era resultado de conhecimento acumulado por navegadores experientes e da assimilação dos princípios geográficos elaborados pelos matemáticos e cosmógrafos árabes. Foi também de grande importância a contribuição da Itália em astronomia e em teoria geográfica, disciplinas essenciais para as viagens exploratórias.

O principal centro captador de toda essa informação era a Escola de Sagres, fundada pelo filho de dom João I, dom Henrique, o Navegador, no sul de Portugal.

Desde o século XII, havia-se divulgado a lenda do Preste João, um soberano cristão, descendente dos reis magos, de enorme riqueza e poder. Seu reino, acreditava-se primeiramente, estaria situado na Ásia; depois, na África, possivelmente na Abissínia. A crença de que bastaria aos europeus entrar em contato com esse inimigo ferrenho dos muçulmanos para que toda a África se convertesse ao cristianismo persistiu até o século XVI.

Muitos acreditavam também que Deus não abolira o Paraíso Terrestre, mas que simplesmente o ocultara. Portanto, seria possível encontrá-lo.

Dom Henrique havia estabelecido duas metas: atingir as fontes de ouro, marfim, escravos e especiarias e entrar em contato com o Preste João. Planejava organizar com ele uma cruzada para expulsar os muçulmanos do norte da África e da Terra Santa.

Havia, porém, grandes barreiras psicológicas a serem ultrapassadas para se conseguir navegar no rumo sul e explorar a costa oeste da África. Acreditava-se que a vida era insuportável perto do Equador. O cabo Não, na costa noroeste da África, era assim chamado porque, segundo lendas, os que ousavam ultrapassá-lo jamais retornavam. Abaixo do cabo Não, dizia-se, as águas ferventes do mar matavam todos os que ainda não tivessem sido carbonizados pelo sol ardente.

Os percalços, reais e imaginários, na exploração da costa africana foram desaparecendo. O desconhecido era gradualmente abordado, e o conhecimento exorcizava a geografia de lendas e crenças. Como disse Sérgio Buarque de Holanda:

> À medida que, no século XV, prosseguiam os empreendimentos inspirados por Henrique, o Navegador, ao longo da orla ocidental africana, as representações fabulosas e monstruosas preexistentes se iam apagando dos roteiros, dos mapas, das imaginações, deslocando-se para outros rumos.[3]

Encorajadas pelos lucros do mercado de escravos africanos, as expedições empurravam gradualmente mais para o sul a fronteira do conhecimento europeu.

Como a busca do ouro na África havia sido decepcionante, as especiarias das Índias tornaram-se o principal objetivo. Assim, uma das decisões de dom João II de Portugal, ao subir ao trono em 1481, foi encontrar uma rota marítima contornando a África.

Diogo Cão explorou uma longa extensão da costa africana, até então desconhecida. O continente, porém, continuava na direção sul.

Em 1487, Bartolomeu Dias iniciou, com três navios, uma expedição com duplo objetivo: circum-navegar a África e tentar entrar em contato com o Preste João. Depois de violentas tempestades, sem saber que ultrapassara o extremo sul da África, chegou onde atualmente se encontra Port Alfred, na Província do Cabo.

Apesar de as velhas lendas sobre os perigos do mar terem sido em parte desmentidas, as tripulações dos navios ainda podiam ser tomadas de pânico. Por esse motivo, Bartolomeu Dias, mesmo quando já não tinha mais dúvida de que contornara o extremo sul do continente, foi forçado a voltar.

Na viagem de regresso, teve a compensação de avistar o grande promontório que havia contornado. Deu-lhe o nome de cabo das

[3] Sérgio Buarque de Holanda, *Visão do Paraíso* (Rio de Janeiro: José Olympio, 1959), p. 16.

Tormentas. Dom João II, porém, preferiu chamá-lo cabo da Boa Esperança.

Poucos anos depois, ao saber que Colombo não havia chegado às Índias pela rota do Ocidente, Portugal decidiu preparar uma expedição que deveria continuar além do ponto atingido por Bartolomeu Dias, e dirigir-se à Índia. Assim foi que Vasco da Gama aportou em Calicut, no litoral ocidental da Índia, em 1498.

A Costa Malabar já havia sido visitada por Pero Covilhã, que lá chegara via Arábia e mar Vermelho. A rota seguida por Vasco da Gama, entretanto, deu aos europeus uma nova concepção do mundo.

A notícia do êxito da viagem de Vasco da Gama foi motivo de consternação em Veneza. Para Portugal, porém, significava o ponto de partida para a fundação de um vasto império colonial.

A possibilidade de comprar os produtos orientais na própria fonte dava aos portugueses a vantagem de embarcar as mercadorias diretamente, sem ter de pagar pedágios ou direitos pela sua circulação.

Em Calicut, Vasco da Gama teve a grata surpresa de comprar pimenta-do-reino a 3 ducados por 100 quilos, quando em Veneza o preço da mesma quantidade era 80 ducados. De sua segunda expedição à Índia, com 25 galeões, Vasco da Gama trouxe um carregamento de especiarias que valia muitas vezes o que custara a viagem.

Quando Vasco da Gama rumou para as Índias, mesmo tendo tomado a precaução de navegar a grande distância da costa africana, enfrentou ventos fortíssimos. Por isso, ao empreender viagem com o mesmo destino, Pedro Álvares Cabral foi aconselhado a guardar distância ainda maior da costa.

Depois de fazer escala nas ilhas de Cabo Verde, onde os galeões portugueses se aprovisionavam, Cabral seguiu tão à risca o conselho de navegar mantendo-se distante da costa da África que acabou atingindo a costa brasileira. Essa é, pelo menos, uma das interpretações desse fato histórico.

BANQUETE EM TEBAS
A comensalidade foi sempre considerada meio importante de promover a solidariedade e de fortalecer laços entre os membros de um grupo.
(Mural do túmulo de Nebamem e Ipuki em Tebas, século XV a.C. Fotografia da BBC Hulton Picture Library, Londres.)

PROCISSÃO FÚNEBRE
Existe íntima relação entre alimento e crenças religiosas. Os alimentos e bebidas adotados pelos ritos de uma religião refletem a geografia e a cultura do território onde ela se originou.
(Escultura em madeira – 1900 a.C. – reproduzida por cortesia do Ägyptisches Museum - Staatliche Museen Preussischer Kulturbesitz, Berlim. Fotografia de Margarete Büsing.)

MURAL EGÍPCIO
Muito do que se sabe sobre a agricultura e hábitos alimentares do antigo Egito advém de murais e objetos funerários.
(Cenas pintadas no túmulo do escriba Menna, século XV a.C., Luxor.)

PREPARANDO CERVEJA

Os egípcios apreciavam a cerveja, talvez a mais antiga das bebidas alcoólicas. Menciona-se sua existência na Babilônia há mais de 6 mil anos. (Estatueta egípcia, 2350 a.C., reproduzida por cortesia do Ägyptisches Museum - Staatliche Museen Preussischer Kulturbesitz, Berlim. Fotografia de J. Liepe.)

GOSTO, PATRIMÔNIO DA INFÂNCIA

Os homens comem como a sociedade os ensinou. Por conseguinte, observa Léo Moulin, preferem os alimentos que suas mães, "a sociedade encarnada e personificada", os ensinaram a gostar.
(*La Vierge à la soupe au lait*, tela de Gerard David, 1460-1523. Musées Royaux de Belgique, Bruxelas.)

COMENSALIDADE

Entre os que comem e bebem juntos há, em geral, vínculos e obrigações mútuas. A comensalidade não sói existir entre os que não são considerados afins.
(*Cristo em casa de Marta e Maria*, tela de Johannes Vermeer, 1632-1675. National Gallery of Scotland, Edimburgo.)

ALIMENTO E RITUAL

Para os humanos, o alimento se reveste também de valor simbólico e eventualmente se transforma em objeto ritual.
(*Os discípulos de Emaús*, tela de Abraham Bloemaert, 1564-1651. Musées Royaux de Belgique, Bruxelas.)

REFEIÇÃO A DOIS

Momento privilegiado de intercâmbio e comunicação, a refeição a dois frequentemente faz parte da galanteria e da sedução.
(*Bank Holiday 1912*, tela de Willian Strang, 1859-1921, Tate Gallery, Londres.)

TODOS OS CAMINHOS LEVAM A ROMA

Roma desenvolveu um sistema nacional de produção e distribuiçã alimentos no qual a extensa rede de estradas era essencial. (Mapa das estradas construídas na Itália durante os séculos II e III a.

FESTIM GREGO
Durante a primeira parte de um festim, os convivas tinham a atenção voltada para o que comiam. Conversa e animação eram reservadas para o simpósio.
(Detalhe da pintura do túmulo do mergulhador, Paestum, Itália.)

FIM DE FESTA
A pintura desse *Kylix* proveniente da Ática (século V a.C.) parece negar que a sobriedade grega contrastava com a extravagância romana.
(Fotografia reproduzida por cortesia do National Museum, Copenhaque.)

FLORESCIMENTO ARQUITETÔNICO

Protegiam-se as cidades com muralhas e erguiam-se grandes castelos e catedrais.
(*Les très riches heures du duc de Berry*, iluminura de Herman, Jean e Pol de Limbourg, século XV. Musée Condé, Chantilly.)

O ALMOFARIZ E OS MOLHOS ROMANOS

O emprego do almofariz na preparação da *rouille* e do *pistou*, provençais, do *romesco*, catalão, e do *pesto*, genovês, é reminiscência da técnica utilizada na execução dos molhos romanos.
(*Cena de cozinha com Cristo em casa de Marta e Maria*, tela de Diego Velásquez, 1599-1660. The National Gallery, Londres.)

HÁBITOS ALIMENTARES ESPANHÓIS

Graças à suinocultura, floresceu charcuteria de alta qualidade em muitas regiões.
(*Quatro homens à mesa*, tela de um discípulo de Diego Velázquez, 1660. Coleção particular.)

RECEPÇÃO NA CORTE PORTUGUESA - SÉCULO XIV

João de Gaunt, duque de Lancaster, avô materno de D. Henrique, o Navegador, é recebido na corte portuguesa.
(Fotografia da BBC Hulton Picture Library, Londres.)

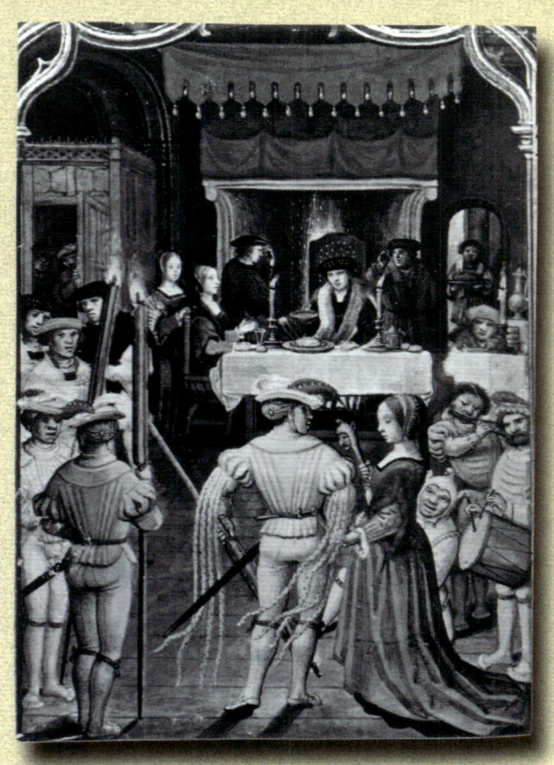

ENTREMETS

Os *entremets* não significavam pratos menores servidos entre os principais, mas, sim, a diversão proporcionada por cômicos, acrobatas, dançarinos, jograis e menestréis nesses intervalos. (Fotografia da BBC Hulton Picture Library, Londres.)

COMPANHIAS DAS ÍNDIAS

Tanto na Inglaterra quanto na Holanda, grandes fortunas foram investidas em suas respectivas Companhias das Índias, exemplo que seria seguido mais tarde em vários países da Europa. (*Entrepostos ocidentais em Cantão*, século XVIII. Coleção particular.)

A CANA-DE-AÇÚCAR NA AMÉRICA
A expansão das extensas plantações coloniais causaria a baixa gradual do preço do açúcar, até então produto de luxo.
(*Pequena moenda portátil*. Aquarela de Jean-Baptiste Debret, 1768-1848. Museu Castro Maya, Rio de Janeiro.)

A INFLUÊNCIA PORTUGUESA
A influência portuguesa era mais marcada nos territórios de seu império colonial.
(*O jantar*, aquarela de Jean-Baptiste Debret, 1768-1848. Museu Castro Maya, Rio de Janeiro.)

O CHÁ, BEBIDA NACIONAL
Desde a dinastia Han (206 a.C.-220), o chá é tomado em várias circunstâncias e lugares. (Aquarela do século XVIII, reproduzida por cortesia do Victoria and Albert Museum, Londres.)

O RITUAL DO CHÁ
No Japão, o ritual do chá passaria a ser quase uma cerimônia religiosa. (Detalhe de gravura de Utamaro Kitagawa, 1753-1806. Coleção particular.)

COZINHA CHINESA
Não se usa faca de mesa na China. Cortar e picar são tarefas para cozinheiros e auxiliares, nunca feitas à mesa.
(Desenho chinês, século XIX. Fotografia da BBC Hulton Picture Library, Londres.)

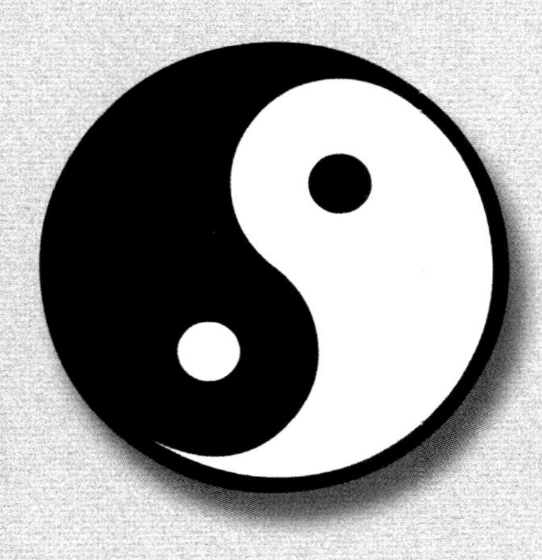

SÍMBOLO DAS FORÇAS OPOSTAS *YIN E YANG*
As duas formas que se entrelaçam no interior do círculo, contendo cada uma pequena porção da outra, são a representação da energia essencial gerada pelas forças opostas e complementares *Yin* e *Yang*, que tudo regem. Os princípios dietéticos de culturas orientais decorrem dessa concepção dualista do universo.

EMBALAGEM DO CHÁ

Mesmo antes de ser cultivado de maneira extensiva — e de se tornar bebida de uso diário e produto de exportação —, o chá era empregado como erva medicinal. (Página de um livro sobre produção de chá, 1800. Östasiatiska Museet, Estocolmo.)

PREPARAÇÃO DE BANQUETE NUMA COZINHA DO SÉCULO XVI
Havia grandes lareiras em frente às quais giravam os espetos e onde eram pendurados caldeirões para cozinhar sopas e legumes. No final da Idade Média, a arquitetura incorporou às cozinhas mesas para a preparação e arranjo dos pratos antes de serem servidos.
(Fotografia Nordiska Museet, Estocolmo.)

COZINHA ITALIANA DA RENASCENÇA

As cozinhas italianas da Renascença eram geralmente ordenadas, dotadas de água corrente e bem equipadas. As ilustrações do livro *Opera di Bartolomeo Scappi, cuoco segreto di Papa Pio Quinto* mostram que muitos utensílios de então eram semelhantes aos atuais. (Fotografia da BBC Hulton Picture Library, Londres.)

FESTIM RENASCENTISTA

As cenas bíblicas ao fundo, frequentes nas gravuras de Ioan Sadeler, podem ser consideradas uma exortação à temperança. (Coleção particular.)

O BANQUETE DE CASAMENTO CAMPONÊS
Em oposição às restrições do cotidiano da grande maioria, observa-se a abundância das festas agrárias e religiosas e dos banquetes servidos por ocasião de bodas e funerais.
(Pieter Bruegel, o Velho, 1568, Museu Kunsthistoriches, Viena.)

Cabral não declarou ter encontrado na terra onde chegara algo que pudesse ser explorado comercialmente, o que reforça a tese de que o acontecimento havia sido obra do acaso.

O relatório enviado a Lisboa não esclarecia se Cabral havia aportado em uma ilha ou em um continente. Sabia-se, no entanto, que, de acordo com o tratado de Tordesilhas, esse território estava dentro dos limites do domínio português.

Cabral recomendava que se instalasse naquela latitude um povoado para dar apoio aos galeões que demandavam a Costa Malabar. Afinal era de Calicut que os navios retornavam carregados das preciosas especiarias, que conferiam importância e prosperidade a Lisboa.

Nas longas travessias marítimas era comum perderem-se muitas vidas, sobretudo por subnutrição. O escorbuto causava a maioria das mortes. Quando Vasco da Gama retornou a Lisboa de sua primeira viagem à Índia, depois de estar fora por mais de dois anos, dos 170 homens que partiram com ele, somente 44 haviam sobrevivido.

Ao observar que comer frutas cítricas evitava o escorbuto, os portugueses iniciaram plantações de laranjas e limões em Santa Helena, ilha do Atlântico Sul, na rota das caravelas que demandavam a Costa Malabar.

Durante as viagens, havia ocasiões em que, depois de muito tempo sem chover, a tripulação se via forçada a beber a própria urina. Só bem mais tarde Pero de Queiroz – que em 1602, a serviço da coroa espanhola, partiu de Callao, no Peru, em busca da *Terra Australis* – inventaria um equipamento primitivo para obter água potável a bordo, por destilação da água do mar.

Em quinze anos, Vasco da Gama, Francisco de Almeida e Afonso de Albuquerque estabeleceram as bases do lucrativo mercado das especiarias e de outros produtos asiáticos, tais como porcelana, marfim, tecidos e esculturas em madeira, todos altamente cotados na Europa. Esses homens souberam tirar partido das rivalidades políticas entre os potentados indianos e estabelecer, a partir da Costa Malabar, um verdadeiro monopólio do comércio no mar da Arábia.

Goa tornou-se o centro do império português na Índia e base para a conquista material e religiosa da Ásia. Zarpando de Goa, Damão e Diu, os galeões lusitanos aportavam no golfo Pérsico e no mar Vermelho para a compra e a venda de mercadorias. Da Costa Malabar, os portugueses exploraram o Ceilão e a costa leste da Índia, estabeleceram-se em Malaca e comerciaram ao longo das duas costas da Malaia, nos portos do Sião, do Anam e Tonquim.[4] Finalmente, chegaram à costa do sul da China.

Malaca, conquistada em 1511, numa expedição sob o comando de Afonso de Albuquerque, era o principal mercado para os produtos da China e todas as especiarias. Lá, os portugueses encontravam os comerciantes da Arábia e da Pérsia e navios provenientes de Malabar, Bengala, Sião, Java, China, Molucas e Filipinas.

A posse de Malaca garantiu aos portugueses o controle do comércio das especiarias. Dessa base, puderam mandar seus galeões mais longe ainda, na direção das legendárias Ilhas das Especiarias, cuja localização os árabes haviam ocultado dos europeus, durante séculos.

A partir de Malaca, compravam e vendiam em Sumatra, Java, Molucas, Célebes, Bornéu, Flores, Timor e muitos outros pontos do arquipélago Indonésio. Vendiam noz-moscada de Banda, cravo e gengibre das Molucas, pimenta-do-reino de Malabar, canela e cardamomo do Ceilão e de Java. Comerciavam também com plantas medicinais e essências raras, tais como o benjoim de Sumatra e do Sião, o almíscar da China, de Bornéu e de Sumatra, o sândalo de Timor, o anil de Gujarat, o aloé de Bengala e de Socotra.

---

[4] O Ceilão hoje é o Sri Lanka, a Malaia é a Malásia, o Sião é a Tailândia, e os antigos reinos do Anam e Tonquim, juntamente com a antiga Cochinchina, constituem atualmente o Vietnã.

Em 1513, os portugueses atravessaram o mar da China e chegaram a Cantão. Em Macau, fundaram uma colônia em território cedido pela China em caráter permanente.

Logo depois, a aspiração dos espanhóis de atingir as riquezas do Oriente pelo poente, esmorecida após a expedição de Balboa, foi reanimada por Fernão de Magalhães.

Fernão de Magalhães, ao cair em desfavor na corte portuguesa, depois de desentendimento com um superior, resolveu oferecer seus serviços à Espanha. Convencido de que os navios que contornassem o extremo sul da América poderiam atingir as Índias Orientais da mesma forma que lá haviam chegado outros navegantes contornando o sul da África, Fernão de Magalhães apresentou seu plano a Carlos I, rei de Espanha.

Depois de navegar ao longo da costa da América do Sul e de passar pelo estreito que tomaria seu nome, Fernão de Magalhães chegou a Cebu, nas Filipinas. Aí, fez um pacto de amizade com um chefe nativo. Vinte dias depois foi morto na ilha de Mactan, em escaramuça contra uma tribo rival de seu aliado.

Sebastião Elcano, comandando o Vitória, único navio que restara da expedição, chegou à Espanha em setembro de 1522, completando a volta ao mundo. O Vitória vinha lotado de cravo, noz-moscada, canela e sândalo. O lucro auferido com o seu carregamento foi duas vezes maior do que o custo de toda a esquadra.

A influência dos portugueses e seus descendentes se faz sentir nos costumes e na cozinha dos povos asiáticos com que tiveram contato. Em seus entrepostos introduziram alimentos, como o milho e a batata-doce, que tiveram grande aceitação em muitas regiões asiáticas. Outros produtos levados para a Ásia foram tomate, mandioca, agrião, alface, repolho, quiabo, pimentão, abacaxi, goiaba, mamão e tabaco. A este último atribuíam-se propriedades medicinais.

Da Ásia transplantaram, para o Brasil e outras colônias, laranja, tangerina, manga, chá, lírios, rosas, crisântemos, camélias e diversas plantas.

Com suas bases no Oriente, Lisboa, no século XVI, tornou-se o maior mercado de produtos orientais. No Tejo, os holandeses se abasteciam para redistribuir as especiarias e outros produtos ao restante da Europa.

Em 1580, Portugal passou à coroa da Espanha, e a venda dos produtos do Oriente aos países protestantes foi proibida por Filipe II.

Os holandeses logo se organizaram para ir diretamente à fonte das preciosas mercadorias. Amsterdã suplantaria Lisboa e seria por muito tempo o principal entreposto do comércio com o Oriente.

Por sua vez, os ingleses, vitoriosos nas batalhas contra a Invencível Armada, em 1588, passaram a se confrontar com os espanhóis no Oriente.

Em 1601, zarpou de Torbay, na Inglaterra, a primeira frota da Companhia das Índias Orientais. Naquela época, entendia-se por Índias todas as terras a leste da Pérsia.

Os navios da Companhia das Índias pertenciam a um grupo de comerciantes aos quais Elisabeth I concedeu o monopólio do tráfico de mercadorias do Oriente, mediante pagamento de uma parte de seus lucros à coroa.

Os holandeses, que já haviam enviado ao Oriente galeões para sondar as possibilidades de contatos comerciais, armaram grande frota, chegando às Índias em 1595 para estabelecer boas relações com as populações locais.

Decididos ao recurso da violência, capturaram, em 1602 e 1604, várias caravelas portuguesas carregadas de mercadorias que se destinavam a Lisboa. O produto do saque, vendido em Amsterdã, rendeu enorme fortuna. Esse êxito levou à criação de uma companhia oficial equipada para o comércio e para a guerra, a Companhia das Índias da Holanda.

Tanto na Inglaterra quanto na Holanda, grandes somas foram investidas em suas respectivas Companhias das Índias.

Pouco a pouco, a porcelana chinesa, que ocupava lugar secundário no comércio com o Extremo Oriente, tornou-se item essencial. As cortes reais, os principados alemães, as famílias nobres e a burguesia afluente disputavam a porcelana dos carregamentos que chegavam a Lisboa, Amsterdã e Londres.

Com a difusão da moda da porcelana chinesa, os ceramistas, vidreiros e alquimistas tentavam imitá-la. Mas seria somente em 1709, em Meissen, que o alquimista Böttger, a serviço de Frederico Augusto, príncipe eleitor da Saxônia, conseguiria produzir a primeira porcelana ocidental.

Depois da chegada dos europeus, a América passou a ser fonte de novos alimentos. Ao mesmo tempo, introduzia-se na Europa o gosto por sabores inteiramente novos e a possibilidade de uma dieta muito mais rica.

Quando os conquistadores chegaram em território americano, certas culturas indígenas utilizavam técnicas agrícolas muito mais avançadas que as da Europa. Por conseguinte, os ameríndios também se alimentavam de maneira muito mais variada que a maioria dos europeus.

Além de haverem aperfeiçoado o cultivo do milho, os maias, os astecas e os incas cultivavam a batata, várias espécies de feijão, abóboras e muitos outros produtos desconhecidos na Europa, tais como: tomate, amendoim, pimentão, cacau, baunilha, goiaba, abacate e abacaxi.

Frei Bernardino de Sahagún, que esteve no México antes da consolidação da conquista, ficou impressionado com a variedade dos produtos à venda nos mercados.

Elisabeth Lambert Ortiz[5] comenta que os espanhóis, por causa da obsessão pelo ouro, não se deram conta, inicialmente, de que milho, batata, tomate, pimenta, pimentão, cacau, tabaco, abacate, amendoim, mandioca, feijão, abóbora, baunilha e batata-doce constituíam um verdadeiro tesouro.

---

[5] Prefácio de *Latin American Cooking* (Nova York: Time Life Books, 1968), p. 7. Elisabeth Lambert Ortiz, entre outros livros, é autora de *The Book of Latin American Cooking* (Londres: Jiel Norman, 1985).

Havia na América extensos campos cultivados. Diego Colombo, irmão de Cristóvão, conta ter andado cerca de trinta quilômetros numa plantação bem cuidada de milho, abóbora e feijão. Era costume plantar diferentes tipos de abóbora com o milho para impedir o crescimento de ervas daninhas!

A humanidade deve muito de sua alimentação diária às conquistas da agricultura ameríndia, sobretudo se nos lembrarmos de que grande parte da carne, do leite, da manteiga e do queijo é obtida de animais alimentados com milho.

Afirmou-se sempre que o milho, *Zea mays*, é originário da América Central. Em 1961, entretanto, escavações arqueológicas no Equador, em território ocupado pela cultura Valdívia de 4000 a 200 a.C., revelaram a existência de cerâmica decorada com impressões de grão de milho. Os fragmentos dessa cerâmica datam de 2920 a.C.

A agricultura do Império Inca era tão avançada quanto a do Império Asteca. Nessas culturas ameríndias, porém, a domesticação e criação de animais nunca atingiu o grau de desenvolvimento da agricultura. Por isso, não havia animais de tração, a carne era relativamente escassa, e o leite e seus derivados não existiam.

Contudo, os mexicanos tinham patos e perus, praticavam a apicultura e criavam cachorros especialmente para serem comidos. Os incas tinham situação melhor, graças à existência de lhamas, alpacas, vicunhas e guanacos. Os lhamas eram principalmente animais de carga, e as alpacas e vicunhas forneciam excelente lã. Os guanacos eram selvagens. Ocasionalmente, esses vários animais também serviam de alimento. Mas eram as cobaias que constituíam a maior fonte de proteína animal.

A gastronomia tinha lugar importante nas civilizações pré-colombianas. A cozinha asteca havia chegado ao seu apogeu na corte do imperador Montezuma, considerado um homem de maneiras e gosto requintados. Consta que corredores se revezavam ao longo do percurso entre o litoral do golfo e Tenoctitlan para trazer à cozinha do soberano peixes e mariscos frescos.

Diaz del Castillo, um dos soldados que acompanhava Cortés quando este chegou ao México, descreveu alguns detalhes do banquete de recepção oferecido por Montezuma. Narra Del Castillo que os pratos eram de cerâmica vermelha e preta e que os recipientes para tomar chocolate eram de ouro.

Os segredos culinários das cortes asteca e inca foram perdidos quase que inteiramente. Comenta Manoel Bomfim:

> Trinta anos depois de pisarem os espanhóis o continente americano, ninguém que visitasse as paragens do México ou do Peru seria capaz de desconfiar, sequer, que ali existiram dois impérios adiantados, fortes, populosos, encerrando mundo de tradições. Tudo desaparecera. Nem átilas, nem tamerlões, nem vândalos, nem scitas – ninguém cumprira jamais façanha igual: eliminar duas civilizações de tal forma que até as tradições se perderam...[6]

Há menos informação sobre a culinária dos incas do que sobre a dos astecas. Sabe-se, entretanto, que estes e aqueles, bem como os outros ameríndios, não fritavam, pois não havia gorduras e óleos para frituras. Tampouco usavam forno. Os alimentos eram fervidos ou assados em chapas, grelhas e espetos. São principalmente os vestígios dessas cozinhas, nas dietas dos países herdeiros de suas culturas, que permitem imaginar como se alimentavam os incas e os astecas.

Legumes e frutas americanos começariam a ser cultivados na Europa e se tornariam alimentos importantes na sua dieta.

Vários pratos da cozinha latino-americana são de origem ameríndia evidente. O *mole poblano de guajolote*,[7] do México, é um exemplo notável. Apesar de hoje incluir ingredientes inexistentes antes da conquista espanhola, como cravo, passas, canela, amêndoas e sementes de gergelim, é de origem asteca.

---

[6] *Op. cit.*, p. 97.

[7] *Mole* vem de *molli*, palavra asteca que designa molho condimentado com *chili*, ou seja, pimenta. O *mole poblano de guajolote* é peru à moda de Puebla, assado e servido com um molho picante, cujo toque final é o cacau.

A batata, originária da América do Sul, da região andina que mais tarde viria a constituir o Equador, o Peru e a Bolívia, foi levada à Europa pelos exploradores espanhóis que palmilharam os Andes em busca de ouro. Sua existência é comentada pela primeira vez em 1524 por Cieza de Leon, companheiro de Pizarro. Sabe-se também que, em 1565, Filipe II enviou batatas ao papa Pio IV como remédio para o seu reumatismo.

Fácil de cultivar, adaptável a quase todo tipo de solo e clima, tolerando longa armazenagem, a batata seria a melhor garantia contra a fome que, nos séculos anteriores, havia dizimado populações na Europa. Outras virtudes da batata são sua excepcional produtividade e rápida maturação. Considera-se que a Revolução Industrial só foi possível e que a Europa só escapou das fomes cíclicas graças à propagação das plantações de batata.

Em alguns países, a batata foi considerada um tipo de trufa com propriedades medicinais e afrodisíacas. Plantada primeiro na Galícia, no final do século XVI já era consumida na península Ibérica e na Itália. Entretanto, difundiu-se lentamente no restante da Europa, onde durante muito tempo foi simples planta ornamental.

Um dos primeiros estudos botânicos da planta chamava-a *tartufolli*, nome latino para pequenas trufas, designação cujo vestígio sobrevive na palavra alemã *Kartoffel*. O botânico suíço Gaspard Bauhin (1560-1624) deu à batata o nome científico *Solanun tuberosum*. Por pertencer à família das tóxicas solanáceas, foi declarada por alguns botânicos alemães planta imprópria para a alimentação humana.

Os franceses por dois séculos veriam o tubérculo com suspeita e seriam dos últimos a integrá-lo à sua cozinha, o que começaria a ocorrer no fim do século XVIII, graças ao incansável trabalho de persuasão de Parmentier.

Major farmacêutico do exército francês e prisioneiro na Prússia, durante a Guerra dos Sete Anos (1756-1763), Parmentier sobreviveu alimentando-se quase exclusivamente de batata.

Apesar do apoio que recebeu de Luís XVI, Parmentier não conseguiu disseminar o seu cultivo na França antes do Primeiro Império (1804-1814). Tal fato só ocorreu graças ao interesse que Napoleão I dedicou ao assunto.

A batata-doce não se adaptou bem ao clima europeu. Seu cultivo, no entanto, foi bem-sucedido na África e no Extremo Oriente.

O milho chegou à Europa na última década do século XV, levado pelos galeões das expedições de Cristóvão Colombo.

As primeiras plantações em Castela, na Andaluzia, na Catalunha e em Portugal confirmaram seu alto rendimento. Em seguida, seu cultivo foi introduzido no sul da França, no norte da Itália e nos Bálcãs.

Contudo, por tratar-se de planta pobre em vitamina B3, seu uso, como substituto do painço e de outros cereais, na preparação do pão e da polenta, acarretou epidemias de pelagra, doença que principia com lesões cutâneas e perturbações digestivas e que pode ser mortal.

O milho causou impacto sobretudo na dieta do norte da Itália, onde a polenta se tornou prato importante. A polenta é, como já vimos, uma versão moderna do *pulmentum*, que constituía, na Antiguidade, alimento básico dos que não tinham acesso a uma dieta mais rica.

Durante muito tempo, houve confusão na Europa quanto à origem dos novos alimentos. Muitos achavam que eles provinham do Império Turco ou da Índia, enfim, do Oriente. Propensão normal, pois o Oriente sempre tinha sido a fonte de todos os produtos exóticos. Por isso, o peru foi denominado *turkey* pelos da língua inglesa, *dinde* pelos franceses, e o trigo chamado de grão turco na Alemanha, na Holanda e na Itália.

Franceses, belgas, suíços, alemães e escandinavos consideram o milho alimento sobretudo para animais e matéria-prima para fabricação de óleos e margarina. No entanto, *corn flakes*, invenção americana do final do século XIX, é mundialmente conhecido como alimento do desjejum.

Estima-se que quase a metade da safra mundial de 500 milhões de toneladas de milho por ano é cultivada nos Estados Unidos.

Apesar de os norte-americanos comerem milho de várias maneiras, apenas um terço da produção nacional é usada como alimento. O restante tem utilização na indústria de plásticos, tintas, vernizes, goma, dentifrício, cosméticos, adesivos, couro e tecidos, bem como na moldagem de ferro, aço e alumínio.

A mandioca era cultivada em toda a zona tropical da América. Pertence à família das euforbiáceas e é a única planta dessa família utilizada como alimento. Há duas variedades: a doce e a amarga, ambas venenosas quando cruas, pois contêm ácido prússico ou cianídrico. É uma planta de cultura fácil, resistente a pragas e de fácil armazenagem; se enterrada, pode ser conservada por vários meses. Com a fécula de mandioca se faz a tapioca, bastante apreciada na Europa e nos Estados Unidos. A planta, porém, nunca foi cultivada no Velho Mundo.

É difícil imaginar como seria a alimentação na África tropical sem as plantas originárias da América: mandioca, amendoim, pimenta, pimentão, batata-doce, milho.

Os únicos feijões que os europeus conheciam, antes de chegarem à América, eram os grandes, do tipo *Vicia faba*. Na América encontraram inúmeras variedades cultivadas pelos índios. Os feijões, com alto teor nutritivo, fáceis de serem transportados e suportando longa armazenagem, constituiriam excelente reserva de alimento para os primeiros colonos.

A pimenta e o pimentão eram inexistentes fora de seu habitat original antes da chegada dos espanhóis à América. A partir de sua introdução na Espanha, em poucos anos seriam assimilados por cozinhas das mais diversas latitudes, como a húngara, a coreana, a tailandesa, a indiana.

Ademais, a pimenta e o pimentão foram também utilizados como plantas ornamentais.

O tomate e o pimentão transformariam algumas cozinhas europeias. O clima ameno dos países mediterrâneos permitiu a expansão de seus cultivos. Contudo, fora dessas áreas, o tomate foi considerado, por muito tempo, planta venenosa e perigosa, capaz de estimular a sensualidade. Por esse motivo, foi chamado *pomme d'amour*, em francês. Só começou a ser servido em Paris no final do século XVIII, graças à influência provençal.

O chocolate era consumido em várias culturas pré-colombianas. Os incas, a milhares de quilômetros de distância dos astecas, produziam cacau em quantidade suficiente para uso de toda a população. Entre os maias e astecas, porém, só a nobreza podia dar-se ao luxo do uso habitual do chocolate. Houve tempo em que as sementes do cacau, símbolo de riqueza, eram usadas como dinheiro.

O cacau tinha papel importante na mitologia asteca. Acreditava-se que *Quetzalcoatl*, a Serpente Emplumada, portadora das sementes de cacau do Paraíso para a Terra, tinha sido induzida por um deus rival a tomar uma poção que destruiu os seus poderes divinos. Depois disso, tendo enterrado todos os seus tesouros, *Quetzalcoatl* desapareceu, prometendo voltar.

Alguns historiadores afirmam que, ao chegar ao México, em 1519, Hernando Cortés teria tido a sorte de ser tomado por uma reencarnação de *Quetzalcoatl*. Consequentemente, foi recebido de maneira suntuosa e abriram-se-lhe, assim, as portas da conquista.

Para outros, porém, a associação entre Cortés e qualquer divindade seria uma invenção. O mais provável é que Montezuma tenha achado os espanhóis, com seus cavalos e armas de fogo, muito formidáveis para serem recebidos com resistência.

O *xocoatl* dos nobres e guerreiros astecas era quase sempre preparado com baunilha e mel. O resto da população o tomava misturado com farinha de milho, condimentos vários e mesmo cogumelos alucinógenos. Além de bebida, o cacau era também ingrediente de pratos salgados, como o já citado *mole poblano*.

O chocolate foi adotado pelos europeus por seu sabor e por seu efeito estimulante. Contém dois alcaloides que lhe conferem essa propriedade: a teobromina e a cafeína. O nome botânico do cacau, *Theobroma*, significa "alimento dos deuses".

Por muitos anos, porém, o chocolate permaneceu segredo da corte, que lhe atribuía poderes afrodisíacos. Mais tarde, tornar-se-ia bebida da moda em toda a Europa. Nas cidades espanholas surgiriam as primeiras *chocolaterias*, movimentados locais de encontro nos fins de tarde.

Não se sabe exatamente quando se teve a ideia de adicionar açúcar ao cacau, fato que deu um novo rumo à sua história.

Alguns mexicanos atribuem a freiras de Oaxaca a inovação de substituir a pimenta e outros ingredientes pelo açúcar.

Em 1585 foi feita a primeira remessa de cacau de Vera Cruz para a Espanha.

As plantações da Venezuela tiveram início quando os espanhóis perceberam que a produção do México e da Guatemala já não seria suficiente para satisfazer a crescente demanda europeia.

A Venezuela converteu-se no principal fornecedor de cacau, sobretudo porque o tipo *criollo* lá produzido era o de melhor qualidade.

O peru, nativo do México e encontrado pelos espanhóis em suas primeiras incursões por terras da América, logo se tornou popular entre os próprios colonos. Frei Bartolomé de Las Casas, historiador da expedição de Francisco de Córdoba ao Iucatã, em 1517, descreve esse animal em seu relatório. Criava-se peru na Espanha desde o século XVI.

A aceitação rápida e natural do peru possivelmente se deve ao fato de que aves de grande porte – cisnes, pavões, cegonhas, grous – há muito faziam parte da cozinha dos ricos. Ademais, desde a Idade Média, utilizavam-se essas aves como elementos decorativos das mesas da aristocracia, quando expostas inteiras, vestidas de suas plumagens.

As várias qualidades de abóboras existentes em todo o continente americano passaram a ser cultivadas em diversas regiões da Europa.

Com todos esses novos alimentos e especiarias do Oriente e das Américas, as mesas europeias conheceriam abundância e variedade anteriormente impensadas.

Em contrapartida, a Europa enviou à América gado bovino, caprino e ovino. Além disso, os europeus introduziram galinhas, porcos e trigo. O porco traria às dietas ameríndias a gordura que lhes faltava.

Iniciou-se também o cultivo da vinha, da oliveira, da amêndoa, de cereais, do alho e de várias frutas e hortaliças. Chegava ainda à América a cana-de-açúcar, cujas plantações teriam grande importância na economia colonial. A expansão das extensas plantações coloniais, assegurada graças ao tráfico de escravos, causaria a baixa gradual do preço do açúcar, até então produto de luxo.

O cultivo da cana no continente começou na ilha Hispaniola, quando Cristóvão Colombo empreendeu sua segunda viagem (1493-1496).

Em 1530, com as plantações brasileiras, principia o primeiro grande ciclo da economia nacional. O açúcar marcaria profundamente a paisagem, a cultura e a própria história do Brasil.

O crescimento da produção brasileira fez de Antuérpia e de Lisboa os principais centros de refinamento e distribuição do açúcar. Mas a expansão da produção de açúcar só ocorreu quando os europeus passaram a adotar o hábito de tomar três bebidas estimulantes: chá, café e chocolate. Ao contrário do que se fazia em seus lugares de origem, essas bebidas, também chamadas de coloniais, na Europa eram adoçadas.

Esse fato favoreceu o aumento do consumo de açúcar e teria reflexos na dieta europeia. Na Espanha e em Portugal, seriam criadas condições para que se desenvolvesse repostaria muito variada e para o hábito da sobremesa frequente.

Várias sobremesas ibéricas seriam divulgadas nas colônias americanas graças, em grande parte, a religiosas para quem a venda de doces se tornaria uma fonte de renda comunitária. Muitas receitas tomariam cores novas com a assimilação de ingredientes locais como, por exemplo, o coco.

No entanto, as freiras brasileiras foram também inventoras no campo da doçaria, pois não se ativeram à mera reprodução das receitas trazidas da Europa. Comenta Gilberto Freire: "Teve assim o seu lazer ou ócio de religiosas uma expressão criadora valiosa para a cultura brasileira".[8]

O intercâmbio de fontes de alimento, intensificado pelos descobrimentos marítimos do século XV, representa o ponto alto de um processo em marcha desde o neolítico, pelo qual algumas plantas, fora de seus lugares de origem, passam por importantes mudanças genéticas ao se adaptarem a novos solos e climas. A história humana é marcada pela troca intensa de alimentos e pela migração de plantas e de animais.

---

[8] Gilberto Freire, *Açúcar* (São Paulo: Companhia Das Letras, 1997), p. 162.

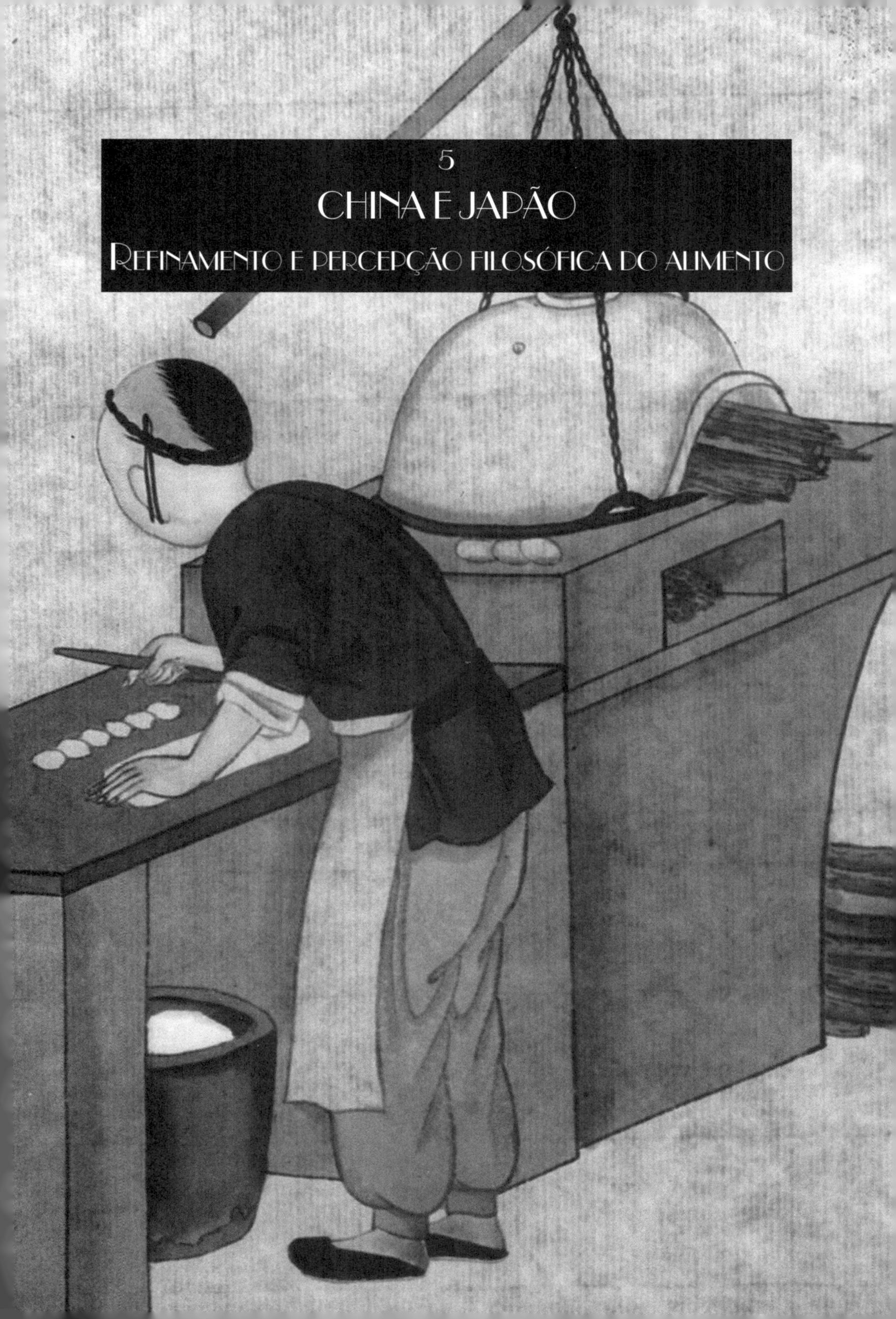

5
CHINA E JAPÃO
Refinamento e percepção filosófica do alimento

A China possui vasta literatura gastronômica e há quatro mil anos escritores e poetas chineses são *gourmets*. Trata-se, talvez, do único país do mundo em que sábios, filósofos, pensadores políticos e poetas escreveram tratados sobre a alimentação e organizaram coletâneas de receitas culinárias.

O nome China provém de *Chin*, denominação da dinastia que logrou unificar o vasto território chinês.

As importantes conquistas da dinastia Chin (221-206 a.C.) foram consolidadas pela adoção de um sistema único de pesos e medidas, pela padronização da cunhagem de moedas e pela adoção de um único sistema de escrita ideográfica.

O sistema único de ideogramas permitiria contornar barreiras de comunicação decorrentes da diversidade de línguas do império.

Data desse mesmo período a construção da maior parte da Grande Muralha.

Ao tempo da dinastia Chou, mil anos antes de Cristo, cozinhar já era uma arte, e as refeições revestiam-se de grande cerimônia.

Confúcio, nascido por volta de 550 a.C., era grande *gourmet* e observador de protocolo à mesa. Estabeleceu várias regras para a preparação e apresentação dos pratos.

Paralelamente ao ideal confucionista clássico do sábio-cavalheiro-*gourmet* e do ritual da hospitalidade e da amizade entre convivas, como expressão de harmonia interior, havia uma escola bem oposta: a dos taoístas, discípulos de Lao-Tsé, contemporâneo de Confúcio, que enfatizava a simplicidade e o retorno à natureza.

Da primeira escola, vieram a elegância e a cerimônia da cozinha chinesa; da segunda, o apreço pela leveza, pelo frescor natural dos ingredientes e pelo uso moderado de gordura.

Segundo o pensamento taoísta, viver de acordo com o ciclo das estações é indispensável para estar em harmonia com as forças que regem o universo, gozar de saúde e alcançar longevidade. Isso implica comer o que o ciclo sazonal oferece, norma enfatizada por algumas cozinhas orientais.

A cozinha chinesa é possuidora de uma grande experiência estética que se caracteriza não só pela combinação de aromas, sabores e cores, mas também pelo contraste de texturas e consistências. Observa-se que os olhos e o nariz, vizinhos da boca, são também seus intermediários.

Distinguem-se cinco sabores básicos: o ácido (*suan*), o doce (*tian*), o amargo (*ku*), o picante (*la*) e o salgado (*xian*).

A ideia de contraste (doce-salgado, frio-quente, macio-crocante) é permanente. Contraste, ou equilíbrio dinâmico, é um conceito ao qual os chineses se referem com frequência. Representa um reflexo da concepção dualista do universo, que tanto marcou algumas culturas orientais. Em todas as coisas há sempre duas partes opostas trabalhando em sentido contrário e ao mesmo tempo buscando coexistência harmoniosa.

São os opostos *Yin* e *Yang*,[1] simbolizados por duas formas que se entrelaçam no interior de um círculo, e que contêm cada uma pequena porção da outra. A harmonia de cada coisa, e a do próprio

---

[1] O equilíbrio *Yin-Yang* é a base da macrobiótica zen, muito difundida no Ocidente nas últimas décadas.

universo, depende do equilíbrio *Yin-Yang*. Sem o equilíbrio dos opostos *Yin-Yang*, haverá turbulência e sofrimento. A própria vida está comprometida, pois a saúde, como tudo, é o resultado desse equilíbrio.

Em decorrência dessa percepção do universo, os chineses veem o alimento de maneira muito mais abrangente do que a maioria dos ocidentais.

Associam cozinha e medicina de tal forma que, às vezes, é difícil perceber os limites entre elas. As prescrições dietéticas fazem parte das medidas terapêuticas e preventivas mais remotas. Qualquer enfermidade é sempre atribuída à alimentação. É essencial saber o que o enfermo comeu ou come habitualmente, antes que se lhe possa prescrever um tratamento adequado.

Com a dinastia Tang, a 13ª dinastia chinesa (618-906), o império ganhou vasta extensão territorial, expandindo-se pela Ásia Central, Vietnã, Mongólia, Coreia e Manchúria. Intensificaram-se as relações da China com o mundo, e no país faziam-se importantes descobertas, como a pólvora (inventada para a execução de fogos de artifício), a imprensa e o papel-moeda. Simultaneamente, floresciam o comércio, a ciência, a literatura e as artes. A China se transformava na nação mais avançada do mundo.

Até o advento da dinastia Tang, a carne foi alimento predominante na mesa imperial, e seu consumo, um privilégio da elite. Nesse período, a cozinha enriqueceu-se com o uso de especiarias e a adoção de alimentos antes desconhecidos. Então, I Yin, cozinheiro famoso, chegou a ser primeiro-ministro. Foi seu talento culinário que atraiu a atenção do soberano. A esse tempo, das milhares de pessoas responsáveis pelo funcionamento do palácio imperial, mais da metade se dedicava ao serviço e preparação de alimentos e bebidas. Surgiram, então, vários livros chamados *Cânones para alimentação*, destinados a orientar a preparação de pratos dieteticamente equilibrados. Inicialmente, esses pratos, elaborados segundo instruções detalhadas de farmacologistas, como Meng Shen, tinham função medicinal. Entretanto, muitos deles passaram a ser apreciados pelos *gourmets*.

O livro *Princípios da dieta correta*, escrito por Hu Ssu-Hui, em 1330, afirma que a maioria das enfermidades pode ser curada somente com dieta. Outro exemplo desse tipo de abordagem é o livro de Chia Ming, *Conhecimento essencial dos alimentos e bebidas* (1368).

No tempo da dinastia Yuan (1279-1368), fundada pelo mongol Kublai Khan, houve importante evolução culinária.

Inicialmente os autóctones consideravam bárbaros os invasores, opinião que se baseava principalmente nos hábitos alimentares mongóis. No entanto, paulatinamente estabeleceu-se uma troca de influência que se revelou enriquecedora para as duas cozinhas.

No tempo dos imperadores Ming (1368-1644), o Ministro dos Ritos era responsável pelas festas e grandes banquetes. Esses eventos, em geral, tinham o objetivo de homenagear embaixadores e visitantes estrangeiros. As mulheres não eram convidadas para tais festins. A imperatriz, entretanto, oferecia-lhes banquete à parte.

O desenvolvimento do comércio marítimo com o Ocidente permitiu notável ampliação do repertório culinário.

Entre as muitas plantas provenientes da América, chegavam o milho, a batata, o amendoim e a batata-doce.

Por outro lado, a influência cultural europeia ia se delineando através da atividade dos missionários jesuítas italianos, iniciada em 1583.

Como primeira civilização do Extremo Oriente, a China exerceu preponderância cultural naquela região. Assim, quando os japoneses começaram a sair da obscuridade da vida primitiva em suas ilhas, absorveram muito da cultura chinesa.

Sobre a dimensão do papel civilizatório da China, escreve Renato Ortiz:

> De fato, a matriz civilizatória chinesa agrupa um tronco comum de países: China, Japão, Coreia e Vietnã. Civilização que se exprime através da religião (budismo e confucionismo), da escrita (uso de ideogramas), da

> organização material (cultivo do arroz) e de uma área geográfica bem delimitada. Evidentemente, cada um dos lugares por ela tocados conhece sua história própria, mas uma mesma herança é partilhada por todos.[2]

A Índia, que tinha estreitas relações comerciais com a China nos séculos V e VI, também recebeu muita influência chinesa. No entanto, o ascetismo budista seguido pela incursão dos muçulmanos fizeram da Índia um caso peculiar.

A cozinha do Sudeste Asiático é das mais notáveis do mundo. A afinidade com a da China e a da Índia não compromete sua originalidade.

Os diversos reinos do arquipélago Indonésio e do restante do Sudeste Asiático, apesar da penetração milenar de mercadores chineses e das levas sucessivas de conquistadores de várias procedências, permaneceram mundos à parte. Da influência chinesa, vem o respeito pela matéria-prima, e da afinidade com a cozinha indiana, a maneira de combinar sabores e aromas, por meio da utilização de uma grande variedade de ingredientes. No Sudeste Asiático, mistura-se carne, peixe e crustáceos como só os romanos o fizeram.

Camboja, Laos e Vietnã foram mais intensamente influenciados pela cozinha chinesa, enquanto na Birmânia predominou a influência indiana. A Tailândia, a Indonésia e a Malásia desenvolveram cozinhas de marcada originalidade. Todavia, tanto na culinária quanto na língua, há muita semelhança entre a Malásia e a Indonésia, países que integraram durante quatro séculos o extenso império de Shrividjaia.[3]

É surpreendente que uma cozinha tão variada e sutil como a chinesa tenha se desenvolvido num país com uma história de escassez,

---

[2] Renato Ortiz, *O próximo e o distante* (São Paulo: Brasiliense, 2000), p. 170.

[3] O chamado *rijstaffel*, do qual os holandeses foram grandes divulgadores, não passa de sua maneira colonial de servir o *nasi goreng* indonésio e seus numerosos acompanhamentos. *Nasi goreng* é arroz frito com cebolas, pedaços de carne, omelete cortado em tiras, camarões pequenos, pasta de camarão, pimenta verde, alho e molho de soja, entre outros temperos.

pobreza e fome. Torna-se mais fácil entender, se pensarmos que a humanidade pode ser muito inventiva e flexível quando é forçada a superar dificuldades.

A cozinha chinesa representa um peculiar equilíbrio de escassez com variedade. Na China, tudo que fosse comestível tinha de ser utilizado, e nada podia ser desperdiçado. Essa cozinha é, portanto, a expressão da ausência de proibições ou tabus. É uma cozinha com bases realistas. "Possui adequação porque emana, sobretudo, da inteligência da criatura em sua luta para sobreviver."[4]

A carne, como na maioria dos países asiáticos, sempre teve lugar de menor importância na dieta dos chineses. Apesar do budismo, não rejeitaram a carne por motivos religiosos. O consumo moderado de carne se deve mais à sua escassez. A extensa cultura da soja é o meio mais econômico e eficiente de se obter proteína do que a criação de animais para corte ou produção de leite e derivados.

A cozinha chinesa foi marcada pela carência de um elemento essencial: a lenha. Por isso, as preparações são feitas cuidadosamente, de modo a requerer pouco tempo de cozimento.

O hábito de cortar quase tudo em pequenos pedaços também faz diminuir o tempo de cozimento e ajuda, portanto, a economizar combustível. Normalmente, leva-se mais tempo na preparação dos ingredientes do que na sua cocção. Preparação e cozimento são fases inteiramente independentes.

Por outro lado, a técnica de cozinhar rapidamente os alimentos evita o encolhimento, a perda dos sucos naturais e do valor nutritivo. Mantém-se também o seu frescor, segundo a recomendação taoísta. O tempo de cozimento é curto e as temperaturas altas. É com o óleo em temperatura elevada que se selam os sucos e sabores, ao mesmo tempo que se realça a cor e se obtém o crocante de certos legumes. Essa técnica é incompatível com o uso da manteiga, pois esta se queimaria.

---

[4] Helena Silveira, *Paisagem e memória* (Rio de Janeiro: Paz e Terra, 1983), p. 221.

Geralmente não se cozinha cada ingrediente em separado, prática propícia a uma interação de aromas e sabores que têm efeito de condimento. Alguns ingredientes são utilizados, principalmente, por causa de sua textura.

Não se come carne crua ou malpassada. Há histórias de gente bárbara e de monstros que, além de comer carne crua, não comiam arroz, dupla prova de não serem humanos.

No entanto, hábitos alimentares chineses, como o consumo de carne de cachorro, provocam repulsa e reprovação no Ocidente.

Mais do que o consumo de carne bovina, denuncia-se a maneira como são abatidos esses animais, muitas vezes espancados até morrer, prática decorrente da crença de que a dor favorece a produção de substâncias que conferem à carne propriedades estimulantes da virilidade.

A utilização de óleo aromatizado para condimentar é característica da cozinha chinesa. Aromatiza-se óleo fritando-se diferentes ingredientes: cebola, alho, gengibre ou cebolinha.

Os chineses observam que a educação do paladar é fundamental para que se possam perceber sutilezas de aromas, sabores e consistência. Assim, um *gourmet* deve ser especialmente dotado de sensibilidade gustativa e olfativa.

No século I, a necessidade de recursos bélicos mais sofisticados fez com que o país desenvolvesse técnicas para obtenção de metal laminado. Desde então, esse material tem sido também empregado na confecção do *wok*, recipiente de fundo abaulado, típico da culinária chinesa, que permite cozimento rápido com óleo em temperatura muito alta.

É também importante o cozimento pelo vapor. A superposição de pratos funciona como multiplicador de energia e é, portanto, econômica e popular. O forno não é usado com frequência, e os pratos nele preparados, como o pato à moda de Pequim, são geralmente feitos para ocasiões especiais.

A variedade de víveres nativos, somada aos trazidos de conquistas ou importados de terras distantes, propiciou à China uma cozinha muito mais rica do que a da Europa medieval. Essa cozinha, que desenvolveu técnicas tão sutis, viria também influenciar a do Ocidente.

A extensão do território chinês e a diversidade de climas e produtos, bem como a falta de meios para preservar alimentos perecíveis, favoreceram o surgimento de cozinhas regionais com diferenças bem marcadas.

A cozinha do norte, da antiga província de Honan, ao longo do rio Amarelo, inclinou-se para os pratos agridoces. A de Sichuan, no sudoeste, é cozinha com tendência a combinações fortemente apimentadas. A cozinha de Cantão, na costa sudeste, é farta em peixes e mariscos. Pequim, capital desde o século XII, atraiu *chefs* de muitas províncias e desenvolveu cozinha matizada, conhecida como imperial, sob a dinastia Manchu. A de maior variedade, porém, se encontrava em Hangchow, centro de refúgio para a aristocracia chinesa durante as invasões mongóis.

Contudo, apesar da grande peculiaridade regional, a cozinha da China se pauta em princípios gerais comuns a todas as regiões, princípios que refletem os valores estéticos e sensoriais do povo chinês, bem como os elementos de unidade cultural de seu imenso território.

Os peixes, sejam de água doce ou do mar, e os crustáceos frescos ou salgados são importantes nas cozinhas regionais. Ao contrário do que acontece no Ocidente, constituem a principal fonte de proteína animal da dieta chinesa.

Foi sempre grande o consumo de peixes secos e salgados, pois não apresentam os problemas de transporte e conservação de outros gêneros perecíveis. Todavia, os peixes secos têm gosto tão forte que são usados com moderação, às vezes como condimento e não como ingrediente principal.

Sal, molho de soja, vinagre e gengibre são, desde o início da dinastia Han (206 a.C.-220 d.C.), os temperos básicos. Pimenta, cardamomo, noz-moscada, sementes de coentro, cravo e canela só começaram a ser usados no final da dinastia Han, quando a China intensificou suas relações comerciais com outros países.

Apesar da diversidade de pratos apresentados num *menu* chinês, há poucos doces. O hábito ocidental de terminar uma refeição com sobremesas é desconhecido na China. Os doces podem aparecer no meio ou mesmo no início de uma refeição. Tudo é posto sobre a mesa e as pessoas se servem de pequenas porções de cada prato na ordem de suas preferências.

Em um banquete chinês, geralmente não se serve arroz. Sua ausência é um sinal de que o anfitrião ofereceu tão ampla variedade de alimentos que seus convidados não necessitam do arroz cotidiano.

As sopas, jamais servidas separadamente, são importantes na composição de um *menu*. Pode haver várias em uma única refeição e têm papel semelhante ao dos vinhos num *menu* ocidental. Devem, portanto, harmonizar-se com os pratos que acompanham.

O uso de palitos para comer é sinal de boa educação, em contraste com o comer com os dedos. Não se usa a faca de mesa, pois cortar e picar são tarefas para cozinheiros e seus auxiliares, nunca feitas à mesa.

Na China, as refeições sempre foram inseparáveis do ritual. Para a aristocracia, mesmo um mero jantar entre amigos era regido por um cerimonial elaborado, com regras bem definidas de como sentar os convidados à mesa e de como conduzir a conversação.

Para reuniões mais formais, enviavam-se convites escritos para doze pessoas. Raramente mais do que isso. Nos convites, mencionavam-se os nomes dos outros convidados, dando assim a cada destinatário a possibilidade de se desculpar e não comparecer a uma reunião em que estivesse presente alguém cuja companhia não lhe fosse agradável.

As mesas, como até hoje muitas vezes acontece, eram redondas. Isso não só para favorecer a conversação, mas também para facilitar o acesso aos pratos postos no centro.

Os chineses gostam de bebidas alcoólicas. No entanto, via de regra, não as tomam com as refeições. Quando mencionam vinho, geralmente não se referem a vinho de uvas. Embora vinhos feitos de uva sejam conhecidos desde os tempos da dinastia Han, que tinha contatos com a Pérsia, os vinhos tradicionais são feitos de outras frutas ou de cereais fermentados.

O chá, bebida nacional, é servido antes e depois das refeições, quase nunca durante. Toma-se chá no trabalho, em casa e em casas de chá, ao receber uma visita ou enquanto se discutem negócios. Todavia, ao contrário do que acontece no Japão, nenhum ritual especial é observado para servi-lo. No início de sua história, porém, foi utilizado em cerimônias religiosas.

Acredita-se que o chá seja nativo da Índia e tenha sido levado para a China no século III a.C., depois que o império Han dominou as regiões subtropicais ao sul do rio Yang-Tsé. Logo, proliferou no país grande variedade de chás.

A planta do chá é de fato sempre a mesma, e os tipos dependem da altitude em que a planta é cultivada, do mês em que as folhas são colhidas e se estas são provenientes do alto ou da parte inferior do arbusto. Alguns chás são oxidados por processo químico, antes de sua secagem, para produzir o chá preto; outros são secados ao natural, produzindo os chás verdes.[5]

Antigamente, usava-se gengibre, casca de laranja ou cebola como aditivos aromáticos. Mais tarde, os chás passaram a ser perfumados com jasmim, rosas, crisântemos ou camélias.

Mesmo antes de o chá ser cultivado de maneira extensiva e se tornar bebida de uso diário, os chineses o utilizavam como erva medicinal. Até hoje, atribuem-lhe inúmeras propriedades curativas.

---

[5] No Brasil, é frequente o uso inadequado da palavra "chá" para designar infusões ou tisanas que não têm nenhuma relação com a planta chá (*Thea senensis*).

Durante a dinastia Tang (618-907) era bebida em voga. Surgiram, então, muitas casas de chá.

Coreanos e japoneses, influenciados pela China, já no século VIII tomavam chá como um estimulante para o corpo e para o espírito.

Na mesma época, os habitantes da Ásia Central – tibetanos, tártaros, mongóis e turcos – descobrem o chá e a ele também atribuem virtudes.

Os missionários que participaram das expedições portuguesas ao Extremo Oriente no século XV descreveram o chá e o costume de tomá-lo. Em decorrência dessas expedições pioneiras, os lisboetas serão os primeiros europeus a tomar chá. A língua portuguesa conservará o nome chinês da bebida.

A cozinha chinesa atual difere muito do que foi no seu apogeu, durante a dinastia Ching (1644-1912). De qualquer forma, representa a evolução de uma grande tradição culinária.

Há também muita diferença entre a cozinha da China e a dos restaurantes chineses fora do país. O que os restaurantes servem fora são, geralmente, pratos padronizados, feitos com ingredientes mais encontradiços. Muitos desses pratos surgiram no exterior. O *chop-suey*, tão popular no Ocidente e que tem inúmeras versões, acredita-se ter sido criado na Califórnia, em São Francisco.

O grande número de restaurantes chineses espalhados pelo mundo inteiro denota versatilidade e adaptabilidade às possibilidades locais. Contudo, chineses que se improvisam de cozinheiros, assim como a utilização frequente de produtos de qualidade inferior, comprometem, junto a pessoas menos informadas, a imagem de uma das cozinhas mais requintadas do mundo.

A cozinha japonesa, como arte *sui generis* e refinada, que deleita tanto os olhos quanto o paladar, só começou a ser amplamente apreciada no restante do mundo em tempos bastante recentes. Há quem a ponha em nível tão alto quanto a francesa ou a chinesa.

Enquanto franceses e chineses buscam misturas harmônicas de ingredientes em um só prato, os japoneses procuram preservar as propriedades intrínsecas de cada componente.

Peixes e algas marinhas são elementos essenciais à cozinha tradicional japonesa. Nesta, o número relativamente limitado de produtos é compensado pela variedade dos métodos empregados. Apesar de terem sempre utilizado ingredientes secos, os grandes *chefs* japoneses não utilizam congelados. Além de preferirem os produtos da estação, por motivos filosóficos, acham que o congelamento compromete a textura dos alimentos.

Pode-se dizer que a cozinha japonesa se assenta num tripé de produtos da soja: o *miso*, que é a pasta de soja fermentada; o *tofu*, que é o leite de soja coagulado; e o *shoyu*, que é o molho de soja. A soja, com alto teor de proteína, é também rica em vitamina B1, cálcio, ferro e cobre.

No mesmo nível de importância está o arroz, cozido no vapor ou sob a forma de bolinhos, chamados *moshi*. É tão importante na dieta dos japoneses que a palavra *gohan*, que significa arroz, era também usada para designar uma refeição inteira.

O Japão, como nação sedentária, começou com as plantações de arroz. Os primeiros japoneses, oriundos do norte da Ásia, constituíam população nômade e esparsa até que, no século III a.C., iniciou-se o plantio do arroz trazido da China, provavelmente através da Coreia.

Desde então, o arroz provê alimento, bebida e até abrigo aos japoneses, pois fornece matéria-prima para a fabricação de *tatami* e de *shoji* – papel utilizado em janelas e painéis divisórios –, bem como para a construção de tetos.

A sociedade industrial do Japão moderno reflete de modo bem curioso a importância do arroz em suas raízes culturais: *Honda* significa arrozal principal; *Toyota*, arrozal fértil; e *Narita* – nome do principal aeroporto de Tóquio –, arrozal em formação.

As terras aráveis do Japão representam apenas 15% do território. Com uma alta densidade de população, o país sempre teve de ser cuidadoso com suas reservas de víveres, por não produzir, historicamente, excedentes de alimentos. Os japoneses, talvez mais do que qualquer outro povo, consideram de mau gosto deixar comida no prato, e mesmo restos não comestíveis são em geral deixados da maneira mais arrumada possível.

Ao longo dos tempos, os japoneses alternaram entre uma política de aceitação entusiástica de ideias estrangeiras e uma política isolacionista, fechando-se para o mundo, às vezes, por séculos. O primeiro e mais significativo período de contato com o exterior começou no século VI, quando o país tomou consciência da civilização refinada de seus vizinhos.

Nos séculos VII e VIII, sob a dinastia Tang, a influência cultural chinesa no Japão foi imensa. Esse impacto é ainda evidente na religião, na arte, na arquitetura, nos ideogramas da linguagem escrita, na literatura e, naturalmente, na cozinha.

A mais importante contribuição chinesa aos hábitos alimentares do Japão foi a soja. Entretanto, diferenças marcadas entre as cozinhas chinesa e japonesa começam a ocorrer quando, a partir do século X, o budismo, em ascensão no país, proibiu a matança de animais, obrigando seus adeptos a uma dieta predominantemente vegetariana, suplementada por peixes. A carne bovina passou a ser considerada imprópria para consumo humano, e dizia-se que os que a comiam exalavam cheiro desagradável de gordura animal.

Na história alimentar japonesa destacam-se duas tradições culinárias. No oeste predominou a tradição de Kyoto e no leste prevaleceu a influência de Edo, cidade que mais tarde se chamaria Tóquio.

Kyoto, então sede da corte imperial e centro importante do zen-budismo, ensejou o desenvolvimento de uma cozinha vegetariana marcada pelo refinamento desse contexto. Em Edo, porém, o estilo culinário era robusto, por isso mais apropriado ao gosto dos samurais e do povo em geral.

Uma diferença básica entre essas duas cozinhas é o tipo de *miso* utilizado. A cozinha de Kyoto, mais leve e elegante, prefere caldos à base da alga marinha *kombu* e *miso* claro. A de Edo utiliza caldos feitos com *miso* escuro e peixe seco.

Hiroshi Fukuda, *chef*, *restaurateur* e historiógrafo, observa que a cozinha desenvolvida no período Edo (1603-1867) começou a definhar após o terremoto de 1923. A partir de então a culinária de Kyoto foi ganhando proeminência. O declínio da cozinha de Edo se acentuou após a Segunda Guerra Mundial, quando inúmeros *chefs* de Kyoto e Osaka se instalaram em Tóquio. Por outro lado, a prática de os hotéis servirem banquetes de negócios e de casamento à moda francesa ou chinesa concorreu para a difusão de novos padrões culinários.

O chá, introduzido por volta do ano 800, marcaria profundamente a cultura nipônica, sobretudo a partir do século XV. No Japão, o ritual do chá ganhou forma quase religiosa.

Inspirados na atitude contemplativa do budismo zen, na formalidade do xintoísmo autóctone e nos seus valores estéticos, os japoneses criaram no século XVI, adjacente a suas moradas, a casa de chá. Esse é o lugar destinado à cerimônia do chá ou *cha-no-yu*, que tem como objetivo a concentração, a meditação e a harmonia. É um ritual sutil e preciso que deve conduzir ao aprendizado do "aqui e agora".

O chá para a cerimônia é feito de folhas verdes pulverizadas. É denominado *matcha* e deve ser servido de acordo com regras pormenorizadas. Da mesma forma, os alimentos para essa circunstância devem ser preparados e servidos segundo cânones específicos.

Para contrastar com o sabor amargo do tipo de chá utilizado na cerimônia, criou-se grande diversidade de doces com forma, cor e textura que variavam com as estações do ano.

Contudo, a noção de estação comporta mais nuanças do que o conceito das quatro estações que prevalece no Ocidente. Faz-se, por exemplo, referência frequente a nomes como: *shubun*, o equinócio do outono (23 de setembro); *soko*, a primeira geada (24 de outubro); *toji*, o solstício de inverno (22 de dezembro).

Todos os movimentos e gestos do *cha-no-yu* têm valor simbólico. Para se chegar à casa de chá, percorre-se lentamente uma vereda. Os passos lentos sugerem que a cada um deles o mundo se transforma e, consequentemente, alguma coisa muda em nós.

A pequena altura da porta da casa de chá obriga quem entra a se abaixar. Esteiras cobrem o chão. Sobre uma mesa baixa são dispostos bule e xícaras de cores e desenho escolhidos cuidadosamente. Em um nicho (*tokonoma*), há sempre um objeto especial. Pode ser um vaso, um *ikebana*, uma pintura.

A calma contemplativa do *cha-no-yu* dirige a atenção dos participantes para os objetos utilizados, razão pela qual sua escolha é orientada por preocupações estéticas características. Na cerimônia, são levados em conta detalhes relativos ao número ideal de convidados, às dimensões da casa de chá e à paisagem que a rodeia.

Ao limitar o número de coisas à sua volta, as pessoas se preparam para perceber um mundo infinitamente grande e diverso. Palavras, gestos e o próprio despejar do chá espumante nas xícaras são feitos espaçadamente, com silêncio e recolhimento. O chá é degustado com gestos serenos e elegantes.

Sob a influência zen, desenvolveu-se a noção de que a perfeição artística pode nascer de uma extrema sobriedade. A cerimônia do chá, notável pela sua elegância e simplicidade, reflete esse princípio.

A primeira corrente de influência chinesa cessou nos meados do século IX, quando a dinastia Tang entrou em declínio. O Japão começou então uma longa era de reclusão e, ao mesmo tempo, um processo de refinamento das importações culturais chinesas, que deveriam converter-se em aspectos elegantes de sua civilização.

O foco dessa civilização era a corte imperial em Heian-Kyo, mais tarde chamada Kyoto. Os quatrocentos anos seguintes à sua fundação, em 794, são conhecidos como a idade de ouro da cultura japonesa, quando esta atinge alto grau de refinamento.

Depois dessa fase, séculos de guerras civis se seguiram. Ao poder subiram os samurais, guerreiros completamente diferentes dos poéticos cortesãos de Heian-Kyo.

Dentre os samurais havia, além de nobres, homens de origem modesta que serviam, de certo modo, de ponto de união cultural entre o poder e o povo. Assim, quando, no século XV, a corte imperial aperfeiçoou a cerimônia do chá, a sua divulgação foi rápida.

Inicialmente, a prática da cerimônia do chá se restringia quase exclusivamente à nobreza. A construção das casas de chá e os elegantes acessórios do *cha-no-yu* representavam gastos consideráveis. Entretanto, com o passar do tempo surgiria uma versão mais modesta desse ritual chamada *wabizuki*.

A cerimônia do chá influenciou a arquitetura, os estilos decorativos e a etiqueta da mesa. Paralelamente ao ritual do chá, a cozinha se refinou e se ritualizou. Mais do que isso, a cerimônia do chá veio constituir a base de um ramo de cozinha chamado *kaiseki ryori*.

Kaiseki é a cozinha japonesa mais requintada e ritualizada. Enfatiza não somente a harmonia dos alimentos entre si, mas também a dos utensílios e a do ambiente.

Essa cozinha minimalista se desenvolveu ao longo dos últimos quatrocentos anos. Compõe-se de uma série de pequenos pratos, aos quais se atribuía função semelhante à das pedras quentes (*seki*) que os monges budistas punham sob as vestes a fim de confortar o estômago vazio (*kai*).

Apesar da origem budista da palavra *kaiseki*, o essencial dessa culinária provém das crenças xintoístas relativas à primazia da natureza.

Uma refeição *kaiseki* é uma comunhão com a natureza. Os alimentos rigorosamente frescos que a compõem são servidos imediatamente após serem preparados.

Reencontra-se na cozinha *kaiseki* a importância que a culinária chinesa atribui à noção de contraste. Os pratos *kaiseki* apresentam elementos contrastantes na cor, forma, sabor, textura e consistência.

Uma refeição *kaiseki* deve oferecer para a vista, o olfato e o espírito o mesmo nível de sensações que oferece ao paladar. Será, portanto, uma experiência sensorial completa.

Segundo os princípios da cozinha *kaiseki*, os ingredientes devem ser os da própria estação e produzidos no local. A refeição, os arranjos de flores e a decoração do ambiente devem criar um estado de espírito que esteja de acordo com a estação. Assim, alimentar-se com os produtos sazonais é um dos meios de estar em harmonia com as forças que governam o universo. Por isso cada alimento tem sua estação e cada estação seus alimentos.

Kaiseki exige imaginação e inventividade. Não é uma culinária baseada na extravagância. Ao contrário, é um exercício no sentido de criar os mais belos efeitos, utilizando meios singelos.

Diz Antolina Gutierrez del Castro, esteta e mestre de *ikebana*: "Nos arranjos florais, na apresentação dos pratos e na decoração do ambiente prevalecem a simplicidade e a tônica sazonal. Não se busca simetria, pois ela não reflete a realidade da natureza".

Uma refeição tradicional japonesa é frugal. Desde a emergência dos samurais, todo excesso no comer passou a ser considerado vulgar.

Antigo provérbio japonês afirma: "Não se necessita médico quando a ingestão habitual de alimentos não ultrapassa quatro quintos da capacidade do estômago".

Sake, vinho de arroz, é a principal bebida alcoólica do país. A palavra *sake* é abreviação de *sakae*, ou seja, prosperidade. Na verdade, o *sake* se assemelha mais à cerveja sem gás do que ao vinho.

Várias ocasiões rituais requerem a presença do *sake*. Deve ser servido em pequenos copos de porcelana e bebido morno, a cerca de 50 °C. A temperatura reduz seu teor alcoólico, que é de 14% a 18%.

Num jantar japonês, os convivas não se servem de *sake*. Servem-se uns aos outros, jamais a si mesmos. Ao ser servida, uma pessoa não deve deixar seu copo sobre a mesa e, sim, levantá-lo em direção à garrafa. Com esse gesto, demonstra ter percebido a deferência de que foi objeto, antes de agradecê-la.

Beber *sake* não é, portanto, ato trivial. Comenta Renato Ortiz:

> Longe de ser algo corriqueiro, ele nos remete à noção de tradição, etiqueta e ritualização. Inicialmente uma bebida para ser oferecida às divindades, o saquê pouco a pouco se seculariza, perdendo definitivamente o seu componente mágico-religioso. Contudo, ainda que distante de suas origens, em diversas ocasiões ele guarda uma função comunal, reforçando a convivialidade e a comunhão entre as pessoas.[6]

Segundo os cânones da cozinha *kaiseki*, não se toma *sake* quando sopa ou chá são servidos.

Em meados do século XVI, o Japão se deparou com uma influência inteiramente nova, vinda da Europa. Os primeiros europeus a chegarem ao país foram três portugueses que viajavam em um junco chinês, quando um tufão os levou à costa japonesa, no início de 1540. Foram recebidos cordialmente. Pouco tempo depois, outros portugueses alçariam velas para o Japão, iniciando um comércio lucrativo entre portos chineses e japoneses.

Os lusitanos apreciaram muito as maneiras dos japoneses. Estes, no entanto, consideraram bárbaros os recém-chegados, impressão negativa que só melhorou depois de 1549, quando missionários jesuítas educados começaram a chegar ao país.

Em 1570, Nagasaki era, além de principal porto do comércio com o exterior, o centro da missão jesuíta chefiada por Francisco Xavier, que tinha como objetivo converter o Japão ao cristianismo.

---

[6] Renato Ortiz *apud* Helena Silveira, cit., pp. 121 e 123.

Os missionários e negociantes, porém, cometeram o erro de se imiscuir em política e foram considerados uma ameaça ao sistema feudal. Em consequência, todos os europeus foram expulsos em 1638. Apenas alguns comerciantes holandeses seriam autorizados a permanecer, embora sob estrita vigilância. Assim, tiveram de transferir seu entreposto de Hirado para a pequenina ilha artificial de Deshima, na baía de Nagasaki. As portas do Japão se fechavam mais uma vez e só seriam reabertas com a chegada do comodoro Perry, mais de dois séculos depois. Durante esse longo período, o enclave holandês de Deshima será o único ponto de contato das ilhas nipônicas com o restante do mundo.

Os portugueses partiram, mas não sem deixar influência culinária que até hoje persiste: o *tempura*. O filólogo Mario Pei afirma que a palavra vem de têmporas, os dias de prece e jejum que se repetiam quatro vezes ao ano, segundo o calendário eclesiástico, durante os quais os portugueses se abstinham de carne e comiam camarões fritos, à maneira que os japoneses passaram a chamar *tempura*.

Na segunda metade do século XIX, ao encerrar um milênio como nação praticamente fechada, o Japão se apressou em assimilar do Ocidente tudo o que fosse possível, principalmente no campo da ciência e da tecnologia. Nesse processo, adotou também formas de alimentação ocidental, inclusive o consumo de carne.

Os partidários da modernização argumentavam que a carne só poderia beneficiar a mente e o corpo. Em 1872, o imperador decidiu incluir carne na sua dieta, dando assim seu beneplácito às novas tendências.

Um dos resultados dessa revolução dietética foi a criação do prato mais conhecido pelos ocidentais, o *sukiyaki*, um refogado de carne e verduras.

A influência da cozinha japonesa tem acompanhado a expansão econômica do país. Em todas as grandes cidades do mundo, proliferam os restaurantes nipônicos.

A *nouvelle cuisine*, com ênfase nos pratos à base de ingredientes com sabores inerentes, abriu caminho para um grande influxo das técnicas, processos culinários e padrões estéticos japoneses. Na verdade, a própria *nouvelle cuisine* é fruto de tal influência.

Frescor dos ingredientes, simplicidade das técnicas de cozimento e preservação dos sabores naturais – normas que constituem o fundamento da cozinha japonesa – converteram-se em cânones da gastronomia ocidental.

6

A RENASCENÇA

O PIONEIRISMO ITALIANO

A Renascença emerge quando o processo de produção, circulação e acumulação de riqueza, desencadeado na Baixa Idade Média, manifesta sua pujança.

Os excedentes da vitalidade econômica propiciaram o aparecimento de uma sociedade de mercadores baseada na liberdade de iniciativa, no estímulo às potencialidades humanas e, consequentemente, no anseio pelo novo. A Itália do Norte e Flandres foram as primeiras regiões a se beneficiar das mudanças decorrentes de tal realidade.

A Renascença foi, essencialmente, uma nova atitude diante da vida que se expressou em todos os níveis, tornando-se também muito evidente na arte da mesa.

As cidades italianas da Renascença geraram a ruptura decisiva dos padrões gastronômicos medievais. Nessa sociedade urbana, dava-se menos ênfase à ostentação em favor da elaboração qualitativa, modelo que se difundiria em todas as cortes europeias. A profusão de alimentos que caracterizara os banquetes da Idade Média cedia lugar à concepção mais refinada dos prazeres da mesa.

A substituição das trombetas por alaúdes e outros instrumentos de corda conferia ao acompanhamento musical das refeições um caráter menos marcial e mais propício à conversação.

A invenção da imprensa acelerou a difusão de ideias e do conhecimento. Ao favorecer mudanças profundas nas diferentes esferas da cultura, a imprensa não poderia deixar de causar efeitos na culinária. Os livros de cozinha estão entre os primeiros a serem impressos. Em meados do século XVI, existiam nas principais línguas da Europa Ocidental.

Consultando-se as obras da época dedicadas à gastronomia, observa-se que a de maior influência no século XVI, tanto na Itália quanto na França, foi a de Platina de Cremona, pseudônimo do historiador italiano Bartolomeo Sacchi.

Sua obra *De honesta voluptate*, publicada em 1474, em latim, foi um dos primeiros livros de cozinha impressos. Seu êxito foi tão grande que, em trinta anos, teve seis edições. Nela, o autor discorre sobre os prazeres da mesa, buscando não contrariar certas regras morais e estéticas. Platina foi defensor da probidade dos prazeres do paladar, quando desfrutados com espírito de moderação. Como outros livros de cozinha da época, *De honesta voluptate* faz recomendações para a boa saúde, frequentemente apoiado em antigos preconceitos sobre as propriedades dos alimentos e dos vinhos. Também dá destaque ao bom-tom, ao refinamento e à sobriedade.

Platina de Cremona se baseou, em parte, no trabalho de Apicius. No entanto, ao contrário dos romanos, aconselhava parcimônia no emprego das especiarias. Sugeria ainda o uso de suco de frutas cítricas para aromatizar os alimentos e considerava ideal iniciar uma refeição com frutas frescas.

Sabe-se atualmente que muitas das receitas de *De honesta voluptate* provêm de um manuscrito italiano de autoria de um cozinheiro chamado Martino.

Nota-se nas receitas de Martino o desaparecimento da velha tendência de mascarar os alimentos condimentando-os exageradamente. Martino também sugere o realce dos sabores pelo cozimento moderado.

Leu-se muito o livro de Platina de Cremona no século XVI e o *Grand cuisinier de toute cuisine*, obra de vários cozinheiros, revista e corrigida por Pierre Pidoux. Este livro, que deve datar de meados do século XIV, só foi publicado em 1540. Nas edições seguintes, receberá diferentes nomes.

Muito importante foi a descoberta, pelo italiano Poggio Bracciolini, na biblioteca do mosteiro de Fulda, na Alemanha, dos manuscritos de oito livros de Apicius. Esses textos clássicos de receitas foram incorporados à biblioteca do Vaticano e publicados em Veneza por volta de 1500.

A ativa imprensa de Veneza divulgou vários livros de cozinha. Dentre eles, o que talvez tenha exercido mais influência na Itália renascentista foi o de Bartolomeo Scappi, publicado em 1570 sob o título *Opera di Bartolomeo Scappi, cuoco segreto di Papa Pio Quinto*. Bartolomeo Scappi era *chef* de Pio V. São importantes as ilustrações dessa obra mostrando o interior de cozinhas italianas e detalhes de seu equipamento.

O livro *Il cortegiano*, de Baldassare Castiglione, foi publicado em 1528. O autor era diplomata a serviço de Urbino, de Mantua e do Vaticano e escritor de grande reputação literária. Castiglione foi divulgador de preceitos que a aristocracia europeia procurava observar. Esse tipo de livro tinha também interesse para os que, ávidos de ascensão social, necessitavam aprender a se comportar segundo os padrões dos que lhes eram socialmente superiores. Em *Il cortegiano*, Castiglione associa elegância a *sprezzatura*, ou seja, uma atitude espontânea e *nonchalante*.

Entre os livros sobre maneiras do período, deve ser mencionado *Il galateo*, obra do prelado florentino Giovanni della Casa, que discorre sobre os jantares da corte e é um verdadeiro manual de protocolo.

A ordem em que se serviam os pratos não tinha a rigidez de hoje. Os serviços eram *buffets* sucessivos. Os pratos de um serviço eram todos postos ao mesmo tempo sobre a mesa e, evidentemente, os convidados não eram obrigados a provar de tudo. O hábito de apresentar cada prato a cada um dos convivas só começa, como veremos, no século XIX.

Os comensais sentavam-se em torno de mesas retangulares. Facas, colheres e eventualmente garfos de dois dentes eram postos em cada lugar.

O prato raso individual começava a substituir as fatias de pão velho e as pranchas de madeira, que na Idade Média desempenhavam a função desse utensílio.

Nas mesas mais refinadas, cada conviva tinha seu copo.

Levar os alimentos diretamente das travessas à boca já não era maneira aceitável. Os alimentos deviam passar pelo prato individual.

No século XVI, o número de legumes na Europa aumentou consideravelmente, não só em decorrência das explorações ultramarinas, mas também pelo fato de que plantas europeias pouco cultivadas, como a alcachofra, o aspargo, o espinafre e a ervilha, entraram em voga.

A afirmação de que os italianos só teriam começado a preparar *pasta* depois que Marco Polo voltou do Oriente carece de fundamento. Muito antes ela já fazia parte dos hábitos alimentares da Itália. Por outro lado, há esculpidos em túmulo etrusco utensílios para a confecção de *pasta*. Também existe a hipótese de que os sarracenos a tenham introduzido na Sicília, depois de terem aprendido a prepará-la com as caravanas persas que chegavam até a China. Sua origem, entretanto, permanece controvertida.

O aperfeiçoamento das técnicas agrícolas e da criação de animais, os novos produtos e a dinamização do intercâmbio comercial transformariam, sob a influência italiana e ibero-árabe, os costumes de mesa das classes abastadas.

Em contraste com os estados feudais isolados e com as comunidades monásticas da Europa do Norte, a Itália, com ativos núcleos urbanos, era região próspera onde floresciam o comércio e a vida cultural.

A situação geográfica privilegiada da península Itálica no Mediterrâneo, centro da grande área de comércio da Idade Média e da Renascença, muito contribuiu para o enriquecimento de Gênova e Veneza, polos de importante atividade econômica. Simultaneamente, a distribuição por via terrestre dos produtos importados estimulou a prosperidade de Florença, Bolonha, Parma e Milão. Entre essas cidades, a primazia econômica italiana será dividida.

A intensificação do intercâmbio entre a Itália e Flandres, pelo Atlântico, propiciou o dinamismo de cidades como Sevilha, Lisboa e Londres. Ao mesmo tempo, as trocas por via terrestre estimulavam o desenvolvimento de Lião e Augsburgo.

O crescimento da atividade comercial e manufatureira em Flandres a tornou uma das regiões mais prósperas da Europa e ensejou que, em 1419, Felipe III, duque de Borgonha, mudasse sua corte de Paris para Bruges. Tal fato consolidava a preponderância econômica e cultural dos flamengos no norte da Europa.

Os banqueiros e mercadores italianos frequentavam as feiras da Europa do Norte e viajavam regularmente à península Ibérica, a Bizâncio e ao Oriente Médio. Graças aos contatos com pontos de referência tão diferentes dos de sua sociedade e à posição geográfica de seu país, esses homens estavam propensos a assimilar influências que poderiam ter sido desdenhadas por pessoas de referencial menos amplo.

O desenvolvimento econômico na Itália, precoce em relação às outras regiões da Europa, criou uma estrutura de poder tipicamente italiana. Este, em vez de emanar da grande propriedade rural, como no restante da Europa, estava centrado na cidade. Ao final do século XIV, já era evidente a urbanização do poder.

A antiga nobreza feudal e a nova grande burguesia formavam a elite do poder econômico e político. Nas cidades italianas delineavam-se as regras que marcarão a convivência entre burguesia e nobreza na Europa. Como nota Fernand Braudel,[1] a burguesia, ao longo dos séculos, parasitará a nobreza privilegiada. Vivendo ao seu lado, aproveitar-se-á de seus erros, de sua ociosidade e imprevidência para apoderar-se de seus bens – muitas vezes, graças à usura – e finalmente penetrar nas suas fileiras e com ela se confundir.

O enriquecimento da nova camada social, constituída pela burguesia mercantil, a fará buscar prestígio condizente com sua fortuna e poder.

Em Flandres, a exemplo do que ocorria nas cidades italianas, o mecenato, além de forma de projetar e perpetuar o próprio nome, era importante alternativa de inversão de capital.[2]

Na Idade Média, os pintores e escultores eram considerados meros artesãos. No Renascimento, porém, o *status* social dos artistas mudou. Esses homens, por vezes muito instruídos, saíam do anonimato e eram considerados segundo parâmetros não usuais na avaliação dos homens comuns.

Pela primeira vez, os pintores ousavam pintar a si mesmos. Até então, ser retratado era privilégio dos santos, dos nobres e dos grandes burgueses. Nesse clima de valorização da arte, Ticiano recebeu títulos de nobreza, e surgiram as primeiras biografias de artistas.

Na medida em que o nome da família passava a conferir menos privilégio, o indivíduo era compelido a desenvolver ao máximo suas qualidades pessoais. Na Renascença, para enriquecer e permanecer rico, era necessário um nível de instrução relativamente alto. Além disso, a sociedade urbana requeria um tipo pragmático de

---

1 Fernand Braudel, *La dynamique du capitalisme* (Paris: Flammarion, 1985), p. 73.

2 A superação pela pintura quatrocentista da técnica do afresco, com a adoção da pintura a óleo realizada em cavalete, liberava a arte pictórica da arquitetura. As pinturas se transformavam, assim, em bens móveis facilmente transportáveis, fato que estimulava a comercialização da arte e, consequentemente, o mecenato.

educação, bem diferente dos estudos teológicos da Idade Média. Somente tal educação podia garantir sucesso no comércio e na indústria.

Os italianos foram pioneiros de muitas práticas que mais tarde se tornariam de uso corrente no comércio, na contabilidade e no sistema bancário.

Em contrapartida, era notável o interesse pelo mundo antigo, pelo tempo da unidade política da península, quando Roma gerou uma grande civilização. Literaturas latina e grega constituíam a base da educação dessa sociedade que, voltada para as coisas práticas e aspirando por transformação, buscava no passado a resposta para muitos de seus problemas.

No entanto, uma característica do homem do Renascimento era sua consciência de viver numa época especial, com valores e aspirações diferentes daqueles do período anterior.

A grande maioria das mulheres continuava a ser educada simplesmente para serem esposas e mães. Contudo, algumas jovens de famílias aristocráticas recebiam educação clássica semelhante à dos homens, habilitando-as para um papel bem diferente do convencional.

Houve, na época, quem vivesse um certo conflito entre os valores do passado pré-cristão e os de um mundo talhado durante séculos pela mensagem de ascetismo do claustro medieval. Muitas vidas podiam ser ao mesmo tempo piedosas e dissolutas.

Embora as ordens contemplativas já não atraíssem o mesmo número de vocações, a vida religiosa manifestava grande ardor missionário. A tônica da pregação apostólica era frequentemente a crítica aos costumes, ao luxo e à ordem espiritual e temporal.

São célebres os sermões do frade dominicano Savanarola, prior do convento de São Marcos em Florença e pregador enfático dos castigos do inferno, destinados a todos que levassem uma vida de luxo e de prazer.

Investindo com veemência contra tudo que considerava lascívia e frivolidade, Savanarola condenava os prazeres, a obra literária de Boccacio, o nu em arte, as diferentes formas de representação das deidades pagãs e, enfim, os valores do próprio humanismo renascentista.

Em 1497, na "fogueira das vaidades" por ele provocada, queimaram-se nas ruas de Florença espelhos, joias, máscaras e trajes de carnaval, obras de arte e livros tachados de imorais.

Savanarola, julgado herege pelo papa Alexandre VI – um Bórgia que tinha motivos pessoais para pôr termo a tal cruzada puritana –, foi preso e condenado à morte. Numa manhã de maio de 1498, Savanarola e dois de seus principais seguidores foram enforcados e queimados na Piazza della Signoria.

Geralmente, na Europa os nobres viviam isolados em seus castelos, os religiosos, em seus mosteiros bem guardados, e os citadinos, o ano inteiro nas cidades. Na Itália, porém, prezava-se muito a casa de campo. Essa circunstância fez ressurgir o entusiasmo pela *villa*, residência de campo do citadino rico, tradição do antigo mundo romano.

A posse dessas propriedades tinha função importante, pois produziam cereais, legumes, frutas, vinho, lenha, carne e laticínios. Quase nada precisava ser comprado para a mesa.

Não obstante a paixão italiana pela vilegiatura, somente na cidade podia-se viver a vida plenamente e a ela retornava-se com satisfação depois de uma curta estada no campo. Os hábitos, a vida cotidiana e a aparência das pessoas refletiam uma sociedade mais refinada e próspera do que o restante da Europa.

O comércio fizera de Veneza uma cidade cosmopolita, aberta a influências de todas as origens. Veneza foi também, durante muito tempo, o ponto de convergência do tráfego de peregrinos que demandavam Roma e a Terra Santa. Estava organizada para receber todo tipo de forasteiros e dispunha de guias para dirigi-los pelos canais e mostrar-lhes as praças, os palácios e os monumentos. A cidade foi pioneira em matéria de turismo.

Simultaneamente, a indústria e a atividade bancária constituíam esteio da riqueza de Florença, que se tornara núcleo do refinamento intelectual e artístico.

A família Médicis exerceu grande influência na vida de muitas cortes europeias e, consequentemente, na arte da mesa no Ocidente. Lorenzo, o Magnífico, para comemorar seu casamento em 1469, ofereceu cinco esplêndidos banquetes em três dias. Prodigalidade à mesa, como em todas as épocas, era sinal de poder e prestígio.

O pontificado de João de Médicis, papa com o nome de Leão X, de 1513 a 1521, assistiu ao surgimento do epicurismo em Roma. Mesmo enquanto cardeal, João de Médicis raramente jantava sem acompanhamento de música, trazendo a seus salões as melhores orquestras de câmara da Itália.

Em 1533, Catarina de Médicis se casou com Henrique II, da França. A união foi arranjada pelo papa Clemente VII, tio e tutor de Catarina desde a morte de seu pai e de Leão X, seu tio mais velho.

Catarina de Médicis, educada na corte papal, trouxe para a França, além da elegância florentina, cozinheiros italianos. Eram, então, os melhores da Europa e muitas de suas receitas foram integradas ao repertório culinário francês. Em poucos anos, tornou-se moda entre as famílias nobres ter um cozinheiro italiano. Assim, a cozinha italiana influenciou marcadamente a da França renascentista, encerrando a era de Taillevent.

A obra de Platina de Cremona, traduzida para o francês em 1505 e reeditada dez vezes em um século, comprova a irrefutável influência italiana sobre a nova maneira de comer. Sabe-se que livros como *De honesta voluptate*, atingindo círculos mais amplos do que simples receituários, podem ter um papel decisivo na evolução do gosto e no estilo de comer.

À mesa de Catarina de Médicis, a nobreza francesa descobriu os prazeres de um *menu* mais variado. Foram servidos, pela primeira vez, *quenelles* de peixe e de ave, parmesão ralado, *ris de veau*,[3] alcachofras, brócolis, galinha-d'angola, trufas e carne de vitela, até então quase desconhecida ao norte dos Alpes. À sobremesa, apareceram biscoitos de amêndoas, *zabaglione*, pudins de ovos, sorvetes e melões.

Os italianos foram ainda grandes inovadores em pastelaria e na preparação de geleias, compotas e doces de frutas. Graças em grande parte à influência árabe, na península Itálica, já no *Quattrocento*, a pastelaria, a confeitaria e os sorvetes são de qualidade incomparável.

Em 1541 foi publicada em Lião, sob o título *Bastiment de recettes*, tradução de um livro que aparecera poucos meses antes em Veneza. Ensinava a preparação de geleias e de frutas cristalizadas, arte até então desconhecida na França.

Na segunda metade do século XVI, surgiram várias outras obras francesas sobre confeitaria, entre as quais uma das mais interessantes é atribuída ao profeta Nostradamus.[4]

Catarina de Médicis gostava de grande cerimônia à mesa. No final do século XV, entretanto, as senhoras da corte francesa consideravam falta de recato serem vistas comendo em público. Acreditavam que a mastigação alterasse os contornos do rosto. Catarina pôs termo a isso, convocando as senhoras a estarem presentes aos banquetes de Estado.

A estada na França de Leonardo da Vinci, Benvenuto Cellini, Andrea del Sarto e Ticiano, artistas trazidos por Francisco I, que reinou de 1515 a 1547, teve repercussões que transcenderam os limites das artes plásticas. Andrea del Sarto, por exemplo, era membro de uma academia florentina de gastronomia chamada *Compagnia del Paiolo*. Sempre que os doze membros da *Compagnia* se reuniam, um deles devia preparar pratos de sua criação.

---

[3] Glândula timo (ou moleja) de vitela.

[4] *Excellent et moult utile opuscule à tous nécessaire qui désirent avoir connaissance de plusieurs exquises recettes.*

Com a assimilação do refinamento da Renascença italiana, os banquetes se tornaram mais esplêndidos do que nunca. Para as grandes mesas da França foram importados cristais de Veneza, faiança[5] de Urbino, toalhas bordadas e objetos de ouro e prata de Florença. Os ourives florentinos eram famosos, e o grande Benvenuto Cellini, como vimos, já havia trabalhado na corte de Francisco I.

Os padrões e o gosto italianos foram sendo assimilados também pelos outros europeus. Contudo, uma parte da burguesia francesa menosprezava essa influência mediterrânea. De qualquer forma, *le Tout-Paris* acolheu sem resistência as novidades e adotou com entusiasmo a moda dos aperitivos gelados, assim como a do sorvete.

Ao mesmo tempo, ingredientes e pratos de terras distantes começaram a aparecer nas mesas. Em meados do século XVI, a variedade e abundância de alimentos em Paris e nas capitais de províncias francesas causavam admiração aos estrangeiros.

As estalagens medievais haviam sido lugares rústicos, onde nem sempre se servia comida. Muitas se limitavam a oferecer bebidas, pousada para os viajantes e estrebaria para seus cavalos.

No final da Idade Média, numerosas tavernas e albergues surgiram nos arredores de Paris. A partir desse sistema hoteleiro incipiente, desenvolveu-se, na área urbana, um tipo de estabelecimento que oferecia comida e bebida em mesas postas com toalhas e talheres. O guardanapo, utilizado já na Antiguidade pelos romanos, só reapareceu no século XVI. Sua função era, até então, preenchida pela borda da toalha.

No século XVI, proliferavam os *cabarets*.[6] Em Paris, Lião e outras cidades, cada vez mais se saía para neles jantar. Bem dife-

---

[5] O nome "faiança" vem de Faenza, cidade italiana onde se desenvolveu a técnica de cobrir a cerâmica de uma camada de esmalte. Ainda não se fazia porcelana na Europa.

[6] O nome vem do neerlandês *cabret*.

rentes dos clubes noturnos com esse mesmo nome, que mais tarde apareceriam em Montmartre, os *cabarets* eram estabelecimentos onde, além de espetáculo e divertimento, podia haver boa mesa. Foram os precursores dos restaurantes.

Os *cabarets* se converteram em lugar de encontro de artistas e homens de letras. O Pomme de Pin, por exemplo, era o favorito de Villon e Rabelais, sendo mais tarde muito frequentado por Racine. Outros escritores da época preferiam o Mouton Blanc.

Os franceses deram prova de grande habilidade na assimilação da influência italiana e, já no final do século XVI, começavam a ganhar a supremacia culinária que conservam até hoje.

Na Inglaterra, a evolução do gosto e dos costumes da mesa foi muito mais lenta. No entanto, tal como na França, a prataria e os cristais gradualmente substituíram, na casa dos ricos, os utensílios de estanho e cerâmica.

Os Tudor, por seu lado, foram além da prata e passaram a usar taças de ouro para seus banquetes. Com a dissolução e espoliação dos mosteiros no tempo de Henrique VIII, grande quantidade de objetos de ouro e prata foi incorporada à coroa.

A mesa elisabetana já denotava a riqueza ascendente da Inglaterra e apresentava considerável variedade de alimentos. Melões, passas, queijos importados, laranjas – conhecidas então como *portyngales*, pois vinham de Portugal – chegavam aos mercados de Londres. Os doces eram o ponto de atração nas festas, e a própria rainha era conhecida pelo seu gosto por sobremesas.

Em toda a Europa, a colher era um instrumento muito importante à mesa, pois grande parte da comida era servida em pequenos pedaços ou sob a forma de ensopados.

Na Idade Média, como vimos, não havia distinção entre facas utilizadas para a caça, para trinchar e as que se usavam à mesa. Eram pontiagudas e serviam também para espetar os pedaços de carne escolhidos nas travessas. As facas eram consideradas objetos de uso pessoal.

Mesmo no início da Renascença, os talheres eram frequentemente desenhados para serem levados no bolso, pois nem sempre os anfitriões dispunham de talheres para seus convidados. Somente no final do século XVII, surgem faqueiros contendo colheres, facas e garfos. Mais tarde, a aristocracia começaria a acumular talheres de estanho, de prata e de ouro. Até o século XVIII estojos de talheres individuais constituirão um símbolo de distinção e presente muito apreciado.

Conta-se que o cardeal Richelieu, num jantar que ofereceu ao chanceler de Séguier, chocado ao ver seu convidado usar a faca como palito, mandou arredondar a ponta de todas as facas da casa. Desde então, a forma arredondada para a ponta das lâminas das facas tenderia a ser universalmente adotada.

É mais fácil crer, entretanto, que a ponta das facas de mesa arredondou-se com a generalização do uso do garfo. Não havia mais razão para espetar as carnes com a faca, para levá-las à boca.

Na França e na Inglaterra, o uso do garfo, divulgado na Itália pelos venezianos, só se generalizou no século XVIII. Contudo, mesmo na Itália, raras vezes o vemos nos banquetes que aparecem nas pinturas dos grandes mestres.

Tudo indica que o uso do garfo foi adotado em Veneza no século XI, quando a princesa Teodora, filha do imperador bizantino Constantino Ducas, casou-se com o doge Domenico Selvo. A jovem dogaresa causaria espanto e celeuma em Veneza por não tocar os alimentos com os dedos: usava garfo. São Pedro Damião chegou a levar o assunto ao púlpito, pois considerava coisa demoníaca o insólito instrumento.

Inicialmente, o garfo tinha dois dentes e era utilizado só para espetar. Sua forma e função se transformarão de acordo com as maneiras em voga. No século XVIII, usava-se mais o de três dentes. A partir do século XIX, o de quatro dentes se tornará mais comum.

Por muito tempo, entretanto, o garfo foi visto somente nas cortes. Com a generalização do seu uso, passou-se a comer mais de acordo com a ideia de elegância à mesa, da qual os italianos foram os irrefutáveis precursores.

Os novos utensílios e maneiras à mesa tornarão a comensalidade menos promíscua, além de mais estética.

Afirma-se que a moda das grandes golas brancas, plissadas e rendadas da Renascença só foi possível porque havia sido adotado o uso do garfo, do prato e do copo individuais. Ademais, voltava-se a usar o guardanapo, acessório comum na Antiguidade, porém em desuso na Idade Média.

7

SÉCULOS XVII E XVIII

O predomínio do gosto francês

Henrique IV e Maria de Médicis reinavam na França ao se iniciar o século XVII. Tinham La Varenne como mestre cozinheiro, o mais famoso dos *chefs* de então. Seu livro *Le cuisinier françois*, além de conter instruções sobre preparação de molhos e técnicas culinárias, estabelece regras para a sequência dos pratos. Publicado na Inglaterra, na Alemanha e na Itália, alguns anos depois da edição francesa, é um dos livros de cozinha mais importantes do século XVII. La Varenne escreveu ainda *Le pâtissier françois*, *Le confiturier françois* e *L'école des ragoûts*.

Os preceitos de La Varenne levaram a inúmeras inovações, entre as quais a invenção do molho *béchamel*. Este molho, que teria lugar importante na cozinha, foi invenção de um dos *chefs* de Luís XIV. Seu nome é uma homenagem ao financista Luís de Béchameil, marquês de Nointel. La Varenne foi também criador da técnica de clarificar *consommé* com casca e clara de ovo.

Nessa fase da evolução da cozinha francesa, observa-se maior importância do uso da manteiga e menor uso de especiarias em favor das ervas frescas, zesto de laranja e de limão, *échalotes*, cebola, anchova e trufa negra. Esta se converte em símbolo de luxo da *haute cuisine*. Desaparece dos molhos o sabor forte e ácido do *verjus* e o vinagre é utilizado com moderação. Já não se emprega açúcar na preparação de molhos e pratos salgados. Portanto, caem em desuso sabores característicos da cozinha medieval. A associação doce-salgado e os sabores agridoces são considerados vulgares, com exceção das frutas e geleias que acompanham algumas aves e caça. Predomina o molho branco, rico em manteiga, ingrediente que permanecerá até os dias atuais como marca distintiva da culinária francesa.

A generalização do uso da manteiga representa o triunfo dos padrões culinários do norte da França, em oposição à tradição mediterrânea de cozinha à base de azeite.

O intenso comércio com o Oriente e a baixa do preço das especiarias fizeram delas artigo acessível a todas as camadas sociais. Usá-las com parcimônia era, então, considerado toque de distinção.

Nota-se que um ingrediente pode cair em desuso pelo simples fato de deixar de ser raro e caro, tornando-se acessível à maioria das pessoas. O consumo de determinados alimentos pode ser, além de moda, maneira de provar *status* social ou de conquistá-lo.

Da Idade Média até o século XVI, a escolha dos alimentos, por parte das elites, era orientada por médicos, que indicavam também a maneira de prepará-los.

A carne bovina e a de porco eram consumidas principalmente pelo povo. As elites comiam aves, peixes e pão de trigo. Grande parte dos princípios dietéticos baseava-se em enraizados preconceitos alimentares. As frutas, sobretudo as cruas, eram vistas com reserva.

No entanto, considerava-se que as geleias, as compotas e as conservas doces em geral tinham virtudes terapêuticas. Eram por isso feitas em casa anualmente em quantidade suficiente para delas se ter uma boa reserva. Livros que ensinavam a prepará-las, como o atribuído a Nostradamus, faziam sucesso e eram reeditados (ver p. 160, nota 4).

O vocábulo *gastronomie* apareceu em francês, em 1623, como título da tradução da obra de Arkhestratus. O sentido do termo *gastronomie*, cujo uso se generalizaria no século XVIII, evoluiu de estudo e observância das leis do estômago – acepção de uso na Antiguidade – para preceitos de comer e beber bem, além de arte de preparar os alimentos para deles obter o máximo de satisfação.

Sob Luís XIII (1610-1643), tentou-se harmonizar os *menus* e estabelecer ordem na apresentação dos pratos, evitando-se as extravagâncias do século precedente.

A partir de então a culinária é vista principalmente como fonte de prazer. Ela se libera de sua estreita e secular vinculação à dietética. A nobreza se interessa mais e mais pela gastronomia, e os grandes cozinheiros, gratos por esse interesse, dão o nome de seus patrões ou de pessoas ilustres aos pratos que inventavam. Esse fato deu origem ao equívoco, bastante comum, de se pensar que os pratos foram criados pelas pessoas que tinham os seus nomes.

No reinado de Luís XIV emerge uma nova cozinha francesa. Luís XIV acrescentou grandeza e protocolo às mesas da corte. Suas refeições se tornaram espetáculos dos quais o Rei Sol era o principal protagonista. Contudo, suas maneiras, analisadas hoje, podem parecer estranhas, pois se recusava a usar garfo e comia demasiadamente para ser considerado um *gourmet*.

Saint-Simon e a princesa Palatina, cunhada do rei, falam de seu apetite desmesurado. O apetite de Luís XIV, porém, não era atípico em sua corte. A princesa Palatina também descreve os excessos no comer da nobreza francesa, inclusive de seu próprio filho, o regente.[1]

As recepções de Fouquet e do príncipe de Condé foram particularmente grandiosas. Foi exatamente a suntuosidade de uma das festas de Fouquet, em seu novo castelo de Vaux-le-Vicomte, à qual

[1] Filipe, duque de Orléans, sobrinho de Luís XIV.

Luís XIV compareceu, a causa de sua demissão do cargo de superintendente das finanças. O Rei Sol não podia admitir tanto esplendor fora das residências reais.

Quando Vatel, que havia estado a serviço de Fouquet em Vaux-le-Vicomte, foi trabalhar para o príncipe de Condé no castelo de Chantilly, fez de sua mesa uma das mais requintadas da França.

Em Chantilly, sob a orientação de Vatel, desenvolveram-se preparações culinárias muito mais sutis que as dos mestres de Florença. Enquanto isso, novos alimentos e influências continuavam a chegar de várias partes do mundo.

Vatel não era *chef* e, sim, *maître d'hôtel*. Era de origem Suíça, e seu verdadeiro nome, Fritz-Karl Watel, foi galicizado, de acordo com procedimento corrente na França.

Em abril de 1671, Luís XIV chegou a Chantilly acompanhado por uma comitiva maior do que se esperava. A comida não bastou para todos. No dia seguinte, uma sexta-feira, portanto dia de abstinência, o peixe encomendado para o almoço tampouco chegou em quantidade suficiente. Desesperado, Vatel se suicidou. Madame de Sévigné relatou emocionada a morte de Vatel, em uma de suas célebres cartas.

Como se sabe, já se havia provado sorvete na França ao tempo de Henrique II e Catarina de Médicis. Seu consumo, porém, difundiu-se quando o siciliano Francesco Capelli, cognominado Procópio, começou a vender sorvete em Paris, por volta de 1660. Em pouco tempo, inúmeros *limonadiers* faziam o mesmo.

Alguns anos depois, afrancesando seu cognome, Procope abriria um café na rua des Fossés Saint-Germain, atualmente rua de L'Ancienne Comédie.

A grande inovação de Procope foi proporcionar às mulheres a possibilidade de frequentar seu café. Outra novidade de Procope foi afixar as notícias diárias, fazendo de seu estabelecimento um centro de informação e discussão de ideias políticas e literárias. Procope criava, assim, o primeiro *café-littéraire*.

Hoje, no mesmo endereço, e decorado com retratos de seus célebres frequentadores – Voltaire, Diderot, Danton, Huysmans –, Le Procope é o café mais antigo da Europa.

Montesquieu, em 1721, considerava os cafés parisienses "perigosos para o futuro do país", fato que não impediu a sua rápida multiplicação. Graças aos cafés, o chá, o café e o chocolate se tornaram bebidas de consumo frequente. Ao mesmo tempo, o hábito de tomá-los, no final da tarde, transformou-se num ritual social.

Os venezianos já tomavam café desde o século XVI. Contudo, seu consumo só se difunde no resto da Itália durante o século XVII, no final do qual vários cafés se abrem também na França, Alemanha e Inglaterra.

O aumento do consumo estimula a criação de novas fontes produtoras e a determinação de contornar o monopólio dos comerciantes árabes. Assim, os holandeses plantam café no Ceilão e em Java, e os franceses logram fazer o mesmo na Martinica e noutras possessões da região.

Em 1727, um oficial português foi presenteado pela mulher do governador da Guiana com algumas mudas de café, que são em seguida plantadas no Pará. Além disso, outras mudas trazidas de Goa são cultivadas no Rio de Janeiro.

As plantações brasileiras multiplicam-se, e o Brasil torna-se, graças às terras férteis de São Paulo, o principal produtor mundial de café.

No início do século XVII, o italiano Antonio Carletti havia levado o segredo da preparação do chocolate da Espanha para a Itália. Os cafés de Veneza e de Florença ficariam conhecidos também pelo seu chocolate.

O casamento de Ana da Áustria com Luís XIII (1615) e o de Maria Teresa com Luís XIV (1660) concorreram para a propagação do uso do chocolate na França. Este fazia parte do cotidiano das duas infantas espanholas, e era bebida que ambas não podiam dispensar. Entretanto, por várias décadas, somente a aristocracia tomou chocolate.

Entrementes, exilados judeus e monges espanhóis divulgavam a receita do chocolate na França.

No fim do século XVII assistiu-se à multiplicação das *coffee-houses* na Inglaterra e dos cafés na França. Nessa época, discutia-se muito sobre as propriedades do café, do chá e do chocolate. Um opúsculo publicado em Paris, em 1687, intitulado *Le bon usage du thé, du café et du chocolat*, recomendava os novos produtos a todos os que se vissem "atingidos pela mais universal das doenças galantes"!

Na mesma época, ingleses e franceses começam a plantar cacau em suas possessões nas Antilhas.

A fabricação de chocolate seria aperfeiçoada pelos holandeses e suíços no início do século XIX. Novos processos possibilitariam a fabricação de chocolate em barra.

A técnica desenvolvida pelo holandês Conrad Van Houten, para retirar grande parte da gordura do cacau (manteiga de cacau), melhorou consideravelmente o chocolate e o fez mais leve e digerível.

Com o aumento do consumo de chocolate cresce também o número de países que produzem cacau. Brasil, Equador, Gana, Nigéria, Camarões, Costa do Marfim são os novos produtores.

Acreditava-se a tal ponto nas qualidades afrodisíacas do chocolate, que alguns teólogos, como Johannes Franciscus Rauch, achavam que os monges deveriam ser proibidos de tomá-lo.

No século XVII, começou-se a ver o peru nas mesas de festas francesas, graças às criações desenvolvidas pelos jesuítas na região de Bourges. Esse é o motivo pelo qual o peru era conhecido na França pelo nome de *jésuite*.

Em 1668, surgiu outra inovação. Dom Pérignon, abade de Hautvillers, observou que o vinho das uvas da região de Champagne desenvolvia uma fermentação secundária, produzindo pequenas bolhas e gás. Isso, até então, era considerado algo a evitar. Dom Pérignon, ao contrário, resolveu favorecer e controlar essa fermentação. Criou, assim, o que se chama a técnica *champenoise*. Muito antes disso, o vinho da região de Champagne gozava de apreço. Tratava-se, entretanto, de um vinho tinto não espumante.

Depois que Luís XIV revogou os direitos civis e religiosos dos protestantes, Genebra se tornou o centro da intelectualidade francesa no exílio e, em decorrência, centro gastronômico. Simultaneamente, os costumes franceses se difundiram pelo restante da Europa.

Em 1677, o czar Pedro I, desejoso de modernizar a Rússia, fez grande viagem pela Europa Ocidental. Um dos resultados dessa viagem foi a decisão de construir uma capital de inspiração francesa para o império. Em 1703, foi fundada São Petersburgo, em terras recém-conquistadas dos suecos no golfo da Finlândia.

O projeto de modernização do czar compreendia também preocupações com o aspecto de seus súditos. Os homens foram obrigados a cortar a barba e o cabelo e as mulheres a abandonar o uso do véu que até então lhes cobria o rosto. Ao mesmo tempo, foi abolido o *terem*, espécie de gineceu onde as mulheres viviam segregadas, sem ver outras pessoas, além de seus familiares e empregados.

Durante o reinado de Ivan, o Terrível, no século XVI, os russos puseram termo à dominação mongol. Entretanto, os invasores haviam influenciado profundamente os hábitos alimentares do país. Com os mongóis, os russos haviam aprendido a preparar diversos laticínios e a conservar repolho em salmoura. Os mongóis também haviam trazido à Rússia o chá e o samovar. A maneira peculiar de preparar e servir o chá na Rússia advém, portanto, dessa influência mongol.

O suprimento de chá e de outras mercadorias provenientes do Oriente se fazia através das caravanas que transitavam pelas rotas do continente asiático, possibilitando relações comerciais e trocas culturais entre pontos geográficos distantes e, às vezes, muito isolados.

Na segunda metade do século XVIII, enquanto reinava Catarina, a Grande, apesar da abstinência e frugalidade da imperatriz, a nobreza dedicava tempo e fortuna aos prazeres da mesa. Tornaram-se legendários os festins dos Youssoupoff, família considerada mais rica do que os reinantes Romanov.

Não obstante o afrancesamento da aristocracia, os hábitos alimentares mantiveram-se marcadamente russos. A grande cozinha russa, porém, só existia para os aristocratas e os ricos.

O dia iniciava com chá preparado em bule de porcelana e diluído nas xícaras com água fervente do samovar, de acordo com o gosto de cada um. Em geral, as xícaras eram reservadas às mulheres. Os homens tomavam chá em copos de vidro, colocados em suportes metálicos com alça.

A principal refeição do dia era o jantar. Começava pelas *zakuski*, servidas fora da sala de jantar e regadas com vodca.

A história das *zakuski* é muito semelhante à do *smörgåsbord* escandinavo. Tal como aconteceu com o *smörgåsbord*, a variedade do que se servia nas *zakuski* foi crescendo a ponto de fazer com que alguns convidados estrangeiros confundissem esse *buffet* aperitivo com o jantar.

Constavam das *zakuski* diferentes tipos de caviar,[2] peixes defumados, arenques, queijos, charcuteria, *bliny* e pães diversos. O caviar dourado, variedade rara do esturjão do Volga, era privilégio da mesa imperial.

Ao jantar, podiam ser servidos, além de *borsch*, outros tipos de sopa, algumas delas com *pirozhki* ou *pychki*, espécies de pasteizinhos com diferentes recheios. Vinham depois peixe, carne, caça e sobremesas.

O mundialmente conhecido *stroganov* só seria criado no final do século XIX, para o conde Stroganov. Das sobremesas não constava ainda a *charlottka* ou *charlotte*, criada pelo renomado Marc-Antoine Carême, enquanto servia o czar Alexandre I.

---

[2] "Caviar" vem do turco *khavyah* e significa ova.

Umas horas depois do jantar servia-se o *vecherny tchai* ou chá da noite, acompanhado de queijos, tortas, bolos e frutas cristalizadas.

A influência francesa chegara também à Suécia, quando a rainha Cristina havia convidado Descartes para sua corte.

Do *brännvinbord* originava-se o *smörgåsbord*. O *brännvinbord* era, então, apenas a etapa introdutória de um banquete sueco. Servido num canto da sala de jantar, ou numa sala contígua, era um *buffet* do qual constavam vários tipos de *brännvin*,[3] arenques, anchovas, pão e queijos típicos da Escandinávia.

Com o tempo, outros pratos serão acrescentados ao *brännvinbord*, transformando-o no extenso *smörgåsbord* do século XIX. Entretanto, o *smörgåsbord* continuará sendo, por muito tempo, apenas a primeira etapa de uma refeição festiva. Ao crescer ainda mais, ele se converterá na refeição em si de nossos dias.

Nos Países Baixos, a burguesia prosperava. Os quadros dos grandes pintores flamengos e holandeses nos dão uma ideia de como viviam os habitantes desses países, em geral bem nutridos. Dispunham eles de maior variedade de frutas, verduras, peixes e laticínios do que o restante da Europa.

Os Países Baixos foram precursores da produção de alimentos em grande escala. Já no final do século XVI, exportavam para o norte da Europa. Verduras e laticínios da região ganharam fama.

A chegada à Inglaterra de imigrantes holandeses, flamengos e valões, que fugiam do regime de terror instaurado em 1568 por Fernando Alvarez de Toledo, duque de Alba, concorreu para melhorar a agricultura e a dieta dos ingleses.

A primazia holandesa na industrialização do arenque provém do fato de o país ter desenvolvido, no século XV, técnica especializada para limpá-lo e conservá-lo. O arenque constituiu a base da riqueza de Amsterdã desde a Idade Média.

---

[3] *Brännvin* ou *akvavit* é um destilado obtido da mesma maneira que a vodca e, como ela, pode ser aromatizado com ervas e especiarias. Existe também a grafia *aquavit*.

O ponto focal da vida numa casa holandesa do século XVII era a cozinha, comumente decorada com azulejos de Delft. Para poupar a cozinha-sala de estar, as refeições eram geralmente preparadas num cômodo adjacente.

O alto consumo de cerveja começava em horas matinais. Fruía-se da prosperidade trazida pela Companhia das Índias da Holanda.

Graças ao clima de tolerância predominante, os Países Baixos acolheram mercadores, artesãos e financistas, tangidos de outras terras pela perseguição religiosa. Em contrapartida, os imigrantes contribuíram para dar riqueza cultural e dominância econômica à região. No século XVII, os Países Baixos eram senhores da maior frota mercante do mundo.

Na Bélgica, rica e dinâmica, floresciam as artes, as ciências e o comércio. As influências italiana e espanhola transformava os hábitos das camadas abastadas. Em Antuérpia, havia sido fundada a primeira bolsa de comércio da Europa.

Quando o centro de gravidade da economia europeia se deslocou da península Itálica para o norte, por volta de 1500, Antuérpia se tornara seu grande polo. Bem mais tarde, no final do século, Amsterdã ocuparia esse lugar.

Publicou-se em 1604, em Liège, um livro intitulado *Ouverture de cuisine*. Seu autor, Lancelot de Casteau, foi cozinheiro de três *princes-évêques* dessa cidade. O livro, considerado perdido pelos bibliógrafos do século XIX, foi redescoberto recentemente, por acaso. Reeditado em 1983, é testemunho da prática de cozinha esmerada na Bélgica, já nos séculos XVI e XVII.

Lancelot de Casteau usava açúcar na preparação de pratos salgados e empregava especiarias abundantemente. Em alguns aspectos, sua cozinha ainda é medieval. Entretanto, ela denota, além da influência italiana, interesse pela culinária de outros países. Disso são exemplos suas receitas de perdiz à catalã, de perdiz à portuguesa e da famosa *olla podrida*.

TALHER DE BOLSO

Talher de prata dourada de um estojo de bolso, feito na Inglaterra no final do século XVII. A lâmina da faca conserva a forma pontiaguda. O garfo, entretanto, já apresenta três dentes. (Fotografia reproduzida por cortesia do Victoria and Albert Museum, Londres.)

AS NOVIDADES DO SÉCULO XVII

Começou-se a ver com frequência o peru nas mesas de festa, graças às criações desenvolvidas pelos jesuítas. (*Natureza morta*, de Pieter Claesz, 1597-1660. Rijksmuseum, Amsterdã.)

PASTELEIROS EM AÇÃO
A pastelaria francesa do século XVII já era muito variada.
(Gravura de Abraham Bosse, 1602-1676. Fotografia da BBC Hulton Picture Library, Londres.)

BODAS DE CANÁ ▶
Tudo indica que o uso do garfo foi adotado em Veneza por influência bizantina. Mas, mesmo na Itália, raras vezes o vemos nos banquetes das pinturas dos grandes mestres.
(Detalhe da tela *Bodas de Caná*, de Veronese, 1528-1568. Fotografia da BBC Hulton Picture Library, Londres.)

VANGUARDISMO DOS PAÍSES BAIXOS
No final do século XVI, belgas e holandeses já eram grandes exportadores de alimento.
(*Mercado de peixe*, tela de Joachim Beuckelaer, 1569. Fotografia da BBC Hulton Picture Library, Londres.)

TRIVIAL IBÉRICO
A oliveira e a vinha deram traços marcantes aos hábitos alimentares e à cozinha da Espanha.
(Tela de Diego Velázquez, 1599-1660. National Gallery of Scotland, Edimburgo.)

TAVERNA ESPANHOLA

As tavernas pouco mudarão ao longo dos séculos. Situavam-se frequentemente nos arredores das cidades. Ofereciam, na sua rusticidade, repouso, comida, bebida e entretenimento a bom preço. (Fotografia da BBC Hulton Picture Library, Londres.)

COZINHA DO SÉCULO XVIII

Há bem pouca diferença entre esta cozinha e as dos séculos precedentes. Um detalhe insólito é o fato de que o espeto em frente à lareira girava impulsionado por um cachorro. (Fotografia da BBC Hulton Picture Library, Londres.)

TRÊS MANEIRAS DE SEGURAR UMA XÍCARA CHINESA
No início do reinado de Carlos II, a corte inglesa adotou o chá, introduzido por sua mulher, a portuguesa Catarina de Bragança. O equipamento e o ritual do chá guardarão por algum tempo muito da sua origem oriental. (Quadro anônimo do século XVIII, reproduzido por cortesia do Victoria and Albert Museum, Londres.)

LA TOUR D'ARGENT
Muitos historiadores atribuem ao La Tour d'Argent a honra de ter sido o primeiro restaurante a existir. Sua especialidade mais conhecida é o pato. Desde 1890, cada pato é numerado e os clientes recebem um cartão com o número do que lhes foi servido.
(Cartão numerado oferecido aos clientes do La Tour d'Argent que comem seu famoso pato.)

AFLUÊNCIA HOLANDESA

A mesa da burguesia era farta e o alto consumo de cerveja começava em horas matinais.
(*A família jocosa*, tela de Jan Steen, 1626-1679. Rijksmuseum, Amsterdã.)

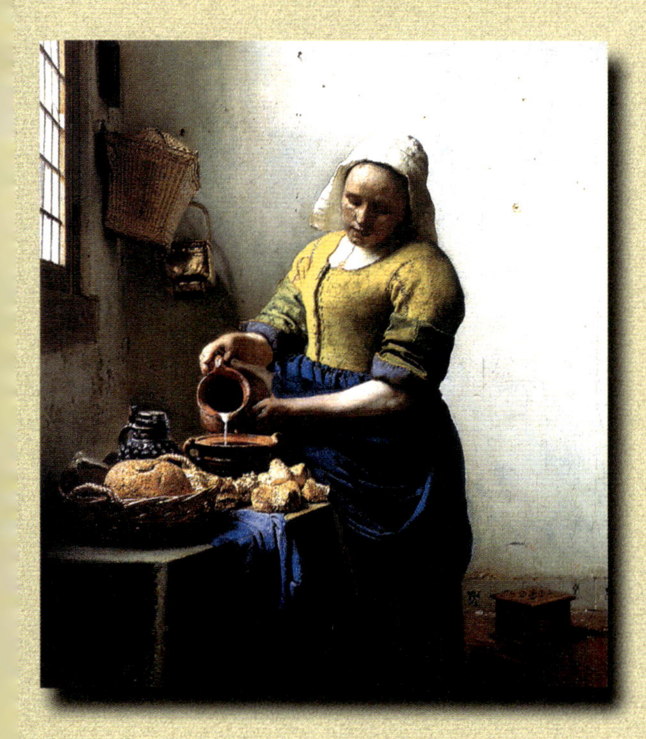

A LEITEIRA

Já no final do século XVI, os Países Baixos eram grandes produtores de leite e seus derivados.
(*A leiteira*, tela de Johannes Vermeer, 1632-1675. Rijksmuseum, Amsterdã.)

MESA À MANEIRA DO SÉCULO XVII

Além do cisne com sua plumagem servindo de peça decorativa central, todas as outras viandas são postas à mesa. Há pratos de estanho, talheres e guardanapos para cada conviva. Não há, porém, copos individuais. Um só copo era utilizado por várias pessoas. (Montagem de mesa como no século XVII. Food and drink Gallery, Nordiska Museet, Estocolmo.)

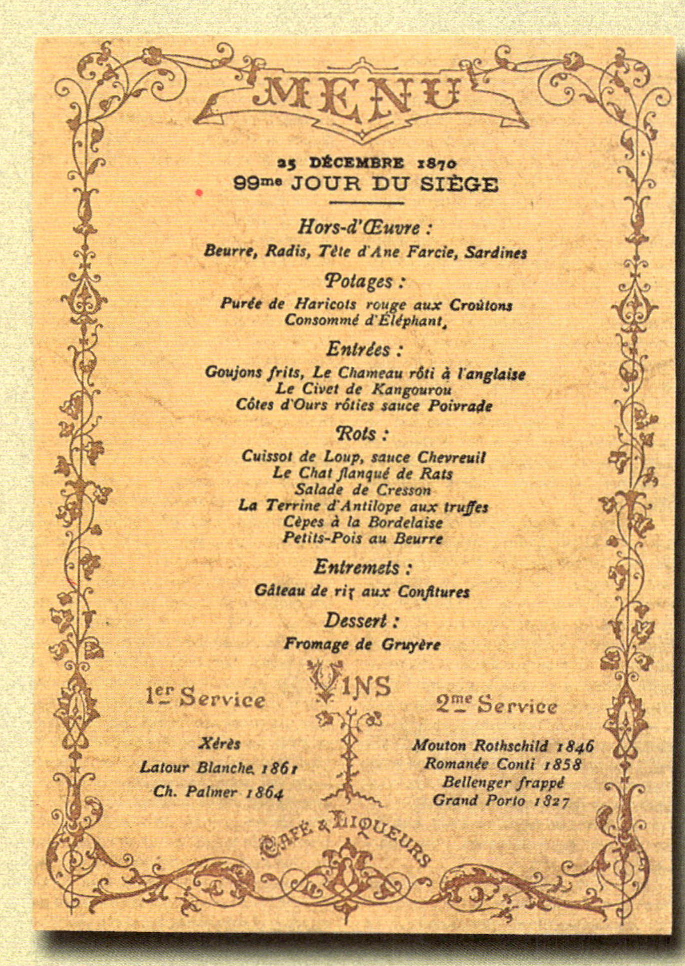

MENU

25 DÉCEMBRE 1870
99me JOUR DU SIÈGE

Hors-d'Œuvre :
Beurre, Radis, Tête d'Ane Farcie, Sardines

Potages :
Purée de Haricots rouge aux Croûtons
Consommé d'Éléphant,

Entrées :
Goujons frits, Le Chameau rôti à l'anglaise
Le Civet de Kangourou
Côtes d'Ours rôties sauce Poivrade

Rots :
Cuissot de Loup, sauce Chevreuil
Le Chat flanqué de Rats
Salade de Cresson
La Terrine d'Antilope aux truffes
Cèpes à la Bordelaise
Petits-Pois au Beurre

Entremets :
Gâteau de riz aux Confitures

Dessert :
Fromage de Gruyère

VINS

1er Service	2me Service
Xérès	Mouton Rothschild 1846
Latour Blanche 1861	Romanée Conti 1858
Ch. Palmer 1864	Bellenger frappé
	Grand Porto 1827

CAFÉ & LIQUEURS

MENU DO RESTAURANTE VOISIN NO NATAL DE 1870

Alguns restaurantes parisienses serviram a carne dos últimos animais do Jardin des Plantes, nas festas de fim de ano. (Fotografia da BBC Hulton Picture Library, Londres.)

O PRETEXTO DO SORVETE
A moda de as senhoras se reunirem nos cafés parisienses, sob pretexto de tomar sorvete, inspirou, em 1827, a litogravura intitulada *Les Mangeuses de glaces*.
(Fotografia da BBC Hulton Picture Library, Londres.)

VOLUPTUÁRIO SOB OS HORRORES DA DIGESTÃO
Caricatura de Jorge IV publicada em 1792.
(Fotografia da BBC Hulton Picture Library, Londres.)

JANTAR DA ERA VITORIANA
Como todo o resto da casa, a mesa refletia o propósito de dar a sensação de opulência pela profusão de objetos sobre ela dispostos. (Fotografia da BBC Hulton Picture Library, Londres.)

FAMÍLIA BURGUESA AO CHÁ
Jantava-se cada vez mais tarde e, com isso, o chá verspertino se transformava em outra refeição.
Pela primeira vez produziam-se móveis e objetos de decoração em série. A burguesia vitoriana, desejosa de afirmar seu novo *status*, criava interiores sobrecarregados. (Fotografia da BBC Hulton Picture Library, Londres.)

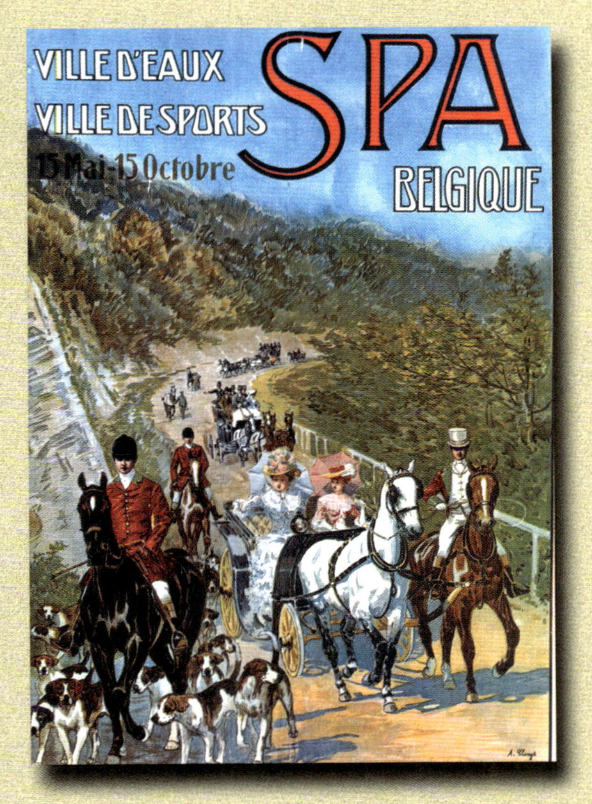

SPA
As curas termais estavam em voga, incentivando a proliferação de hotéis de grande luxo para uma clientela privilegiada.
(Cartaz. Musée de la Ville d'Eaux, Spa.)

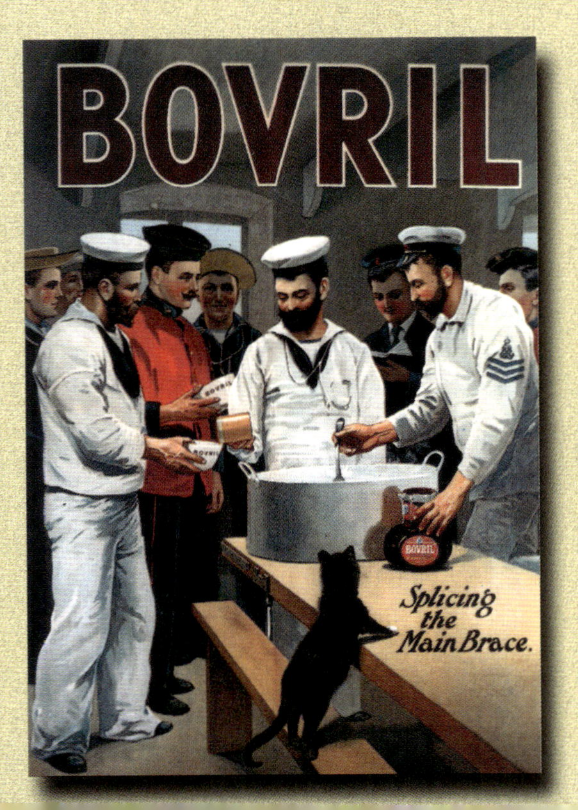

A INDÚSTRIA DE CONSERVA
Inicialmente, as conservas eram consumidas sobretudo pelas Forças Armadas. A expansão do colonialismo e da Marinha mercante ampliaram o mercado para tais produtos.
(Cartaz de coleção particular.)

ABASTECIMENTO
Um supermercado nos Estados Unidos, diz Margaret Visser, é ao mesmo tempo mercado, palácio, templo e passarela. É expressão e símbolo das metas da sociedade norte-americana. (*Supermarket Lady*. Escultura de Duane Hanson, 1970, reproduzida por cortesia de Neue Galerie, Sammlung Ludwig, Aachen.)

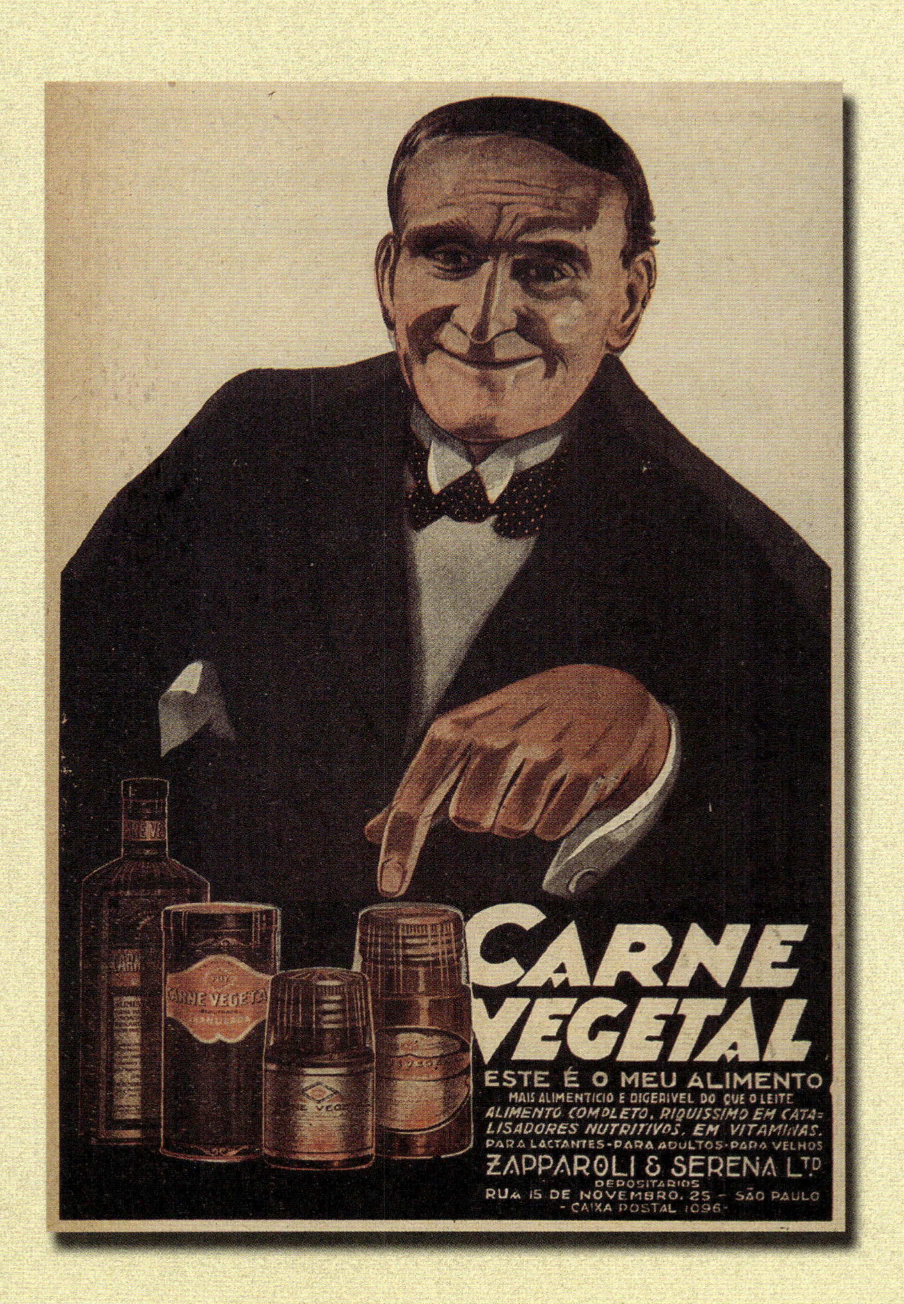

A EXPANSÃO DA PUBLICIDADE

A indústria de conservas revolucionou a alimentação diária e fomentou a publicidade e suas técnicas.
(Anúncio em *O Cruzeiro* em 27-7-1929.)

COZINHA COM EQUIPAMENTO ELÉTRICO

Depois de 1914, os utensílios de cozinha se transformaram. O alumínio, o níquel e o metal inoxidável substituíram o cobre. O vidro, os esmaltados, a porcelana, a cerâmica e outros materiais resistentes ao calor foram aperfeiçoados. Ao mesmo tempo o equipamento elétrico se diversificava.
(Fotografia da BBC Hulton Picture Library, Londres.)

CHOCOLATE BRASIL
Falchi Giannini & Cia. 1903.

Rótulos e cartazes procuravam estimular a imaginação por meio de figuras naturalísticas e exóticas.

CAFÉ TRIPOLI
(Orfeo Paraventi, Café Tripoli, 1905.)

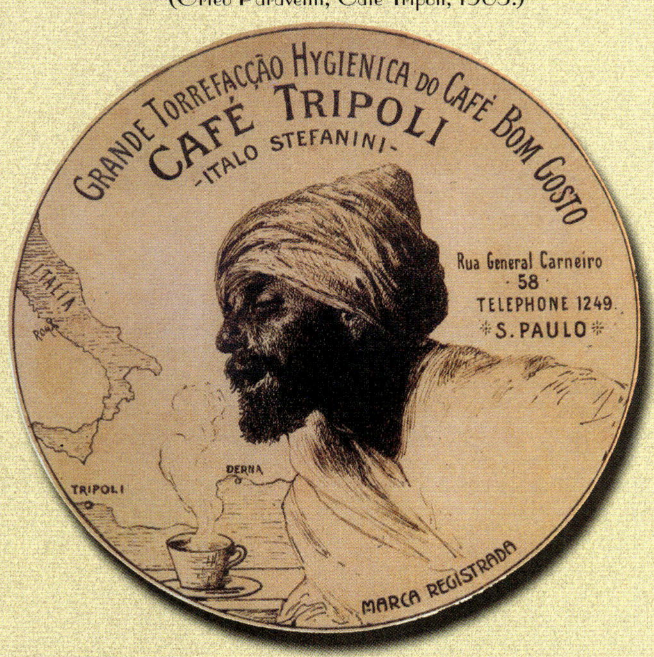

INOVAÇÕES NA PRODUÇÃO
E DISTRIBUIÇÃO DE ALIMENTOS
As transformações da economia têm repercussões nos processos de produção e distribuição de alimentos e influenciam a culinária, os hábitos alimentares e a própria estrutura da vida doméstica.
(E. M. Matarazzo Empreza Chimica Industrial, Tomate em Pó, 1919.)

CHEGADA DO ANO-NOVO
AO SAVOY
O Savoy dava atenção a todas as minúcias.
(Menu do réveillon de 1908.)

Não obstante figurar entre suas preparações uma receita de peru com ostras, Lancelot de Casteau ignorava a existência de alguns alimentos originários da América, como o milho, o tomate e a batata.

Os alemães inclinavam-se a uma alimentação robusta e pouco variada. Só no século XIX iniciou-se, na Alemanha, o cultivo de verduras e legumes em bases comerciais. E até a batata, que se transformaria na base da dieta alemã, só foi cultivada em grande escala a partir de 1770, quando Frederico, o Grande, interessou-se em promover seu cultivo.

Os rebanhos bovinos eram praticamente inexistentes. Comia-se, como ainda hoje, principalmente carne de porco. Com exceção da Alsácia, permeada pela influência francesa, a cozinha alemã era monótona.

Os vinhos brancos alemães, porém, desde o século XVII, mereceram atenção especial no seu preparo, com seleção das variedades de uvas mais apropriadas aos solos e ao clima dos vales do Reno e do Mosela.

Em Johannesburgo, deixando-se as uvas permanecerem nas vinhas além do tempo necessário para seu amadurecimento, a fim de desenvolver *Edelfäule*, criou-se o notável vinho generoso *Beerenauslese*. *Edelfäule*, em francês, é a *pourriture noble*, fator essencial na produção dos grandes vinhos doces de Sauternes e terras adjacentes.

Nas cidades, a moda era marcada pelos *Konditoreien* que serviam, como ainda hoje, café, chocolate, chá, acompanhados de uma grande variedade de bolos e tortas. Versões semelhantes ao *Konditorei* alemão proliferaram também nos países escandinavos.

Johann Sebastian Bach comporia a *Kaffee Kantate*, por volta de 1732. O tema dessa cantata é a tristeza de um homem que deseja curar a filha do hábito de tomar café, então muito comum entre as jovens de Leipzig. O café seria alvo de campanhas oficiais que condenavam seu uso. Frederico, o Grande (1712-1786), insurgiu-se contra o hábito do café e tomou medidas para restringi-lo à nobreza. Além das considerações de natureza moral e de saúde, existiam razões econômicas, pois o café competia com a cerveja, produto local consumido já ao desjejum.

O chá, o chocolate e o café eram, então, conhecidos como produtos coloniais. O açúcar e as especiarias, em virtude de sua proveniência, também faziam parte dessa categoria de produtos, e os estabelecimentos que os vendiam eram chamados *Kolonialwarenhandlugen* (mercearias).

Havia ainda as *Delikatessenhandlungen*, vendendo comidas e especialidades finas para serem levadas para casa. O nome *Delikatessen* é hoje utilizado em muitos países para designar estabelecimentos similares e até mesmo alguns que muito diferem dos originais.

A descrição dos festins oferecidos à rainha Cristina da Suécia em diferentes pontos da Itália – quando em viagem a Roma, após sua conversão ao catolicismo – atesta que em toda a península ainda se cultivavam o aparato e o requinte da gastronomia do século anterior.[4]

A decoração das mesas nessas ocasiões ficava a cargo de artistas de renome que criavam os *trionfi di tavola*, elaboradas esculturas feitas de açúcar. Os *trionfi di tavola* podem ser considerados precursores das estatuetas de porcelana para decoração da mesa, das quais as mais valiosas foram feitas em Meissen, no século XVIII. O mesmo pode-se dizer com relação às *pièces montées* de Marc-Antoine Carême.

A *pasta*, geralmente preparada em casa nas suas múltiplas formas, estava integrada aos hábitos alimentares italianos. Contudo, sua fabricação em bases comerciais já começara em Nápoles. Ao mesmo tempo estava definida a universalidade da linguagem da cozinha italiana, fato que lhe confere apreço e possibilidade de assimilação em tão diferentes latitudes e culturas.

---

[4] Ver Per Bjurström, *Feast and Theatre in Queen Christina's Rome* (Estocolmo: 1966), pp. 55, 56, 62, 64, 66, 67.

As crônicas dos viajantes informam sobre a variedade e qualidade das carnes, das frutas e das verduras. Elogiam também a limpeza dos mercados, dos açougues e das lojas de alimentação.

O costume de se comer *pasta*, arroz ou polenta, principais fontes de amido da dieta italiana, fez com que a batata jamais tivesse a importância que assumiu em outras partes da Europa. Um tipo de *gnocchi* preparado com batata e farinha de trigo é, dentre os pratos mais conhecidos da cozinha italiana, o único a usá-la como ingrediente básico. Apesar disso, na Itália a batata logo deixou de ser uma planta meramente ornamental, como foi durante muito tempo em vários países.

Na Espanha, já no século XVIII, os mercados surpreendiam os forasteiros pela variedade de frutas e verduras, algumas das quais por eles desconhecidas.

O país, além de ter sido um dos principais pontos de entrada da influência do Oriente Médio na Europa, assimilou e difundiu o milho, o tomate, os pimentões, o cacau e a batata, ingredientes de seu vasto império. A propagação desses alimentos seria fator de grande enriquecimento das mesas europeias.

O tomate e o pimentão constituiriam ingredientes característicos das cozinhas mediterrâneas. A batata, de armazenagem fácil e adaptável a diferentes solos e climas, reduziria os riscos de epidemia de fome. Quanto ao milho, sua importância na alimentação humana seria principalmente indireta. Como já vimos, grande parte da carne, do leite, do queijo e da manteiga que consumimos provém de animais alimentados com milho.

Em contrapartida, a Espanha tinha grande influência nas culinárias dos países que colonizou. As migrações humanas são portadoras de hábitos culinários e de ingredientes. Ao mesmo tempo que o migrante leva consigo a sua cozinha e busca adaptá-la aos meios disponíveis, introduz técnicas culinárias e, sempre que possível, o cultivo dos alimentos a que está acostumado.

As muitas edições de receituários e de livros de gastronomia na Espanha, desde o século XVI, demonstram o interesse da cultura hispânica pela boa mesa. Já em 1520 editava-se, em catalão, o *Libre del coch*, o primeiro livro de cozinha impresso na Espanha. Seu autor, Ruperto de Nola, era cozinheiro do rei de Nápoles. As edições em castelhano, sob o título *Libro de cocina*, tiveram grande êxito. Houve dez reedições entre 1525 e 1577. Essa obra foi também chamada, posteriormente, *Libro de los guisados.*

Publicou-se em 1611, em Madri, o grande receituário *Arte de cocina, pasteleria, bizcocheria y conserveria*, de Francisco Martinez Motiño. Seu livro terá várias reedições.[5] Martinez Motiño iniciou-se profissionalmente nas cozinhas de Filipe II e chegou a cozinheiro chefe de Filipe III.

O livro de Enrique de Villena, *Arte cisoria: todo el arte de usar el cuchillo que ordenó el señor Don Enrique de Villena a preces de Sancho de Jarava*, embora escrito em 1423, manteve-se absolutamente inédito até 1766.

Villena escreveu o primeiro livro espanhol a tratar, principalmente, de um aspecto da gastronomia: a nobre arte medieval de trinchar. Os nobres eram, então, hábeis trinchadores.

O primeiro escritor sobre gastronomia da Espanha foi Mariano Pardo de Figueroa, conhecido como Doctor Thebussem. Seu pseudônimo é um anagrama de embuste, ao qual ele deu um toque germânico.

Nascido em 1828, viveu quase noventa anos, a maior parte deles tranquilamente em sua propriedade, na Andaluzia.

Suas principais obras no campo da gastronomia são: *Yantares y conduchos de los reyes de España, Disertación sobre el arte culinario, Cartas sobre el comedor y la cocina, Los alfajores de Medina Sidonia, Notas gastronómicas de la corte.*

Até a segunda metade do século XVIII era comum os livros em espanhol serem impressos em Flandres, na Itália, na França, na Suíça

---

[5] Nessas reedições, o nome do autor se escreve Martinez Montiño.

e na Alemanha. Só então surgiram as primeiras medidas protecionistas da indústria editorial espanhola, que atualmente figura entre as mais dinâmicas do mundo.

A costa espanhola, extensa e piscosa, condicionou o gosto pelos peixes e frutos do mar, enquanto a oliveira e a vinha deram aos hábitos alimentares e à cozinha do país características marcantes.

Jean-Louis Flandrin[6] considera ter havido, na história da alimentação europeia, quatro cozinhas nacionais dominantes.

No século XVI predominou a influência da Itália. Entretanto, a cozinha espanhola, ao assimilar e difundir alimentos provenientes da América, se converteu, já na segunda metade do século XVI, numa das cozinhas dominantes, importância que manterá até meados do século XVII. A partir de então, a cozinha da França será preponderante.

A Espanha é o país que possui a maior superfície de vinhedos do mundo. Algumas de suas zonas de *denominaciones de origen*, sobretudo Penedés e Rioja, produzem vinhos que figuram entre os melhores da Europa.

Os vinhos fortificados de Jerez, de caráter único, são fruto do pioneirismo ibérico em matéria de destilação. Os melhores provêm de solos calcários chamados *albarizas*, que podem conter mais de 40% de carbonato de cálcio. Terras que requerem muita fertilização, as *albarizas* são, entretanto, retentoras de umidade. Os vinhos fortificados de Jerez são, na opinião de inúmeros gastrônomos e enólogos, o aperitivo por excelência.[7]

Embora a Espanha não tenha muitas terras adequadas à pecuária de grande porte, desenvolveu criações de aves, carneiros, cabras e porcos.

Graças à suinocultura, em muitas regiões floresceu uma charcuteria variada e de alta qualidade. A fama da charcuteria ibérica remonta ao tempo dos romanos.

A criação de animais de pequeno porte favoreceu a invenção de pratos como a *paella valenciana*. A *paella* com frutos do mar,

---

[6] Jean-Louis Flandrin, *Histoire de l'alimentation* (Paris: Fayard, 1996), p. 567.

[7] Frank Shoonmaker, *Le livre d'or du vin* (Verviers: Éditions Gérard & Co., 1976), p. 291.

hoje bem mais divulgada, é evolução de um prato camponês e, portanto, preparado com produtos da terra, tais como arroz, açafrão, caracóis e coelho ou frango.

Por motivos históricos, geográficos e econômicos, as cozinhas regionais do país se mantiveram quase imutáveis e refratárias à influência francesa. Essa influência, porém, foi grande na cozinha da aristocracia.

Peter S. Feibleman[8] comenta que, à semelhança da cultura e do povo da península Ibérica, os pratos da cozinha espanhola são geralmente resultado da mistura de muitos ingredientes. Entretanto, se a mistura pode ser complexa, seus componentes não são mascarados e não se usam condimentos a ponto de alterar os sabores básicos. Para ele, a força da cozinha espanhola provém da sutileza natural em combinar ingredientes e do valor que atribui ao seu frescor, características que tornam os pratos espanhóis facilmente reconhecíveis.

Em Portugal, o *Livro de cozinha da infanta Dona Maria*, do final do século XV, é receituário de grande riqueza, apesar de incompleto.

O primeiro livro de culinária impresso no país, *Arte de cozinha*, data de 1680. Seu autor, Domingos Rodrigues, foi "mestre de cozinha da casa real" ao tempo de Dom Pedro II (1683-1706). Teve várias edições, todas elas impressas em Lisboa. Somente em 1780, exatamente um século mais tarde, apareceria um segundo livro: *Cozinheiro moderno ou nova arte de cozinha*. Seu autor, Lucas Rigaud, era também *chef* da casa real portuguesa.

Portugal, nessa época, já havia exercido influência culinária no Extremo Oriente. Essa influência, porém, era mais marcada nos territórios de seu império colonial.[9]

Quanto ao papel da cozinha portuguesa na formação da brasileira, diz Gilberto Freire: "A base lusitana da cozinha brasileira é

---

8 Peter S. Feibleman, *Cooking of Spain and Portugal* (Nova York: Time-Life International, 1971), p. 10. (Série *Foods of the World*.)

9 Ver p. 145.

comum às demais cozinhas luso-tropicais – a oriental, a africana, a ameríndia –, condicionando diferentes expressões de simbioses nesse setor".[10]

Na Áustria e na Hungria, cultivava-se maior variedade de alimentos do que na Alemanha. Budapeste e Viena eram encruzilhadas de numerosas influências culturais: eslava, balcânica, mediterrânea e de toda a Europa Ocidental. Absorveram, assim, tradições culinárias das mais diversas regiões. O *Apfelstrudel* vienense, por exemplo, parece ter vindo da Hungria e antes da Turquia, sob a forma de *baklava*.

Vários autores afirmam ser o *croissant* originário de Budapeste. Sua forma seria uma referência à lua crescente da bandeira otomana e lembrança da vitória húngara sobre o invasor turco, em 1686.

A pastelaria vienense tornava-se conhecida. Hoje sua especialidade mais famosa, embora bem mais recente, é a *Sachertorte*, criada em 1832 por Franz Sacher, quando tinha apenas 16 anos e trabalhava para o príncipe Clemens von Metternich. Mais tarde, Sacher se tornaria proprietário do Hotel Sacher, o hotel vienense mais frequentado nos grandes dias do império.[11]

A páprica, atualmente essencial na cozinha húngara, foi trazida pelos turcos que ocuparam o país de 1526 a 1686. O seu uso só se generalizou no século XIX. Passou, então, a ser ingrediente indispensável do *gulyás*, nome genérico de vários pratos de carne picada e servidos sob a forma de sopa ou ragu.

Na Polônia, a burguesia, frequentemente de origem estrangeira, contribuiu muito para a maior variedade da culinária nacional. Depois da união com a Lituânia em 1596, a influência da cozinha lituana se fez sentir.

---

[10] Gilberto Freire, *Açúcar* (São Paulo: Companhia Das Letras, 1997), p. 33.

[11] Recentemente, o nome *Sachertorte* foi objeto de litígio. Discutia-se quem teria o direito de usá-lo. Os tribunais deram ganho de causa à família Sacher, e a receita original continua segredo e propriedade do Hotel Sacher. De qualquer forma, há diferentes versões dessa torta de chocolate, com recheio de geleia de damasco e cobertura de chocolate. Há quem considere a versão do Konditorei Demel's, também em Viena, a melhor.

Paolo Mucante, secretário do núncio apostólico Enrico Cardeal Caetano, escrevia então em seu diário: "Não posso acreditar que exista outra cidade com suprimento tão abundante e variado como Cracóvia".

O primeiro livro de cozinha verdadeiramente polonês, escrito por Stanislaw Czerniecki, intitulado *Compendium ferculorum*, foi publicado em 1682.

Nos reinos de Augusto II e Augusto III da Saxônia, difundiu-se o consumo do café, do chá, do chocolate e da batata. Esta já aparecera na Polônia durante o reinado de João III Sobieski (1673-1696). O consumo da batata, porém, permaneceu por algum tempo limitado às camadas superiores da sociedade.

Alguns padres tentaram convencer os camponeses de que o tubérculo era nocivo à saúde. Na verdade, temiam que a fécula de batata pudesse ser misturada à farinha de trigo, tornando-a inadequada para a preparação de hóstias.

O historiador Andrzej Wyczanski, descrevendo os hábitos alimentares da Polônia nos séculos XVI e XVII, notou um grande consumo de sal em todos os meios sociais.

O alemão Ulrik Wedum, que visitou o país em 1632, escreveu: "Nenhuma outra nação utiliza tanto sal e especiarias de todo tipo como os poloneses".

A partir do século XVIII, além do consumo de cerveja e de vodca, tomar vinho tornou-se moda. Nozes, passas e figos secos, vindos da Turquia, também eram saboreados.

Depois dos desmembramentos da Polônia, entre 1772 e 1795, as diferentes áreas sofreram influência culinária dos países ocupantes. As influências da Rússia e da Áustria foram as mais importantes.

O *bliny*, o *barszcz*[12] – a sopa de beterraba e creme de leite – e sobretudo o *bigos* – repolho, carne de porco, linguiça, toucinho defumado e vinho – são, há muito, preparados em todo o país. Há ainda o *bigos mysliwski*, à base de carne de caça.

---

[12] Grafia polonesa do *borsch*, de origem russa.

Na Inglaterra do século XVII, a aristocracia importava cozinheiros franceses, mas o restante da população continuava cozinhando de maneira monótona.

Nas principais cidades, os cafés se multiplicavam, tornando-se centros da vida política e cultural, se bem que com atmosfera completamente diferente da dos cafés de além-Mancha. No Hogarth's, em Londres, por exemplo, davam-se lições de latim todas as tardes para os que desejassem aprimorar seu nível de instrução. A clientela dos cafés londrinos, exclusivamente masculina, tendia a se especializar segundo as profissões.

Os homens ricos, porém, frequentavam clubes privados, onde o mobiliário era de luxo e as adegas continham farto estoque dos melhores vinhos. Alguns desses *gentlemen's clubs* são, até hoje, centros da vida política inglesa e exclusivos da vida social masculina.

O declínio dos cafés na Inglaterra foi provocado pela decisão do governo de promover o consumo do chá e, consequentemente, intensificar o intercâmbio com a Índia e com a China.

Desde o início do reinado de Carlos II, em 1660, a corte inglesa adotara o chá, introduzido por sua mulher, a portuguesa Catarina de Bragança.

Os ingleses preferiram o chá com açúcar, ao contrário dos chineses, que nunca o adoçam. Inicialmente, entretanto, poucos podiam consumi-lo. Muito caro, o chá era trancado em caixas especiais de ouro, prata ou madeira (*tea-caddies*), trazidas à sala para sua preparação. As baixas tarifas de importação e os preços mais acessíveis que os do café contribuíram para sua rápida difusão. Bules e xícaras foram importados do Oriente, e começou-se a usar chaleiras de prata e todo um equipamento para preparar o chá diante dos convidados.

A primeira casa de chá para senhoras foi aberta em Londres por Thomaz Twining, em 1717. Em 1743, inaugurou-se o Vauxhall Pleasures Gardens, onde sócios de ambos os sexos podiam assistir a espetáculos e concertos ao ar livre. O sucesso do Vauxhall foi tão grande que logo surgiram vários *tea-gardens* em Londres e arredores.

Samuel Pepys fala do chá em seu célebre diário, em 1667. Contudo, o hábito de consumir essa bebida só se generalizou na Inglaterra no século XVIII.

A partir de 1760, o chá passou a representar 80% da carga dos navios da Companhia das Índias da Inglaterra.

A Companhia das Índias intensificou a publicidade da bebida. O resultado foi tão espetacular que as Companhias das Índias da Holanda, da França e da Dinamarca foram também chamadas a transportar chá para satisfazer a demanda britânica.

Tomar chá na Inglaterra do século XIX não é mais costume que se limita à aristocracia e à burguesia. É parte também do cotidiano do proletariado e da população rural.

A China foi durante muito tempo o único produtor mundial de chá, fato que levou o governo britânico a intervir nos negócios internos chineses.

Os holandeses, entretanto, iniciaram no século XIX o cultivo do chá em Java, e os próprios ingleses o plantaram no Assam e no Ceilão.

A Inglaterra georgiana assistiu a grandes excessos da mesa. Os ricos comiam e bebiam desmedidamente. A gota era o preço que pagavam pelo alto consumo de carne e vinhos fortificados, como o porto e o xerez.

Em Londres, os mercados ofereciam enorme variedade de alimentos. Mas, em meio a essa prosperidade, os operários se entregavam à embriaguez, com gim fabricado nos fundos das casas dos bairros pobres. O mais grave é que esse gim quase nunca era feito de grãos fermentados e zimbro. Era uma mistura de substitutivos venenosos, como o ácido sulfúrico e a terebintina. O produto dessa fabricação ilícita causou grandes danos à saúde.

Outros males sociais afligiram os pobres na Inglaterra em meados do século XVIII. Sob o pretexto de aumentar as áreas cultivadas no país, foram tomadas medidas que só beneficiaram os grandes terratenentes. Muitos pequenos proprietários rurais se viram obrigados a migrar para as cidades, onde, eventualmente, vieram a constituir a força de trabalho da Revolução Industrial.

Enquanto isso, os preços dos alimentos subiam muitíssimo e a sua qualidade baixava. Passou-se a adicionar giz e alume ao pão para embranquecê-lo e a banhar legumes e verduras em soluções venenosas de cobre para torná-los mais verdes e atraentes.

Na França, entretanto, a cozinha se orienta para o apogeu. Aos cozinheiros reais havia sido impossível, até então, servir uma refeição quente. As cozinhas ficavam distantes dos salões onde se comia, e os pratos eram trazidos em procissão solene por longos corredores frios. Fanfarras acompanhavam a apresentação de cada prato.

Depois de 1715, ainda que as estruturas sociais mudem pouco, os costumes evoluem. Prazer, elegância, conforto e intimidade são mais importantes que a pompa. Em decorrência, a própria arquitetura evolui, e os palácios se dividem em pequenos apartamentos.

Luís XV apreciava tanto as refeições íntimas que, às vezes, nem mesmo os empregados eram admitidos nas salas em que comia. Introduziu o hábito do *petit souper*, uma ceia na qual, com seus convidados, podia desfrutar dos prazeres da mesa sem a rigidez protocolar. O próprio rei gostava de preparar alguns pratos. E, mesmo antes dele, o regente solicitava em certas ocasiões a ajuda de seus convidados na cozinha.

Para garantir o desenrolar de uma refeição com um mínimo de serviçais, criou-se uma série de móveis, tais como aparadores e pequenas mesas.

Com a valorização da intimidade, desenvolveram-se recursos capazes de reduzir o número de serviçais durante uma refeição ou até mesmo de dispensá-los por completo. Assim, adotou-se o uso de um elevador de pratos entre a cozinha e a sala de refeições e de um tubo acústico, através do qual se transmitiam as ordens.

Entrementes, a moda das refeições íntimas levava parte da aristocracia à adoção de solução imaginosa: a *table à confidences*. Dotada de um mecanismo complexo e de efeito teatral, a *table à confidences* chegava já servida à sala de jantar, trazida por um elevador que passava por um grande alçapão. A mesa descia à cozinha depois de cada serviço e voltava à sala de jantar preparada para o serviço seguinte.

Existe em Ulrikisdal, uma das residências reais nos arredores de Estocolmo, inteiramente restaurada, a *table à confidences* criada para os ágapes da prussiana Lovisa Ulrika, mulher do rei Adolfo Frederico da Suécia (1751-1771).

Entraram em voga as colações e os *ambigus*. Nas colações, servidas no final da tarde, predominavam os pratos doces. Os *ambigus, buffets* esplêndidos, geralmente frios, em que se serviam ao mesmo tempo pratos salgados e sobremesas, abandonavam o esquema convencional da refeição composta de vários serviços. A organização dos *ambigus*, entretanto, obedecia a esquemas bem definidos e a preocupações estéticas muito detalhadas.

Os anos da regência de Filipe de Orléans foram difíceis do ponto de vista político e econômico. No entanto, a regência e o reinado de Luís XV representam períodos de grande inventividade para a cozinha.

Generaliza-se na França o interesse pela boa mesa. Para os membros da nobreza e do novo mundo das finanças ter um cozinheiro significava poder oferecer a seus convivas pratos que eles nunca tivessem provado. Nota-se, desde então, a distinção entre a cozinha de cozinheira, feita de conhecimentos práticos e de tradição familiar, e a cozinha de cozinheiro, com ênfase na invenção e na reflexão.

No reinado de Luís XV, publicaram-se vários livros de cozinha. Os mais interessantes são: *Le cuisinier moderne*, de Vincent de la Chapelle, e *Dons de comus ou les délices de la table*, de publicação anônima, porém, sabidamente obra de François Marin, *maître d'hôtel* do Marechal Soubise.

Antes de aparecer na França, *Le cuisinier moderne* foi editado na Inglaterra, em 1733, sob o título *The Modern Cook*. Seu autor encontrava-se, então, a serviço de Lord Chesterfield. Trabalhou depois para o príncipe de Orange, genro do rei da Inglaterra.

Vincent de la Chapelle foi um *chef* viajante. Viveu também na Holanda, na Alemanha e em Portugal. Aplicou-se em transcender as fronteiras e em integrar a influência de várias culinárias à prática da cozinha francesa. Pode, assim, ser considerado pioneiro da atitude que orientou o trabalho de alguns *chefs* da *nouvelle cuisine*.

Dons de Comus era basicamente uma obra sobre serviço de mesa e gastronomia. Três anos depois de sua publicação, em 1742, Marin acrescentou ao livro três volumes de receitas, aos quais deu o título *Suite de dons de Comus*. A obra tem uma parte final intitulada *Idée de la cuisine et l'économie bourgeoise*, dirigida à burguesia de meios limitados. Não obstante, o *chef* Marin repele ainda a batata e a considera alimento que não pode fazer parte da cozinha requintada.

A boa mesa aos poucos tornava-se acessível à classe média, mais interessada em seguir o exemplo da aristocracia do que em ouvir as advertências de Voltaire contra os excessos no comer. A burguesia, contudo, logrou vulgarizar padrões culinários próprios. Alguns livros de cozinha são prenúncio de sua ascensão.

Em 1746, Menon publicou *Cuisinière bourgeoise*, no qual sugeria *menus* compostos de apenas dois ou três pratos. Foi o grande sucesso dos livros de cozinha do século. Com ele, Menon oferecia à burguesia possibilidade de fruir, ainda que de maneira bem mais modesta, das delícias da *haute cuisine*.

A própria atribuição do gênero feminino ao profissional encarregado da cozinha doméstica tinha conotações sociais. Só os que não eram bastante ricos para pagar salário de cozinheiro empregavam cozinheiras, chamadas então c*ordons-bleus*.

Em comparação aos seus livros *Nouveau traité de la cuisine* e *Les soupers de la cour*, Menon apresenta, em *Cuisinière bourgeoise*, receitas mais despretensiosas. Estas, embora simplificadas, representavam continuação da cozinha de palácio, pois a nobreza ainda criava os padrões de bom gosto. Diminuía, porém, a disparidade entre *haute cuisine* e *cuisine bourgeoise*.

A cozinha do século XVIII estava ainda imbuída do espírito alquimista, da busca da "essência", do "suco vital" que se oculta na intimidade dos alimentos. Assim, o fogão é às vezes comparado ao *athanor*, o forno alquimista destinado a transmutar os metais em ouro líquido. Portanto, não deve nos surpreender o fato de que para alguns cozinheiros do século XVIII, através da busca do molho perfeito, eles aperfeiçoariam a cozinha, a si mesmos e a própria humanidade.[13]

Na segunda metade do século XVIII ainda se jantava cedo, antes das quatro da tarde. Depois disso, começavam as visitas, jogos, colações e saídas para o teatro. Chegava, então, a hora das ceias e dos *ambigus*, que figuravam entre os principais acontecimentos sociais.

Para as elites, frequentar espetáculos noturnos tornar-se-á coisa rotineira. Consequentemente, a última refeição será servida cada vez mais tarde, e as outras a ela se ajustarão. O almoço, tradicionalmente matinal, será servido pelo meio-dia. Contudo, as horas das refeições do povo manter-se-ão estáveis. Assim, o horário de comer constituirá um elemento a mais de diferenciação social.

A sala especial para refeições é posterior a meados do século XVIII. Antes, essas eram servidas em salas com outras funções. As mesas eram desmontadas ou retiradas, e as cadeiras arrumadas junto às paredes, depois de cada refeição. As cadeiras eram desenhadas tendo em conta esse fato. Por isso, a parte da frente dos espaldares era, às vezes, ricamente esculpida, e a de trás, muito simples.

---

[13] A alquimia não se restringe à busca da pedra filosofal, que permitiria a transmutação dos metais em ouro. É uma corrente espiritual que se baseia na transformação da consciência por meio de sua relação com as forças do universo. Seu duplo objetivo é, pois, a purificação e transmutação psíquica e material.

Essa tradição se manteve mesmo depois de a sala de jantar ter se tornado comum no século XIX e de as cadeiras passarem a ficar permanentemente à volta da mesa.

Com a adoção de mesas destinadas às refeições, foi abandonado o uso de cavaletes para armá-las, e criaram-se os primeiros móveis de sala de jantar. Aparecem as mesas de jantar com extensões e outros móveis destinados a facilitar o serviço.

A terminologia das refeições não havia ainda mudado muito. Falava-se em primeiro serviço, segundo serviço, e não em primeiro prato, segundo prato; o que significava que tudo era posto na mesa a cada serviço e também que este era composto de vários pratos. As *entrées* constituíam os pratos principais e não o prato do início da refeição, como se poderia pensar. Os *entremets* já não eram os divertimentos da Idade Média, tampouco sinônimo de sobremesa, como se tornariam mais tarde. Eram geralmente pequenos pratos salgados, apenas uma minoria era doce. Tanto os *entremets* quanto os *hors-d'oeuvres* eram trazidos à mesa entre um serviço e outro.

Os *menus* da corte de Luís XVI eram grandiosos. Mais tarde, Carême publicaria alguns deles em seu livro *Maître d'hôtel français.*

A porcelana, até então trazida da China a alto custo, começava a substituir a faiança à mesa. A fórmula para o fabrico da porcelana, como vimos, foi descoberta na Europa somente no início do século XVIII pelo alquimista saxão Böttger. A manufatura de Sèvres viria a funcionar bem mais tarde, por volta de 1750.

No século XVIII, surgiu um molho inteiramente novo: a maionese. Sua criação é atribuída ao duque de Richelieu que, depois de conquistar Mahon, na Ilha de Minorca, em 1756, teria dado o nome *mahonnaise* ao molho de sua invenção. Segundo outros, Richelieu teria simplesmente trazido de Mahon a receita do molho que lá provara.

Simultaneamente, os franceses assimilavam outras novidades estrangeiras, tais como o caril indiano, o *roast-beef* e o caviar. O café se tornara hábito pela manhã e depois das refeições.

Até o começo do século XVIII, a preparação dos alimentos era feita sobre fogo de lenha e braseiros de carvão vegetal. Construía-se nas cozinhas um fogão chamado *potager*, com várias bocas. Esse tipo foi sendo substituído por um fogão de ferro fundido, geralmente aquecido por carvão mineral.

Os anos que precederam a Revolução Francesa assistiram à disseminação dos restaurantes. A Revolução, porém, criou uma demanda muito mais ampla quando as propriedades do *Ancien Régime* foram confiscadas ou fragmentadas e uma nova classe de frequentadores substituiu os aristocratas.

Além disso, os deputados revolucionários das províncias que não tinham casa em Paris costumavam reunir-se para comer nos restaurantes próximos ao Palais Royal e à rua Richelieu. Essa clientela numerosa e assídua, proveniente de diferentes zonas do país, influenciou a ampliação do repertório dos restaurantes parisienses e a assimilação por eles de pratos regionais até então conhecidos somente nas províncias.

Ao mesmo tempo, mudava o lugar para onde se convidava e onde se recebia. A cozinha elaborada do período pós-revolucionário dificilmente poderia ser reproduzida fora dos restaurantes, salvo em casas suficientemente ricas para prover ingredientes caros e manter muitos serviçais.

Vários restaurantes contrataram *chefs* antes empregados pela aristocracia, enquanto outros abriram seus próprios estabelecimentos. A partir de então, os *chefs* dos restaurantes desempenharão o principal papel na criação gastronômica e esta permanecerá predominantemente centrada em Paris.

A Revolução Francesa, indiretamente, deu ao país muitos de seus restaurantes, e estes, ao colocarem a *haute cuisine* ao alcance de quem tivesse dinheiro para frequentá-los, iniciaram processo de democratização da culinária. Com os restaurantes, a *haute cuisine* deixava de ser apanágio da aristocracia e dos palácios.

Antes da existência dos restaurantes, havia hotéis com um *menu* da *table d'hôte*, servindo refeições a uma determinada hora. Outros fornecedores de refeições eram os *traiteurs* que, em sua maioria, preparavam pratos para casas particulares e não vendiam refeições para serem consumidas *in loco*.

Em Paris, no Quai de la Tournelle, havia sido fundado em 1582 um albergue-taverna de alto nível chamado La Tour d'Argent. Muitos historiadores atribuem a ele a honra de ter sido o primeiro restaurante a existir. No entanto, La Tour d'Argent, nos seus primeiros tempos, não era mais do que uma taverna com o esquema tradicional de oferecer o *menu* da *table d'hôte*. Hoje, no mesmo local de sempre, La Tour d'Argent, sob o comando de Claude Terrail, é um dos mais famosos restaurantes do mundo.

Os cafés, em princípio, só serviam café. Proliferaram de tal maneira que, em 1750, havia cerca de 600 em Paris. Alguns passariam a servir refeições ligeiras, como ainda hoje fazem muitos deles. Mas tampouco eram restaurantes no sentido exato que se dá à palavra.

O termo *restaurant* consta ter sido criado em 1765 por Boulanger, proprietário de um *estaminet* da rua Poulies, atual rua do Louvre, em Paris. Boulanger, também conhecido como Champ d'Oiseaux, servia sopas quentes anunciadas como *restaurants*, ou seja, restaurativos. Acrescentava com humor, ao lado do anúncio de seus *bouillons restaurants*: "Venite ad me omnes qui stomacho laboratis et ego restaurabo vos".

Os restaurantes se distinguiam dos seus antecessores – *cabarets*, albergues e tavernas – pela limpeza, tranquilidade, espaço e decoração aprimorada. Mais importante ainda: punham a grande cozinha ao alcance de todos os que pudessem pagar por ela, ainda que esporadicamente.

Nas gravuras da época, nota-se espaço generoso entre as mesas dos restaurantes. Hoje, a maioria deles, sobretudo os franceses, piorou com relação ao espaço e à intimidade que oferecem. Raros são os que se abstêm de superpovoar suas salas e de dar aos frequentadores sensação de promiscuidade ruidosa.

O primeiro verdadeiro restaurante com uma longa lista de pratos preparados individualmente segundo a escolha do cliente – *à la carte* – foi aberto em Paris em 1782 por Beauvilliers, antigo *officier de bouche* do conde de Provence.

Sua clientela se compunha sobretudo de aristocratas, fato que causou seu aprisionamento por um ano e meio. Uma vez em liberdade, abriu La Grande Taverne de Londres.

Beauvilliers era grande apreciador da culinária inglesa. Afirmava que nada se inventa em matéria de cozinha e que são somente as expressões que mudam. No final de sua vida, publicou *L'art du cuisinier*, em dois volumes.

Em 1788, Meot, que havia estado a serviço do duque de Orléans, abriu um outro grande restaurante e lhe deu seu próprio nome. A Revolução fez de Meot um ardente jacobino e de seu restaurante um lugar de reunião dos homens do novo regime.

Pouco depois, abriram suas portas o Café Conti e o luxuoso restaurante Monsieur Véry. O Café Conti tornou-se, mais tarde, o Grand Vefour e incorporou o Monsieur Véry. O Grand Vefour continua até hoje ocupando o mesmo local, sob as arcadas do Palais Royal.

O Diretório, no poder entre 1795 e 1799, até a ascensão de Napoleão, longe de moderar a exuberância da mesa na França, muitas vezes ofereceu banquetes tão esplêndidos quanto os do *Ancien Régime*.

8
SÉCULO XIX
O apogeu dos padrões burgueses.
A indústria de alimentação

Embora Napoleão tenha sido o oposto do que se considera um *gourmet*, nunca perdeu de vista o fato de que uma boa refeição pode ser instrumento valioso em diplomacia. Sua última recomendação ao capelão Dominique de Pradt, quando este partia para negociar a paz de Amiens, foi: "Surtout, Monsieur, tenez bonne table".

As grandes mesas do império foram a de Talleyrand, ministro dos Negócios Estrangeiros, e a de Cambacérès, que tinha o título de arquichanceler.

Sempre que possível, Talleyrand dedicava uma hora para decidir, com Carême, o que seria servido ao jantar, que era o principal acontecimento do dia em sua casa. À composição de um *menu*, devotava cuidado comparável ao dos negócios de Estado. Consta que ele teria um dia exclamado: "Digam-me qual prazer é comparável ao de jantar, que se tem diariamente e dura uma hora!".

Marc-Antoine Carême nasceu em 1754. Filho de pais paupérrimos, foi por eles abandonado. Começou sua carreira com o *pâtissier* Bailly, experiência que marcou profundamente seu gosto e sua vida profissional. Passou muito tempo estudando e copiando gravuras de arquitetura clássica a fim de reproduzi-las na cozinha por meio de suas elaboradas *pièces montées.*

Carême gozou sempre de enorme prestígio. Serviu ao czar Alexandre I, o barão Rothschild, Jorge IV da Inglaterra e Luís XVIII. Recebia altos salários e era exigente a respeito das condições em que teria de exercer seu talento. Só trabalhava em casas particulares. Permaneceu muito tempo no castelo do barão Rothschild e lá passou os últimos anos de sua vida ativa.

A cozinha de Marc-Antoine Carême, apesar de seus aspectos complicados, representa contribuição no sentido da simplificação. Ele propõe a busca de combinações ideais de sabores, em vez de sua mera justaposição, característica da cozinha da Antiguidade e da Idade Média. Divulgou o conceito de que sabores e odores não podem ser julgados isoladamente, mas, sim, por seu inter-relacionamento, e fez um trabalho de codificação sem precedentes na história da *grande cuisine.*

Carême substituiu os complicados *coulis* do século XVIII por três molhos básicos: *espagnole, velouté* e *béchamel.* Além dos molhos à base de ovo (*mayonnaise, hollandaise* e *béarnaise*), a partir dos três molhos básicos preparava dezenas de molhos compostos.

Além dos livros sobre cozinha – *Le pâtissier royal, Le pâtissier pittoresque, Le maître d'hôtel français, Le cuisinier parisien* e *L'art de la cuisine au XIX siècle* –, escreveu: *Recueil d'architecture* e *Projets d'architecture.* Este último contém essencialmente projetos para São Petersburgo.

A arte culinária francesa atinge seu apogeu no século XIX. Os princípios de Carême, Dubois e Gouffé têm papel importante nessa evolução. Mas os livros de Urbain Dubois e de Jules Gouffé são mais claros e precisos do que os de Carême. Não obstante, os três autores realizaram um trabalho importante de refinamento e teorização da cozinha francesa.

A obra de Urbain Dubois (1818-1901), parcialmente escrita em colaboração com Émile Bernard, inclui: *La cuisine artistique, La cuisine classique, La cuisine d'aujourd'hui, La cuisine de tous les pays, École des cuisinières* e *Le grand livre des pâtissiers et confiseurs.*

Jules Gouffé (1807-1877) escreveu: *Le livre de cuisine, Le livre de pâtisserie, Le livre des potages* e *Le livre des conserves.*

Mencionam-se ainda, como livros importantes do século XIX, *Dictionnaire universel de cuisine et d'hygiène alimentaire*, de Joseph Favre, e *Le grand dictionnaire de cuisine*, de Alexandre Dumas (o pai).

Muitos *gourmets* do fim do século XVIII haviam se arruinado com a Revolução. Alguns, não podendo mais manter boas mesas, fundaram sociedades epicuristas ou passaram a escrever sobre gastronomia.

O trabalho desses escritores vinha satisfazer a demanda criada pelos novos ricos da Revolução, desejosos de conhecer as regras da gastronomia e da *haute cuisine.* Assiste-se, então, no início do século XIX, ao florescimento das obras de autores epicuristas.

Alexandre Grimod de la Reynière foi precursor desses escritores. Seu trabalho mais conhecido é o *Almanach des gourmands*, um guia dos restaurantes, *traiteurs* e lojas de especialidades em Paris. Publicou também *Le gastronome français, L'épicurien français* e *Manuel des amphytrions*, cujo prefácio foi escrito por Balzac.

Através do *Manuel des amphytrions*, De la Reynière divulgou o novo tipo de serviço chamado *à la russe*,[1] em substituição ao serviço *à la française*, em uso desde a Idade Média.

No serviço *à la française*, um sistema de *buffets* sucessivos, os pratos de cada um deles eram postos na mesa simultaneamente. No serviço *à la russe*, apresentavam-se os pratos e seus acompanhamentos, um a um, a cada conviva.

Antes os pratos esfriavam e os convivas nem sempre podiam degustar de tudo o que lhes apetecia. O serviço *à la russe*, introduzido em Paris em 1810 pelo príncipe Kourakine, embaixador da Rússia,

---

[1] Curiosamente, no Brasil o serviço *à la russe* é chamado *à la française.*

permitia simplificar os menus, diminuindo consideravelmente o número de pratos de uma refeição.

Dizia De la Reynière: "A maneira de servir um prato de cada vez é o refinamento da arte de bem viver. Pode-se, assim, comer os alimentos quentes por mais tempo e em maior quantidade, pois cada prato representa um centro único, para onde convergem todos os apetites".

Os escritores epicuristas tornaram-se *experts* na arte de comer e orientadores da opinião pública nesse campo. No entanto, foi Brillat-Savarin quem elaborou preceitos que o tornaram famoso como o filósofo da mesa.

Durante a Revolução Francesa, Brillat-Savarin mudou-se para a Suíça e depois para os Estados Unidos, onde ganhou a vida dando aulas de francês e tocando violino na orquestra de um teatro. Em 1796, voltou à França e depois da queda do Diretório, em 1799, foi nomeado por Napoleão juiz da Cour de Cassation. Seu livro *La physiologie du goût* foi publicado anonimamente em dezembro de 1825, quando Brillat-Savarin tinha 70 anos. Seria geral a surpresa quando se descobriu a identidade do autor, homem considerado exemplo de frugalidade e moderação. Em poucos meses, Brillat-Savarin se tornou famoso, e seu livro se converteu em um dos grandes clássicos do gênero.

Apesar do sucesso, muitos o consideravam um mero pedante. Carême dizia que Brillat-Savarin nunca soube comer, e Baudelaire afirmava que sua idiotice era tão grande quanto sua própria fama.

A palavra *menu*, no sentido gastronômico, já era empregada na França no século XVIII.[2] Porém, a utilização da palavra para informar os clientes de um restaurante do que lhes é proposto como refeição já estruturada, ou dar ideia aos convidados em casa do

---

[2] *Menu* vem do latim *minutus*, "resumido", "diminuto". Não deve ser confundido com o cardápio ou ementa (*carte*), que é a lista de tudo que um restaurante oferece. Um cardápio pode conter vários *menus* ou sugestões de refeições com seus diferentes serviços ou etapas.

que lhes será servido, só começa a se generalizar durante a Restauração (1814-1830). O *menu* originou-se do *écriteau*, ordem interna de serviço com o único objetivo de informar os empregados de uma casa da sequência dos pratos e vinhos a servir.

A aptidão dos cozinheiros da França, a partir do fim do século XVIII, manifesta-se quase que exclusivamente em seus restaurantes. Entre os melhores de Paris figuravam Beauvilliers, Meot, La Grande Taverne de Londres, Véry, Frères Provenceaux e Le Rocher de Cancale.

Na época de Bonaparte, os cafés e restaurantes já faziam parte importante da vida parisiense, e a fama de alguns deles se espalhara pela Europa.

Além dos restaurantes já mencionados, havia no Palais Royal e imediações um bom número de cafés famosos: Café de la Régence, Café des Mille Colonnes, Café Lemblin e Café de la Rotonde.

Durante o reino de Luís Filipe (1830-1848), os cafés do Palais Royal perderam importância e muitos fecharam suas portas. Após a revolução de julho de 1830, os *grands boulevards* asfaltados, com lojas de luxo e iluminados a gás, entraram em moda. Nessa área, instalaram-se os estabelecimentos elegantes, entre os quais o Café de Paris, o Café Riche e o Café Hardy. O Café du Divan era local de encontro de escritores e artistas, como Balzac, Théophile Gautier e Berlioz.

A moda do absinto chegou à França em meados do século, levada por soldados que retornavam da Argélia. O absinto, preparado com folhas da planta aromática do mesmo nome (*Artemisia absinthium*), tomado em excesso causava o absintismo, que podia, entre outros sintomas, levar à loucura e à cegueira. Somente em 1915 seria proibida a sua venda. Hoje, há sucedâneos, tais como *pastis, anis, ouzo*, que igualmente adquirem coloração leitosa, quando diluídos com água. Não têm, entretanto, os efeitos maléficos característicos do absinto.

Desde que desenvolveu capacidade de acumular alimentos com a prática da agricultura, a humanidade deparou-se com o problema de preservá-los. Por muitos séculos, os métodos de conservação de alimentos se limitaram à secagem ao sol, à defumação, à salgadura e à utilização do vinagre e do açúcar. Essas técnicas, além de implicarem perda ou alteração do sabor original dos alimentos, destituíam-nos de seu valor nutritivo.

No início do século XIX, para alimentar melhor a Grande Armée em suas campanhas, Napoleão ofereceu prêmio de vulto a quem inventasse um processo para conservar mantimentos por longo período.

O prêmio coube a Nicolas Appert, autor do livro *L'art de conserver les substances animales et végétales*, após demonstrar que alimentos fervidos em recipientes de vidro e, em seguida, fechados hermeticamente se conservavam por meses.

Pouco depois, o inglês Peter Durand teve a ideia de substituir os recipientes de vidro, de transporte pouco prático, por latas. Desde então, a produção de alimentos enlatados se aperfeiçoaria muito. Essa técnica, somada à pasteurização, abriu amplos horizontes à indústria de alimentação.

Inicialmente, a indústria de enlatados teve pouco impacto no consumo doméstico, pois esses produtos eram caros. Por outro lado, a maior parte das conservas em lata, bem como dos produtos da indústria de biscoitos, era consumida pelas Forças Armadas. A expansão do colonialismo, das viagens e da Marinha mercante incrementaria a produção desses alimentos.

Na Inglaterra do início do século, George IV, alheio às privações do povo, construía e renovava residências reais. Sua maior extravagância foi o Pavilhão Real de Brighton. Para a monumental cozinha do Pavilhão, contratou os serviços de Marc-Antoine Carême, pagando-lhe altíssimo salário. O grande *chef*, porém, despediu-se depois de alguns meses, pois considerava *trop bourgeois* o gosto de Sua Majestade.

A prosperidade do Império Britânico, que viria a englobar um quarto das terras e da população do mundo, já era evidente no início da era vitoriana. Entretanto, mesmo na capital do império, muitos viviam à margem dessa prosperidade.

A década de 1840 foi chamada "os anos da fome". Os salários chegaram ao mais baixo nível do século, e a miséria assumiu proporções alarmantes. A praga que destruiu as plantações de batata da Inglaterra e da Irlanda ocasionou a fome de 1845 e 1846.

As condições habitacionais e sanitárias nos bairros proletários eram críticas. Uma grande parcela da população desses bairros vivia em casas de um só cômodo, por vezes abrigando mais de uma família.

Em contrapartida, a Revolução Industrial havia criado uma classe média abastada e imitadora da aristocracia. Pela primeira vez produziam-se móveis e objetos de decoração em série. A burguesia vitoriana os consumia de maneira desmesurada, criando interiores extremamente sobrecarregados. Aos objetos da era industrial se juntavam os trazidos do *grand tour*.[3]

Difundiu-se o uso das baixelas de metal prateado (*sheffield plate*), com a mesma aparência das de prata de lei e muito menos custosas.

Da mesma maneira, a porcelana pintada à mão era substituída pelos vistosos serviços produzidos em série e decorados segundo a técnica do *transfer print*.[4]

Na era vitoriana, passa-se da simples observação de maneiras propiciadoras de convivência agradável à prática de um código

---

[3] O *grand tour*, viagem realizada pelos jovens abastados com o intuito de completar sua educação, tinha, nesse meio privilegiado, conotações que o assemelhavam a um rito de passagem. Ensejava um contato com as raízes do mundo clássico, fato importante na formação do gosto da elite, na arquitetura e nas artes em geral. Ademais, com a miscelânia comprada no *grand tour* vinham também objetos que enriqueceram o patrimônio artístico do Reino Unido.

[4] Datam de 1780, feitos em Shropshire, os primeiros serviços branco e azul decorados segundo a técnica *transfer print*. Já no início do século XIX, criara-se um extenso mercado para esse tipo de serviços, e inúmeras fábricas os produziam.

minucioso de regras e convenções. Essa etiqueta rígida, impregnada de pudicícia, tem também função de barreira social. A maneira de falar, de vestir, a habilidade em utilizar os talheres e a postura à mesa classificam os indivíduos.

Homens e mulheres sentavam-se separados, em lados opostos da mesa. Paulatinamente, a exemplo do que era de praxe no Continente, adotou-se a maneira de sentar os convidados alternando homens e mulheres. Tal prática era então chamada de *dining promiscuously*.

Ao final da sobremesa, as senhoras se retiravam da sala de jantar para o banheiro – por eufemismo denominado *powder room* – ou para outra sala onde era servido o chá. Os homens permaneciam à mesa para os brindes e, eventualmente, as conversas picantes.[5]

Essa reunião masculina muitas vezes se prolongava, e o efeito diurético do *champagne* e dos outros vinhos podia se manifestar. Por isso havia, num compartimento do aparador, ou por detrás das cortinas, urinóis para quem os necessitasse. Os cavalheiros podiam, assim, se aliviar sem ter que interromper a conversação!

Em 1784, em *Journey through England and Scotland to the Hebrides*, o francês Faujas de Saint Fond descreveu, admirado, tão peculiar costume.[6]

Quando não se desejava a presença contínua de empregados na sala, usavam-se pequenos móveis auxiliares chamados *dumb waiters*, ou seja, criados-mudos. Vale lembrar que as confidências e intrigas ouvidas pelos criados podiam ser vendidas. O preço variava de acordo com a gravidade do assunto e a importância das personagens envolvidas.

Com o advento da luz elétrica, o jantar passou a ser servido mais tarde, e em meados do século XIX surgiu o chá ao final da tarde. Originariamente exclusivo das senhoras, o chá vespertino se transformou em outra refeição, com bolos, sanduíches e biscoitos.

---

5 A classe alta mantém inalterados os hábitos descritos neste parágrafo.

6 Ver *The Georgian House* (Edimburgo: National Trust of Scotland, 1994), p. 8.

Para a burguesia vitoriana, o lar representava um refúgio ameno onde a vida era codificada segundo a interpretação vitoriana dos princípios cristãos. Nesses oásis de segurança e bem-estar, cunhou-se a expressão *home sweet home*.

Nos lares abastados, a vida social dos pais era facilitada pela existência das *nurseries*, onde viviam as crianças e os empregados encarregados de cuidá-las e educá-las.

Londres desenvolveu indústria bem diferente da de outras cidades inglesas. Distante das minas de ferro e de carvão, suas fábricas voltavam-se mais para a produção de bens de consumo e de luxo.

Os serviços ocupavam mais pessoas do que os outros setores da economia. Nesse campo, porém, nenhuma atividade suplantava o serviço doméstico. Uma família burguesa abastada, via de regra, tinha mais de vinte empregados. A maioria recrutada no campo.

Estima-se que os gastos com moda, bailes, recepções e eventos diversos, durante a *London season*, criavam cerca de um milhão de empregos sazonais. Uma vez terminada a *season*, que tradicionalmente ia de abril a agosto, a maior parte dessa mão de obra ficava desempregada.

Uma das funções da *London season* era dar a jovens da aristocracia a oportunidade de sair do isolamento rural e de encontrar possíveis pretendentes ao casamento. Essa temporada também ensejava convivência entre a aristocracia rural e os novos endinheirados da sociedade industrial. Banqueiros e homens de negócios, desejosos de união com famílias aristocráticas, gastavam fortunas em festas.

Contudo, havia muitos mendigos em Londres, e entre eles eram numerosas as crianças mutiladas em acidentes de trabalho. As condições de segurança no trabalho eram precárias e a jornada era de doze a catorze horas.

A prostituição infantil atingia proporções inéditas. Geralmente, os menores provinham de famílias pobres, entre as quais era comum viverem dez a doze pessoas em um mesmo quarto. Muitas meninas eram vendidas para os bordéis de Bruxelas, centro importante da prostituição infantil.[7]

A adulteração dos alimentos tornou-se um problema grave, sobretudo para os que não podiam comprar os produtos da melhor qualidade. Chá podia ser misturado com folha de batata, chocolate com pó de tijolo, farinha de trigo com gesso, massa de pão com alume e leite com água e giz em pó.

Friedrich Engels, em *The Condition of the Working Class in England in 1844*, e anteriormente Frederick Accum, em *Treatise on the Adulteration of Food and Culinary Poisons*, analisaram a má qualidade da alimentação do proletariado nas cidades industriais inglesas e o problema da adulteração dos alimentos.

A adulteração decorria, em parte, de um fato novo: um número crescente de pessoas distanciadas das atividades rurais e, portanto, cada vez mais dependentes de outras para se suprirem de alimentos.

Nesse novo contexto, não existiam ainda meios legais de controle da qualidade dos alimentos. Só em 1860 seria aprovado o *Adulteration Act*, instrumento legal que regulou a função de analista de alimento.

Em tentativa de coibir a adulteração, organizaram-se campanhas contra comerciantes que vendiam produtos adulterados, publicando-se seus nomes e endereços.

Isabella Beeton,[8] no *Englishwoman's Domestic Magazine*, aconselhava suas leitoras, geralmente da classe média, a só comprarem de "comerciantes de boa reputação" e de preferência em domicílio, o que lhes permitiria examinar cuidadosamente o que fossem comprar.

---

7 Wolf Von Eckardt, Sander Gilman & Edward Chamberlin, *Oscar Wilde's London* (Nova York: Doubleday & Company, 1987), p. 248.

8 Isabella Beeton, *Beeton's Book of Household Management*, 1861.

A adulteração constituiu uma barreira psicológica para a aceitação mais ampla dos produtos industrializados. A adoção de mercadorias rotuladas, com marca, e a utilização de testes para garantir a integridade dos alimentos contribuíram para coibi-la.

Afirma-se que os primeiros alimentos industrializados eram insípidos, fato que dificultava a sua aceitação. Entretanto, era necessário persuadir os consumidores a adotar novos padrões alimentares. A fim de criar um mercado para toda uma nova gama de produtos, desenvolveram-se a publicidade e suas técnicas. A publicidade surgia também para compensar a distância entre o produtor e o consumidor, decorrente da produção em massa e do sistema de venda por atacado da sociedade industrial.

Buscando ao mesmo tempo ganhar maior confiança do comprador, os rótulos e a publicidade destacavam as medalhas e os prêmios recebidos pelo produto em feiras e exposições. Os consumidores eram aconselhados a recusar as imitações e a exigir o produto "verdadeiro".

Ao surgirem alimentos parcial ou inteiramente processados, e mesmo alguns prontos para serem consumidos, grande parte do trabalho de preparação das refeições passava a ser feito fora de casa. Iniciava-se o processo de profundas transformações na culinária, nos hábitos alimentares e na estrutura doméstica. O *breakfast*, mais do que as outras refeições, evidenciava a afluência da indústria de alimentação.

Em 1869, depois de uma epidemia que dizimou o gado francês, a manteiga se tornou escassa e cara. Napoleão III ofereceu um prêmio a quem inventasse um substituto para a manteiga. Esse estímulo teve como resultado a criação da margarina, produto de conservação fácil e de duração mais longa do que a manteiga. Inventou-a o químico francês Hippolyte Mège-Mouriès.

Inicialmente fabricada apenas com gorduras animais, a composição da margarina mudou quando, na primeira década do século XX, descobriu-se um método para solidificar óleos vegetais e de peixe por hidrogenização. A partir de então, qualquer óleo pode entrar na fabricação de margarina, uma vez que o sabor, o cheiro, a cor e outras propriedades das matérias-primas são inteiramente removidas no processamento. Na fase final da fabricação, para que a margarina obtenha a maior semelhança possível com a manteiga – sabor, odor, consistência, cor –, recorre-se a aditivos.

Lembra-nos Margaret Visser[9] que a invenção da margarina, produto em que as matérias-primas adquirem um caráter novo através de aditivos depois de serem reduzidas a um estado de absoluta neutralidade, representa um marco no surgimento da gigantesca indústria de alimentação.

Em meados do século, diminuiu consideravelmente o consumo dos grãos integrais. Isso teve sérias consequências: menos fibra na dieta e perda de grande parte do valor nutritivo do trigo e de outros cereais.

Nos países de dieta à base de arroz, o que se comia antes de 1850 era o arroz integral, geralmente pilado em casa, para consumo imediato. Com o desenvolvimento da indústria de beneficiamento, grande número de pessoas passou a consumir o arroz branco. A indústria de beneficiamento, porém, não se limitou a remover a casca do arroz. Começou também a poli-lo, pois o arroz sem polimento não pode ser armazenado por muito tempo.

Um dos resultados do amplo consumo de arroz polido, pobre do ponto de vista nutritivo, foi um número alarmante de casos de beribéri. Só em 1910 percebeu-se que o beribéri era causado por deficiência de tiamina ou vitamina B1 e que comer arroz integral seria a solução do problema. Em decorrência, sugeriu-se adicionar vitamina B ao arroz beneficiado. Essa prática, entretanto, foi mais difundida nos países industrializados, onde o arroz tem menor importância na dieta.

---

9 Margaret Visser, *Much Depends on Dinner* (Londres: Penguin Books, 1989), p. 105.

Até hoje, em países com alimentação à base de arroz, milhões de pessoas que não têm acesso a uma dieta diversificada sofrem de deficiência alimentar devido ao hábito de comer arroz polido.

Na França, depois do plebiscito de 1852, Napoleão III subiu ao trono. Decidiu fazer de Paris "la ville unique au monde". De fato, em poucos anos Paris seria a metrópole mais cosmopolita da Europa.

Os *grands boulevards* se tornariam o centro da vida parisiense, tal como havia sido o Palais Royal cinquenta anos antes.

Haussmann, num trabalho urbanístico pioneiro, transformou radicalmente o traçado da cidade, abrindo grandes avenidas e amplos bulevares.

A Exposição Universal de 1855 deu grande estímulo à indústria hoteleira. Já então havia em Paris mais de mil restaurantes e número maior ainda de cafés.

O Petit Moulin, na área dos Champs-Elysées, era um lugar onde se ia não só pela qualidade da cozinha, mas também para ver gente e ser notado. O Café de Paris, fechado em 1856, era ponto de encontro nas novelas de Balzac. Inúmeras personagens de romances da época haviam jantado em suas salas.

Era, porém, nas *guinguettes* que uma refeição custava menos. Para os estudantes, havia os pequenos restaurantes baratos do Quartier Latin e as *pensions bourgeoises.*

Por volta de 1860, apareceu um tipo de restaurante popular chamado *bouillon.* Nos *bouillons,* a fim de diminuir ao máximo o preço da refeição, os clientes habituais usavam seus próprios talheres e guardanapos.

As caixas de madeira em que se guardavam esses objetos podem ser vistas em alguns restaurantes do gênero, cujas instalações chegaram aos nossos dias. Chartier, na rua do Faubourg Montmartre, é um dos poucos sobreviventes do estilo.

No severo inverno de 1870-71, Paris foi sitiada pelo exército alemão. O preço dos víveres subiu vertiginosamente. Por causa do bloqueio, tornou-se impossível comprar carne. Já desde outubro de 1870, um mercado especial vendia carne de cavalo.

O Jardim Zoológico de Paris começou a vender seus animais, pois não tinha com que alimentá-los. Quase todos foram comprados por um açougueiro do Boulevard Haussmann, chamado Deboos. Mais grave ainda: no auge da crise, na praça do Hôtel de Ville, havia um mercado de ratos.

Os parisienses se conformaram em comer coisas inusitadas e repugnantes. O jornal *Les Nouvelles*, em 4 de dezembro de 1870, publicou o *menu* de um grande jantar, ao qual estiveram presentes várias personalidades, entre elas o naturalista Saint-Hilaire. Constavam do *menu* os seguintes pratos:

Consommé de cheval
Brochettes de foie de chien
Émincé de râble de chat sauce mayonnaise
Filet de chien sauce tomate
Civet de chat aux champignons
Côtelettes de chien aux petits pois
Salmis de rats à la Robert
Gigot de chien flanqué de ratons
Salade d'escaroles
Bégonia au jus
Plum pudding au jus et à la moelle de cheval

O Natal e o Ano-Novo chegaram com Paris ainda sitiada pelas tropas alemãs. Alguns restaurantes serviram a carne dos últimos animais do Jardin des Plantes, nas festas desse fim de ano.

Guy de Maupassant, em seu conto *Deux amis*, descreve a penúria que tomara conta da capital francesa: "Paris estava sitiada, faminta e sem alento. Os pardais rareavam nos telhados e os esgotos se despovoavam. Comia-se qualquer coisa".[10]

Em janeiro de 1871 foi assinado o armistício, e os parisienses foram saindo do pesadelo de tantas privações.

---

[10] Guy de Maupassant, *Deux amis* (Paris: Booking International, 1993), p. 291.

Os restaurantes passarão por fase de contínua prosperidade até a Segunda Guerra Mundial. No começo da Terceira República (1870), o mais famoso, dentre todos eles, era o Café Anglais, secundado pelo Maison Dorée, pelo Café Riche e pelo Café Hardy.

O Café Anglais empregava *chefs* excelentes, entre os quais Dugléré, criador do *sole dugléré*. Num de seus salões foi servido, em junho de 1867, o banquete chamado "jantar dos três imperadores". Entre os presentes estavam o czar Alexandre II, o czaréviche – futuro Alexandre III – e o rei da Prússia – futuro imperador Guilherme I. Uma réplica da mesa em que foi servido esse jantar encontra-se no andar térreo do La Tour d'Argent.[11]

Depois da guerra franco-prussiana, a Exposição Universal de 1878 foi para os franceses um símbolo de recuperação nacional. Paris prosperava, e seus hotéis e restaurantes estavam sempre repletos.

Em 1886, Auguste Fauchon fundou a loja Fauchon, na Place de la Madeleine. Até hoje é a *delicatessen* de maior prestígio do mundo. Fauchon, além de *traiteur*, pois vende pratos preparados pela própria casa, oferece uma lista imensa de vinhos e de outras bebidas, comestíveis os mais exóticos, frutas raras como jenipapo da Bahia, *durian* da Tailândia, tamarindo da Indonésia e romã do Punjab. Nos últimos anos, a empresa Fauchon ampliou suas atividades – tem também restaurante.

No final do século, a maior parte dos restaurantes da moda se localizava perto da Madeleine. Na rua Royale, dois deles simbolizavam a euforia da época: o Weber e o Maxim's. Este, atualmente com sucursais em várias capitais do mundo, já havia se tornado célebre pelo seu lado mundano efervescente e pela opereta de Franz Lehár, *A viúva alegre*. No Weber, ponto de encontro de expoentes do mundo

---

[11] Quando o Café Anglais fechou, em 1913, seu proprietário era o avô de Claude Terrail, atual proprietário do La Tour d'Argent.

artístico e literário, a atmosfera era menos frívola. Frequentavam--no Proust, Debussy e Curnonsky.

A culinária francesa atingiu seu apogeu na segunda metade do século. É justo lembrar que as realizações da *cuisine bourgeoise* do século XIX são tão importantes quanto as dos restaurantes. Muitos autores afirmam que era nas casas dos burgueses abastados onde melhor se comia em Paris.

Apesar de serem objeto do desdém de alguns *chefs*, cozinheiras talentosas e exigentes com relação aos produtos que utilizavam, exercendo sua profissão num meio onde a boa mesa era considerada condição essencial para a estabilidade do lar, discretamente consolidaram as bases de uma cozinha menos aparatosa e mais realista.

Desde o Segundo Império (1852-1870), o almoço de negócios e os banquetes políticos já eram práticas habituais. Em 1900, entretanto, um banquete oferecido pelo Presidente da República, no Jardim das Tulherias, a cerca de 22 mil prefeitos, atingiu proporções inéditas. Para o evento, foi montada uma enorme extensão de toldos e preparados mais de sete quilômetros de mesas. O diretor de *Potel et Chabot*, famoso *traiteur*, supervisionou o serviço circulando de automóvel entre as mesas, enquanto 1.800 *maîtres d'hôtel* desempenhavam suas tarefas deslocando-se em bicicletas!

Na virada do século, havia cerca de 1.500 restaurantes em Paris, milhares de negociantes de vinho, mais de 20 mil cafés e cervejarias. Paris se tornara, então, "la ville unique au monde".

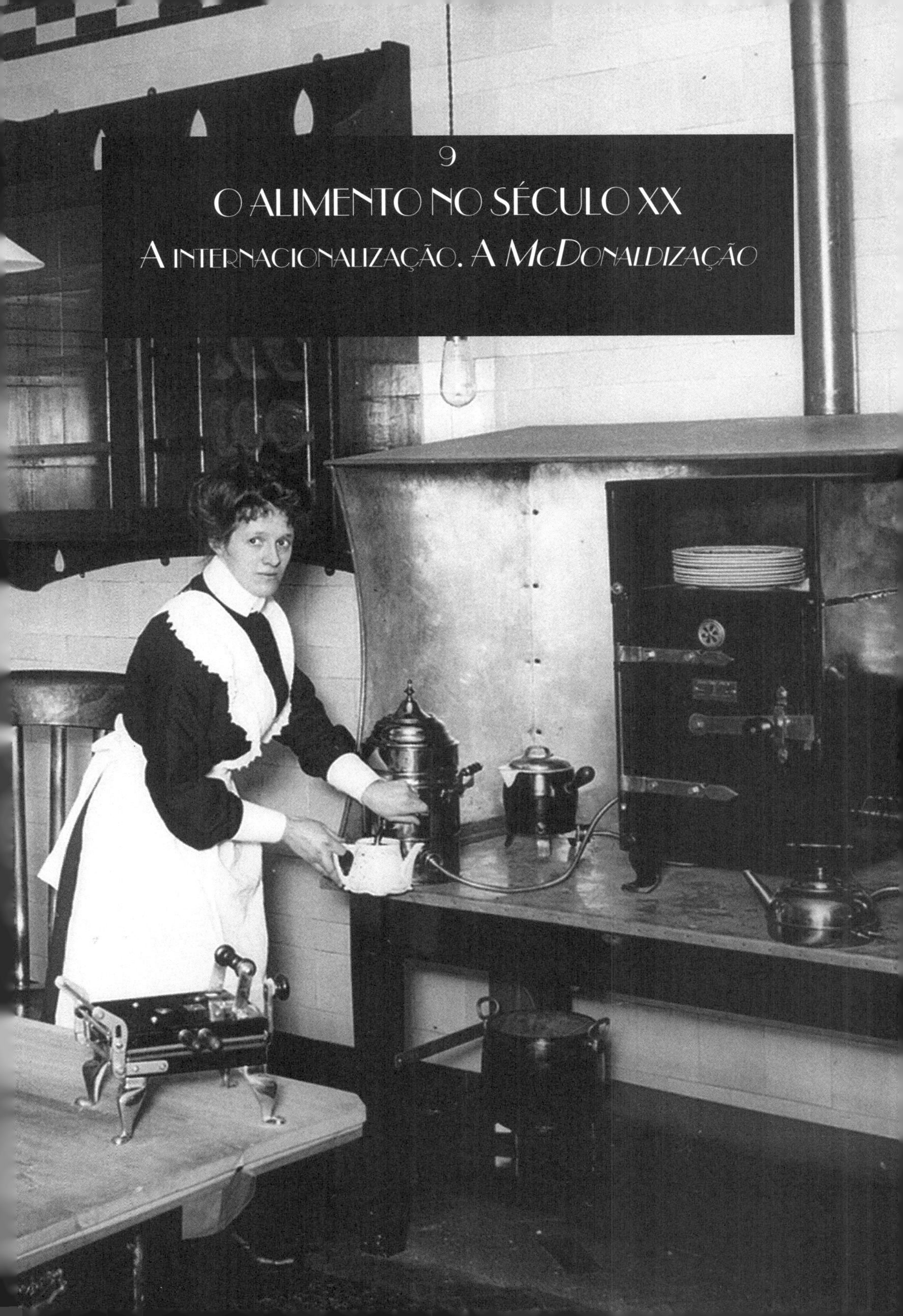

9

O ALIMENTO NO SÉCULO XX

A INTERNACIONALIZAÇÃO. A *McDONALDIZAÇÃO*

O início do século XX foi tempo de muito movimento, no sentido social e geográfico. O transporte ferroviário, muito mais rápido do que até então, permitia viagens confortáveis, em vagões luxuosos. As famílias abastadas percorriam a Europa e passavam temporadas em estações de águas, nas praias, nas montanhas, conforme a época do ano.

As curas termais estavam em voga, incentivando a proliferação de hotéis que buscavam recriar para uma clientela privilegiada o fausto comparável ao do *Ancien Régime*. Vichy, Spa, Baden-Baden, Bath, Aix-les-Bains, Carlsbad faziam parte dos roteiros elegantes.

Simultaneamente à moda das águas termais, divulgava-se a do banho de mar sob prescrição médica. Banhos de mar e curas termais eram considerados verdadeiras panaceias.

Os banhos de mar, tomados em horas muito matinais, eram vistos segundo uma perspectiva completamente diferente da de hoje. Não se buscava o bronzeamento. As praias menos ensolaradas e mais frias do Atlântico Norte eram as mais procuradas. Na costa do Mediterrâneo, a temporada se estendia do outono à primavera. Somente a partir de 1931 os hotéis da Côte D'Azur começaram a abrir durante o verão.

Intensificavam-se as viagens transatlânticas. A bordo dos grandes navios, a cozinha era de alto nível e as bebidas da melhor qualidade. A Europa entrava na era do automóvel, mas viajar de carro era ainda uma aventura.

Em 1900, o francês André Michelin, fabricante de pneus, teve a ideia de aliar à propaganda de seus produtos a publicação de um manual de endereços de hotéis, restaurantes, postos de gasolina e oficinas mecânicas. Desde então, esse guia passou por profundas transformações. Hoje, há guias *Michelin* para vários países.

Pioneiro dos guias turísticos, com uma variedade de símbolos que informam de maneira concisa o turista sobre diversas coisas que possam interessá-lo, o *Guide Michelin* transformou-se em modelo para os inúmeros guias hoje existentes, mesmo para os que são de estilo mais moderno e leitura mais agradável.

Os guias que surgiram depois da Segunda Guerra Mundial, além de considerações gastronômicas propriamente ditas, descrevem os restaurantes, sua decoração, ambiente e o estilo da cozinha de seus *chefs*.

As viagens de automóvel e os guias turísticos favoreceram a descoberta das cozinhas regionais, a descentralização dos modelos culinários e a associação do turismo à gastronomia. A visita de um castelo, de uma catedral ou de um museu será combinada facilmente com a descoberta de pratos e de vinhos regionais.

Começam a aparecer restaurantes famosos em aldeias e proximidades de estradas, ensejando o aparecimento de verdadeiras dinastias culinárias, com papel importante na evolução da gastronomia. A grande cozinha irá inspirar-se cada vez mais na cozinha popular e na cozinha burguesa das regiões da França.

Na virada do século, George Auguste Escoffier e Cesar Ritz foram os grandes expoentes da boa mesa na Europa. O primeiro, francês, filho de um ferreiro da Provença, nasceu em 1846. O segundo, filho de camponeses, nasceu em 1850, numa aldeia perto do passo Simplon, na Suíça.

Quando Ritz convidou Escoffier para ser *chef* do Grand Hôtel em Monte Carlo, ambos já eram nomes conceituados. Ritz foi o primeiro administrador daquele hotel. Aos poucos, expandiu seus negócios, passando a gerir hotéis em Baden-Baden, San Remo, Londres, Frankfurt, Biarritz, Roma, Palermo, Madri, Cairo e Johannesburgo.

As mudanças da culinária profissional verificadas no final do século XIX devem-se em grande parte a Escoffier. Seu livro *Guide culinaire* tornou-se obra indispensável na *haute cuisine*, sobretudo para o treinamento de cozinheiros profissionais.

Suas inovações na organização da cozinha profissional visavam os seguintes objetivos: especialização da atividade culinária em setores, íntima interdependência da equipe e abreviação do tempo de preparação dos pratos.

Escoffier racionalizou o trabalho na cozinha profissional, dividindo-a em cinco setores interdependentes: o do *garde-manger*, responsável pelos pratos frios e pelo suprimento de toda a cozinha; o do *entremettier*, incumbido das sopas, legumes e sobremesas; o do *rôtisseur*, encarregado dos assados, bem como dos pratos grelhados e fritos; o do *saucier*, responsável pelos molhos; e o do *pâtissier*, que responde pelo preparo da pastelaria necessária aos vários setores da cozinha.

Entrevistado pela revista inglesa *Home Chat*, em março de 1902, Escoffier definiu *chef* e cozinheiro. Segundo ele, um cozinheiro, mesmo sendo capaz e experiente, não possui necessariamente as qualidades de um *chef*.

Um *chef*, dizia Escoffier, é um artista e administrador. Suas obrigações cotidianas compreendem determinar as compras, planejar os *menus* e distribuir o trabalho entre o pessoal da cozinha, que pode chegar a dezenas de pessoas. Deve ainda supervisionar a execução dos pratos e trocar ideias com o *maître d'hôtel*. Todos os pratos passam pelo seu exame e crítica. Um *chef*, porém, não pode dirigir trabalhos que ele mesmo não seja capaz de executar. Necessita, portanto, além de sensibilidade artística e paladar apurado, de conhecimento amplo de tudo o que se relacione com a cozinha. Só quem faz da cozinha o seu supremo interesse, dedicando-lhe anos de estudo e de trabalho, torna-se um *chef*.

Escoffier teve também grande influência na simplificação dos *menus*. A maneira como se estrutura hoje uma refeição reflete, igualmente, suas propostas divulgadas em colunas de jornais e no seu *Livre des menus*. Publicou ainda dois outros livros: *Ma cuisine* e *Carnet d'Épicure*.

Não era o único a postular a simplificação, pois participava de uma tendência bem nítida de vários *chefs* de seu tempo. Prosper Montagné, entre outros, também se opunha à complicação culinária e aos pratos excessivamente elaborados. Contudo, apesar de um sensível declínio no uso de *roux*, os *fonds de cuisine*[1] ainda eram de uso corrente.

A respeito da difusão mundial da cozinha francesa, Escoffier diz em suas memórias haver "semeado" cerca de 2 mil cozinheiros pelo mundo. Iniciava-se, no final do século XIX, um verdadeiro nomadismo dos cozinheiros, fato que facilitará a divulgação dos princípios da *haute cuisine*.

Por ocasião de uma temporada de cura em Baden-Baden, o rico empresário teatral Richard D'Oyly Carte, que estava planejando a construção do Hotel Savoy em Londres, ficou tão impressionado com a maneira pela qual Cesar Ritz, associado a Escoffier, dirigia seu hotel e restaurante, que os convidou a participar de seu projeto londrino.

---

1 O *roux* confere espessura a certos molhos e sopas. É preparado com manteiga derretida ou outra gordura e farinha de trigo, cozidas juntamente. Os molhos à base de *roux* mais conhecidos são: *béchamel*, *espagnole* e *velouté*. Os *fonds de cuisine*, utilizados sobretudo para dar sabor aos molhos, são preparações líquidas, obtidas pela cocção lenta de peixe ou de carnes, suas aparas, ossos e legumes.

D'Oyly Carte tinha especial atração por projetos arrojados, com toque de pioneirismo. Em 1881 abrira, também em Londres, o Teatro Savoy, o primeiro no país a ter luz elétrica.

O Hotel Savoy, famoso até hoje, era o primeiro a oferecer conforto moderno e um restaurante de grande luxo. Era o único da Europa equipado com um grande número de banheiros. Tinha 70. O hotel mais próximo do Savoy, em termos de luxo e conforto, tinha apenas 4 banheiros para 500 hóspedes!

Ritz introduziu no Savoy, além de um serviço impecável, música das melhores orquestras durante o jantar, traje a rigor obrigatório e outras inovações. No Savoy, os mínimos detalhes eram cuidadosamente pensados. A iluminação, aspecto hoje negligenciado em muitos restaurantes, era planejada de tal forma que realçasse não só o ambiente, mas também o aspecto de seus frequentadores. Assim, a classe alta inglesa, que não frequentava hotéis e restaurantes, quando em seu próprio país, foi atraída pelo requinte do Savoy.[2]

Os ingleses habituaram-se a jantar nos novos hotéis de luxo e a apreciar as especialidades da cozinha continental. Converteram-se também em grandes consumidores dos melhores vinhos franceses. Nas adegas das casas abastadas e nos *gentlemen's clubs*, além de velhíssimas garrafas de Porto e Madeira, desde então repousam os melhores Bourgognes e Bordeaux.

Em contrapartida, a classe alta francesa adotou maneiras inglesas e estilo inglês no vestir. Os homens importavam tecidos e modelos de Saville Row, e o hábito do chá das cinco passou à França.

A Grande Exposição de Paris foi marcada por otimismo em relação ao progresso tecnológico e à prosperidade que dele adviria. O evento contou com grande generosidade dos cofres públicos, pois muitos o viam como maneira de consolidar o prestígio nacio-

---

[2] Até o final da época vitoriana (1901), as mulheres não frequentavam restaurantes. A maioria nem sequer permitia sua entrada.

nal, como uma conquista pacífica do mundo. Todos os mitos do século XIX encontraram expressão na exposição de 1900.

Paris era, então, palco de profundas transformações estéticas, cidade onde se manifestava com exuberância a apoteose do *art-nouveau*.

Entretanto, a euforia da época estava também impregnada do desejo de esquecer as tensões políticas, os conflitos sociais, os vastos segmentos da população mantidos à margem da prosperidade, a ameaça de perseguição religiosa e a repercussão do caso Dreyfus, que desacreditara as Forças Armadas e o poder judiciário.[3]

Não obstante, a vida parisiense conservava suas particularidades frívolas. A *belle époque* assistiu à transformação das grandes *cocottes* em mulheres disputadas pelos senhores da vida noturna. Muitas delas, tomadas por aspiração de ascensão social, adotaram novos nomes, sempre precedidos, evidentemente, da partícula enobrecedora *de*. Cobertas de joias, apareciam habitualmente no Maxim's para cear.

Para atender sobretudo à clientela itinerante, aparece em 1900, na Gare de Lyon, o Train Bleu, o restaurante *art-nouveau* mais opulento de Paris.

No final do século XIX, em decorrência da epidemia de *phylloxera* que destruiu boa parte dos vinhedos franceses, proliferaram em Paris as *brasseries*. Nas *brasseries*, a cerveja substituía o vinho, e nas suas ementas predominavam chucrute e outros pratos do leste da França.

Importantes livros de cozinha foram publicados então. Destacam-se o *Guide culinaire* de Escoffier, *Plaisirs de la table* de Nignon e *Le grand livre de la cuisine* de Prosper Salles. Bem mais tarde, apareceria o *Larousse gastronomique*, importante livro de referência da

---

[3] Em 1898, Émile Zola publica no jornal *L'Aurore* o seu incendiário *J'accuse*, em que denuncia as lacunas do processo que condenou Dreyfus, oficial francês israelita, por espionagem. Zola, por sua vez, é condenado a um ano de prisão e se exila na Inglaterra. Em 1904, Dreyfus é declarado inocente e reintegrado às Forças Armadas.

gastronomia. É um trabalho de Prosper Montagné, grande amigo de Escoffier, autor do prefácio da primeira edição.

As grandes rotas marítimas e as ferrovias, combinadas com a nova tecnologia da conservação de alimentos,[4] revolucionaram a alimentação diária dos europeus e americanos.

Durante séculos, transportaram-se e armazenaram-se neve e gelo para se poder tomar bebidas frias no verão. Em 1100 a.C., já havia na China depósitos subterrâneos de gelo; os imperadores romanos faziam chegar a Roma gelo dos Alpes em lombo de burro; e, no século VI, os *Moghuls*[5] recebiam em Delhi gelo e neve do Hindu Kush. Os homens que ainda hoje carregam nas costas blocos de gelo do Karakoran para o vale de Hunza são, provavelmente, a última geração a exercer essa profissão milenar, pois a eletricidade e os primeiros refrigeradores chegaram àquela região ao norte do Kashmiri. No entanto, a utilização de baixa temperatura com o objetivo de impedir a deterioração dos alimentos é relativamente recente.

Em 1876, foi feita a primeira remessa de carneiro congelado de Buenos Aires para o Havre. Pouco depois, começou a chegar à Inglaterra carne da Austrália e da Nova Zelândia.

Até o advento das estradas de ferro, peixe fresco de água salgada era consumido somente por quem vivesse perto do mar. Mesmo com o transporte ferroviário, o peixe não se manteria

---

4 A tecnologia da conservação compreende um conjunto de procedimentos que retardam a decomposição das matérias orgânicas, prolongando o tempo em que os alimentos podem ser consumidos e comercializados.

I – Cocção: a) por contato direto com a fonte de calor;
b) através de meio líquido;
c) através de meio gasoso.

II – Fermentação: a) láctica;
b) alcoólica.

III – Outros procedimentos: armazenar, embalar, salgar, secar, defumar, marinar, macerar, condimentar, refrigerar, congelar, pasteurizar, destilar, utilizar vácuo, irradiar, submeter a alta pressão, alterar geneticamente.

5 Dinastia de imperadores muçulmanos da Índia (1526-1858) descendentes do líder mongol Gengis Khan. Encontram-se também as grafias *Moughals* e *Moguls*.

fresco sem suprimento de grande quantidade de gelo. Da mesma forma, os navios pesqueiros não poderiam trazer peixe de muito longe.

Em Barking, atualmente parte da Grande Londres, começou-se a usar gelo natural para conservar peixe nos barcos pesqueiros. Agricultores locais foram induzidos a alagar parte de suas terras no início do inverno para coletar gelo à medida que este se formava. O gelo era cortado em blocos, levado para Barking e armazenado em depósitos subterrâneos que podiam conter cerca de 10 mil toneladas. Importava-se também gelo dos países escandinavos. Só nas últimas décadas do século XIX se iniciou a produção de gelo artificial em grandes quantidades.

Hoje, navios pesqueiros processam e congelam a pesca em alto-mar. A imensa produtividade dessas fábricas flutuantes é considerada ameaça ao equilíbrio ecológico, e se discute a urgência de coibir sua atividade predatória.

Os países que mais pescam, pela ordem de importância, são: Japão, Rússia, China, Estados Unidos, Chile e Peru. Esses seis países efetuam 51% do total da pesca mundial.

A produtividade excessiva dos barcos pesqueiros é facilitada pelo emprego de equipamentos sofisticados como o sonar, que detecta os cardumes; aviões, que guiam os navios para os pontos onde há atum vermelho; satélites, que orientam os barcos para as áreas mais piscosas; radar, que possibilita a pesca mesmo quando há muita bruma. Além disso, há técnicas modernas de pesca como a que usa linhas flutuantes que medem mais de 150 metros e são munidas de inúmeros anzóis.

Algumas técnicas de pesca são teoricamente proibidas, mas continuam sendo, de fato, utilizadas.[6]

Biólogos sugerem a formação de fazendas marinhas para a criação de peixes, crustáceos e algas. A aquacultura é praticada em

---

[6] Ver Jean Seignalet, *L'alimentation ou la troisème médecine* (Paris: François de Guibert), p. 82.

escala restrita, há milênios, no Extremo Oriente. O que se propõe atualmente, para se salvaguardar de extinção algumas espécies ameaçadas e se satisfazer a demanda dos países afluentes, é a intensificação e o aprimoramento dessa atividade.

Contudo, a falta de transparência de alguns projetos provoca a oposição de grupos preocupados com problemas ambientais. É o caso do projeto do Institute of Cetacean Research para criação de baleias minke em cativeiro.

Como as regras internacionais só permitem a venda de carne de baleias abatidas para estudo científico, teme-se que o projeto do Institute of Cetacean Research, em Hirado, seja um artifício para fornecer carne de baleia aos restaurantes que a servem sob a forma de pratos caríssimos como o *hari hari nabe*.

Os progressos da zootecnia, da pasteurização, da técnica de conservação em lata e por refrigeração ou congelamento[7] transformaram radicalmente o mercado de alimentos e seu sistema de distribuição.

Simultaneamente, o equipamento das cozinhas evoluiu. Geladeiras para uso doméstico haviam sido lançadas no mercado por volta de 1865. Em 1851, na Grande Exposição de Londres, apresentou-se ao público o primeiro modelo de fogão a gás. A inovação oferecia a importante vantagem da chama contínua e facilmente regulável. O fogão elétrico só apareceu em 1891.

Os utensílios de cozinha passaram por grandes transformações. Depois de 1914, muitas empresas metalúrgicas começaram a produzi-los, substituindo o cobre por alumínio, níquel e metal inoxidável. O vidro, a porcelana, a cerâmica e outros materiais resistentes ao calor foram também aperfeiçoados.

Concomitantemente, os trabalhos de cozinha simplificavam-se com o aparecimento de liquidificadores, batedeiras, panelas de pres-

---

[7] A grande vantagem do congelamento é o fato de que, por esse método de conservação, os alimentos guardam muitas características de frescor.

são, fornos de controle automático e outras inovações, das quais os Estados Unidos foram os pioneiros.

A mecanização dos trabalhos domésticos se refletiria nos hábitos alimentares e na estrutura da vida familiar e social. O próprio ritmo da vida passou a exigir refeições mais simples.

A indústria de alimentos, cuja produção é objeto de intenso comércio internacional, contribuiu de maneira decisiva para maior intercâmbio de padrões de alimentação. Criou-se uma situação em que as cozinhas e os usos alimentares, sobretudo nos países industrializados, assemelham-se mais e mais.

Esses fatores, somados ao transporte aéreo rápido, ocasionaram a internacionalização da culinária. Poucas horas de voo levam às mesas do Le Pavillon, em Nova York, os peixes e mariscos do Mediterrâneo necessários à preparação de uma *bouillabaisse* e transportam para o The Oriental, de Bangcoc, o salmão fresco da Noruega.

A interação global da cozinha se intensifica. E, assim como o isolamento acentua as peculiaridades regionais, a dinamização das comunicações gera processo no sentido oposto.

O Japão do pós-guerra começou a servir desjejuns ocidentais ao lado da refeição matinal tradicional, que consiste em arroz, sopa e biscoitos de algas marinhas. Jovens japoneses bebem uísque e cerveja, em vez de saquê, e comem *hot dog* e hambúrguer, em vez de *sashimi*.

O número de *steak-houses*, o sucesso dos restaurantes especializados em *teppanyaki* e o desenvolvimento de técnicas sofisticadas de alimentação de gado para corte atestam profundas transformações na dieta do Japão industrializado e afluente.

Os restaurantes que servem *teppanyaki* – carne e legumes grelhados sobre chapa metálica (*teppan*) – foram concebidos para estrangeiros. Entretanto, são cada dia mais frequentados pelos próprios japoneses.

Em contrapartida, no Ocidente a moda dos sabores naturais garante o êxito da cozinha japonesa, bem como a assimilação, pela cozinha internacional, de suas técnicas e senso estético. Os restaurantes japoneses proliferam em todo o mundo. Ao mesmo tempo, cresce o encanto pelas cozinhas chinesa e vietnamita.

Essa mesma interação nos permite encontrar o nome *smörgåsbord* nas mais diferentes latitudes, ainda que o repertório dos *buffets* a que se referem os anúncios de alguns restaurantes esteja bem distante da ideia escandinava.[8]

De qualquer forma, aumenta o gosto pelos arenques à moda nórdica e pelo *gravad lax*,[9] salmão marinado à maneira escandinava. E, na falta de salmão, utiliza-se a mesma técnica na preparação de outros peixes.

Enquanto isso, muitos cafés franceses têm fechado suas portas. Alguns se transformaram em *drugstores*, no estilo americano, servindo pratos leves que podem ser consumidos no balcão. O objetivo é fazer baixar o preço de uma refeição e o tempo de sua duração. De fato, a moda do *snack* começa a criar raízes nos hábitos europeus já nos anos 1930.

O periódico *Néo-Restauration*, que circula desde 1972, denota a existência na França de abertura aos novos modelos culinários e às novas formas de organização dos restaurantes e estabelecimentos afins.

O país hoje exporta cozinheiros e pasteleiros para o mundo inteiro. No entanto, não escapa à invasão do fenômeno do *fast-food*. Buscando resposta própria a essa demanda, criaram-se neologismos para designar tipos de estabelecimento, como as *briocheries*,

---

[8] O próprio *smörgåsbord* sueco, na sua extensa forma atual, é também, como vimos, uma evolução do *brännvinbord*, *buffet* bem menor, outrora servido antes de uma refeição festiva, como aperitivo.

[9] A palavra sueca *gravning* vem de *grav* (túmulo). Antigamente, o sal era caro e o peixe depois de ligeiramente salgado era enterrado. Desse modo, evitava-se a dispendiosa salgadura e, ao mesmo tempo, que o peixe se deteriorasse em contato com a atmosfera. Atualmente, *gravning* significa simplesmente envolver o peixe em uma mistura de sal, açúcar, pimenta-do-reino e aneto, e deixá-lo "amadurecer" alguns dias no refrigerador, sob um peso.

croissanteries, viennoiseries e *sandwicheries.* O tradicional *croissant,* antes feito sempre da mesma maneira exclusivamente pelas padarias, é hoje preparado com vários recheios por um grande número de *croissanteries.*

O *fast-food* não pode ser considerado, como querem alguns, mero indício de regressão gastronômica, pois apresenta um aspecto funcional inegável: satisfaz a necessidade atual de rapidez e responde à demanda de relações impessoais decorrentes da cultura urbana e de seu ritmo.

Sua proliferação se explica também pela emancipação e autonomia financeira da juventude, pela distância entre a casa e os locais de trabalho, de estudo e de lazer, bem como pela dessacralização da refeição em família na sociedade pós-industrial. Além disso, para o jovem, comer fora é símbolo de independência.

Paul Bocuse,[10] indignado com a utilização não autorizada de seu retrato num pôster da McDonald's, declarou ironicamente a respeito do *fast-food*: "Coisas desse tipo são necessárias... e querer livrar-se delas é tarefa tão inútil quanto acabar com a prostituição no Bois de Boulogne".[11]

Mudanças de práticas alimentares são manifestação de transformações mais profundas na vida da família e da sociedade em geral. O sucesso do *fast-food* deve ser considerado, portanto, expressão de um fenômeno amplo, ou seja, a *McDonaldização*[12] da própria sociedade.

---

[10] Paul Bocuse, desde 1959, dirige seu restaurante em Collonges-au-Mont-d'Or, ao sul de Lyon. É o mesmo local onde seu bisavô iniciou a tradição da família como proprietário de restaurante. Deu inúmeras voltas ao mundo ensinando e praticando sua arte. Essas viagens são importantes para ele, pois declara voltar com muitas ideias novas sempre que visita um país. Seus roteiros incluem as mais distintas latitudes: Japão, Hong Kong, Estados Unidos, Brasil.

[11] Ver George Ritzer, *The McDonaldization of Society* (Califórnia: Thousand Oaks, 1996), p. 203.

[12] *McDonaldização*, termo usado por Ritzer em seu livro já citado, é neologismo que encontrou rápida e ampla utilização, sobretudo no campo da sociologia e da administração. As várias traduções do livro de Ritzer contribuíram para divulgar esse conceito mundialmente.

McDonaldização é conceito que engloba muito mais do que o alto grau de racionalização desenvolvido pela empresa McDonald's. Tomando-a como paradigma do processo de maximização da produtividade, George Ritzer identifica suas manifestações nos mais variados setores da atividade humana: sistema bancário, educação, atendimento médico-hospitalar, turismo, recreação, comunicações. Afirma ele não haver aspecto da vida humana isento da *McDonaldização*.

No afã de maximizar o lucro, a *McDonaldização* dissimula um de seus artifícios mais eficazes: substituir a maior parte possível do trabalho assalariado pelo trabalho da própria clientela. Para tanto, as empresas devem convencer os clientes de que tudo é feito para oferecer-lhes serviços mais eficientes. Na verdade, à medida que a sociedade se *McDonaldiza*, todos gastamos mais tempo fazendo fila e executando tarefas não remuneradas para um número crescente de empresas.[13]

No terreno específico dos hábitos alimentares e dos estabelecimentos de *fast-food*, podem-se identificar os seguintes traços da *McDonaldização*:

- Desritualização da refeição.
- Simplificação e homogeneização dos processos culinários e dos alimentos servidos.
- Referência enfática ao tamanho e à quantidade dos produtos vendidos, quase nunca à qualidade. Donde o uso frequente de adjetivos como *big* e *super* na nomenclatura dos produtos.[14]

A McDonald's não é pioneira do gerenciamento científico. No entanto, desde a fundação de seu primeiro estabelecimento em Pasadena, na Califórnia, em 1937, a empresa soube aperfeiçoar os princípios da racionalização do trabalho enunciados por Frederick Taylor (1856-1915) e por Henry Ford (1863-1947).

[13] Ritzer pergunta: "Será mais eficiente para os consumidores eles mesmos passarem suas compras pelo *scanner* do supermercado e as ensacarem? Será mais eficiente para os motoristas encherem eles próprios os tanques dos carros? Para quem será mais eficiente ter de discar várias combinações de números de telefone, antes de poder falar com uma voz humana?" (*Op. cit.*, p. 123.)

[14] A impressão do tamanho e quantidade é comunicada por meio de artifícios de ilusão visual. Assim, no caso do McDonald's, a batata frita é posta bem solta na embalagem e

- Atendimento da clientela com um mínimo de comunicação verbal, com fórmulas despersonalizadas e estereotipadas.
- Emprego de mão de obra jovem, cujo treinamento se resume em aprender gestos simplificados, repetitivos e automáticos. Os estabelecimentos de *fast-food* não empregam *chefs*. A esse respeito comenta com humor Eric Schlosser, no seu livro *Fast-Food Nation*: "As cozinhas do *fast-food* muitas vezes parecem uma cena de *Bugsy Malone*, filme em que todos os atores são crianças fingindo ser adultos".
- Alta rotatividade da mão de obra, em decorrência da insuportável monotonia do trabalho tão altamente racionalizado.
- Desumanização das relações entre os membros do *staff* e destes com a clientela. Nas empresas *McDonaldizadas*, há pouca oportunidade para expressão de emoções.
- Esvaziamento da refeição de seus elementos de ritual de comunicação e intercâmbio humano, transformando-se esta em mera operação de reabastecimento.[15]
- Generalização paulatina de refeições domésticas calcadas no modelo *fast-food*, até mesmo em ocasiões festivas.
- Substituição dos tradicionais utensílios de mesa por equivalentes descartáveis ou simplesmente pela criação de maneiras que os dispensem. Sugestivamente, alguns estabelecimentos chamam de *finger food* o tipo de alimento que servem.
- Preferência pela previsibilidade de uma refeição, em vez da surpresa que ela possa oferecer.

---

dela transborda. A decoração das embalagens com listas verticais tem o mesmo propósito. O M do *layout* da firma, impresso nas embalagens descartáveis, é intencionalmente alongado e os hambúrgueres e as escassas tiras de alface ultrapassam as bordas do pão.

[15] Consequentemente, os clientes são induzidos a ocupar as mesas por um mínimo de tempo. Sabe-se haver cadeiras desenhadas para se tornarem incômodas depois de 20 minutos de uso. Assim, uma vez completado o *refill*, os clientes deverão vagar seus lugares e retirar suas bandejas e o lixo proveniente do que consumiram. A divulgação de tais maneiras contribui para incrementar a produtividade dessas empresas.

Gradativamente, os grandes hotéis, como os que Cesar Ritz fundou, foram suplantados pelos hotéis em estilo americano, de grandes redes.

Embora os restaurantes e cafeterias desses hotéis sirvam *T-bone steak* e o típico desjejum americano, procuram reinterpretar alguns pratos da cozinha regional local, às vezes com excelentes resultados. Além disso, muitos desses hotéis, contratando bons *chefs* em caráter permanente ou temporário, têm sido propagadores das tendências da cozinha internacional.

A gastronomia do século XX passa por fase de acentuado pluralismo culinário. Curnonsky[16] já o identificara ao perceber, em seu tempo, o desaparecimento gradativo de um único estilo culinário como parâmetro absoluto. Classificou a cozinha francesa em quatro grandes categorias: a *haute cuisine*, a cozinha burguesa, a cozinha regional e a cozinha camponesa.

Com senso de humor descreveu a existência de cinco partidos gastronômicos: a extrema direita ou o partido composto pelos adeptos dogmáticos e incondicionais da *haute cuisine*; a direita, formada pelos partidários da cozinha doméstica tradicional, preparada por cozinheira que serviu a casa por muitos anos; os centristas são os apreciadores da *cuisine bourgeoise* e guardiães dos bons pratos regionais; a esquerda gastronômica reúne os adeptos da cozinha sem complicações, que utiliza ingredientes fáceis de serem encontrados e não descarta o uso de alimentos industrializados; a extrema esquerda compõe-se dos que, não acreditando em dogmas gastronômicos, estão constantemente buscando novas sensações gustativas, sobretudo as oferecidas pelas cozinhas exóticas.

---

[16] O gastrônomo francês Maurice Edmond Saillant, cognominado Curnonsky (1872-1956), publicou: *Le métier d'amant* (em colaboração com J.-P. Toulet); *La France gastronomique* (em colaboração com Maurice Roupp); *Les fines gueules de France* (em colaboração com P. Andrieu) e *Cuisines et vins de France*. Depois da Grande Exposição de 1900, Curnonsky visitou o Extremo Oriente e se encantou com a diversidade e refinamento da cozinha chinesa.

A maneira de convidar e receber também se transforma rapidamente, à medida que a vida se torna mais democrática e o custo de manter empregados domésticos se eleva. A hospitalidade tem se adaptado às circunstâncias da vida moderna e se descontrai.

As críticas e conselhos dos cronistas gastrônomos são acompanhados com grande interesse. Eles são, além de *gourmets*, teóricos e divulgadores de gosto em matéria culinária. Ao difundirem padrões de uma elite para outros estratos sociais, têm uma função democratizadora, ainda quando essa não é sua intenção.

A forma de alimentar-se é um dos elementos usados pelos círculos sociais superiores para sua distinção. Desse fato decorre, em parte, sua maior propensão em aceitar as novidades sensoriais, pois elas funcionam também como elemento de diferença. Quando, porém, aquilo que um dia foi inovação se propaga, os círculos sociais privilegiados tratam de assimilar outras novidades, imprimindo assim dinamismo à moda e aos hábitos alimentares.

Através do que divulgam *chefs* e cronistas gastrônomos, cresce o número de pessoas que fazem do alimento objeto de apreciação crítica. Esse espírito gastronômico, entretanto, só existe no âmbito de sociedades onde há abundância e diversidade de alimentos, mesmo se, nelas também, só os mais ricos podem fruir de fartura, variedade e qualidade. A gastronomia floresce onde há afluência, valorização do prazer e desejo, mais ou menos explícito, de se mostrar sinais de distinção social e *status*.

A gastronomia induz a fazer do comer uma imensa fonte de satisfações, uma experiência sensorial total. Assim, além dos sabores, consistências, texturas e odores são importantes o cenário, os sons, as cores, a intensidade da luz, as alfaias, o flamejar das velas, o tilintar dos cristais e, evidentemente, a interação entre os convivas.

Em decorrência do clima favorável à gastronomia, um número maior de pessoas considera cozinhar, ainda que esporadicamente, uma fonte de prazer. Cozinhar é atividade que tem sido enobrecida, e vão chegando ao fim os dias em que declarar-se totalmente ignorante em matéria de cozinha poderia conferir distinção.

A gastrotécnica ou gastrotecnia, surgida há algumas décadas, pretende explicar cientificamente os empirismos da cozinha. Segundo tal perspectiva, a culinária, além de arte, é uma ciência, porque grande parte dos fenômenos que se passam no forno e no fogão pode ser explicada pelas leis da física e da química.

A história culinária foi, quase sempre, ignorada pela maioria dos historiadores, sociólogos e etnólogos. É curioso que atividade tão importante como a obtenção, preparação e ingestão de alimentos tenha sido objeto de tal omissão. Entretanto, apesar da pouca atenção que o mundo acadêmico lhes tem reservado, a alimentação e a arte culinária não podem ser consideradas aspectos secundários das civilizações.

Lembra-nos Lyall Watson que o estômago humano digere anualmente, em média, uma tonelada de alimentos e que nossos dias são divididos em partes separadas umas das outras por pausas para comer. Mais ainda, o tempo entre essas pausas está impregnado dos efeitos da última refeição e de pensamentos sobre a próxima. Numa vida de cerca de 70 anos, quem consagra mais ou menos duas horas diárias ao ato de comer passará aproximadamente seis anos comendo.

No entanto, como nota Fernand Braudel, não é fácil perceber o imenso reino das coisas habituais. O rotineiro é, assim, "o grande ausente da história".

Em todos os tempos, geralmente é o excepcional que se registra. Isso se verifica também com relação aos hábitos de mesa. O cotidiano, o trivial, sobretudo dos que levam vida parca e monótona, tende a passar despercebido e raramente é registrado. Esse fato persistiu mesmo depois do advento das ciências sociais.

A história da alimentação e da cozinha começa, porém, a despertar maior interesse acadêmico. Narrar e reconstituir os feitos e gestos dos "grandes homens" não é mais considerada a única maneira de se fazer história.

A obra do botânico polonês Adam Maurizio, divulgada nas primeiras décadas do século XX, é considerada um marco no estudo dos hábitos alimentares.

Maurizius, professor em Lvov (na então Polônia, atualmente Ucrânia), tornou-se conhecido como Maurizio. Seu trabalho publicado em Berlim em 1927 – *Die Geschichte unserer Pflanzennahrung von den Urzeiten bis Gegenwart* – é um intento de resgatar a história dos alimentos vegetais, desde a pré-história até o início do século XX.

Têm-se realizado em Oxford, no St. Anthony's College, simpósios anuais sobre a história culinária. Esses encontros, que reúnem cientistas sociais e estudiosos da história da gastronomia, têm sido organizados pelo historiador Theodore Zeldin e pelo editor Alan Davidson.

Graças à antropologia, sabe-se hoje que a preparação dos alimentos e o comer são também atividades simbólicas que permitem perceber as sociedades e a sua complexidade. Nos últimos anos, a mesa e seus rituais representam um campo ativo da pesquisa.

Como observa Renato Ortiz:

> Os antropólogos consideram a alimentação um aspecto fundamental das culturas que estudam. Os alimentos e as maneiras de tratá-los (crus ou cozidos, diria Lévi-Strauss) nos ensinam sobre sua estrutura e sua estabilidade. [...] Os padrões alimentares não revelam apenas os gostos individuais, como a língua; eles são textos no interior dos quais as disponibilidades culturais se articulam.[17]

É difícil saber como será a cozinha das próximas décadas. Entretanto, é possível fazer algumas previsões que têm grande probabilidade de se concretizar.

Muitos *chefs* se converterão em estrelas da mídia e em estilistas da indústria agroalimentar e da culinária. Simultaneamente, transformar-se-ão em agentes do *marketing* de alguns produtos.

---

[17] Renato Ortiz, *op. cit.*, p. 89.

Graças às incessantes inovações das técnicas de embalagem e conservação,[18] continuará o processo de simplificação do trabalho doméstico com a alimentação. A escolha do consumidor será sempre orientada para os produtos que possam facilitar o seu trabalho na cozinha.

O número crescente de famílias pequenas e de unidades habitacionais ocupadas por celibatários, viúvos, divorciados e idosos condicionam novos comportamentos alimentares e, consequentemente, nova oferta de alimentos. Determinam também a adoção de procedimento culinário simplificado. Tornam-se, portanto, mais comuns embalagens a vácuo contendo porções reduzidas de ingredientes processados (lavados, descascados, cortados, ralados), que diminuem consideravelmente o tempo de preparação de uma refeição.[19]

Cada membro de uma família se alimentará a seu gosto, por motivos dietéticos, convicções filosóficas ou mera docilidade à publicidade. Observa-se que os jovens são mais do que meros alvos da publicidade, pois esta, no intuito de ser mais persuasiva, transforma-os em seus próprios atores.

O aumento do número de mulheres exercendo atividades profissionais favorecerá o processo de transferência para fora de casa das atividades relacionadas com a alimentação.

Assim, será acentuada a dessacralização da refeição em família. Consequentemente, a cozinha materna e os hábitos alimentares da família perderão importância na formação do gosto. Nos grandes centros urbanos, a refeição familiar, símbolo da vida doméstica, tenderá a ser semanal. Quando a família se reunir diariamente para comer, será

---

[18] Ovo líquido, pasteurizado, embalado em recipientes semelhantes aos utilizados para o leite e laticínios, está sendo vendido nos países industrializados. A pasteurização do ovo é medida de conservação e de prevenção contra infecção por salmonela. A publicidade, porém, não deixa de enfatizar a economia de tempo que o uso do ovo líquido favorece!

[19] Pesquisa realizada na França, pelo INSEE (Institut National de Statistisques et d'Études Economiques), revela que um jantar de família, cuja preparação nos anos 1950 exigia três horas de trabalho doméstico, hoje pode ser preparado em meia hora, se for planejado com a devida antecedência. Ver Pascale Pynson, *Mangeurs fin de siècle* (Paris: Éditions Autrement, 1993), pp. 71-2. (Série Mutations/Mangeurs, nº 138.)

provavelmente ao jantar. Tais fatos serão concomitantes ao enfraquecimento da função do espaço familiar como unidade social.

As crianças e adolescentes consumirão mais e mais alimentos que caracterizam o gosto de suas faixas de idade. Expostos desde a mais tenra idade às influências da escola maternal e de seus companheiros nesse núcleo de convivência, ganharão em casa maior autonomia em matéria alimentar. Suas preferências serão levadas em conta no momento das compras e da preparação das refeições.

Através do apelo que exerce sobre crianças e adolescentes, a indústria de *fast-food* tornará muitos deles adultos afeitos, pela vida inteira, a dietas com excesso de sal, gordura e açúcar. Vale a pena notar que muitos preferem os locais de *fast-food* até mesmo para festejar seus aniversários.

À medida que o *fast-food* se expande, cresce o número de menores obesos e com outros problemas de saúde diretamente decorrentes de desequilíbrio dietético.[20] Aumentarão, portanto, os riscos de carências, e pode-se prever que será ainda mais comum a venda de vitaminas e outros suplementos alimentares nos supermercados e estabelecimentos afins.

Por outro lado, a adoção de dietas para emagrecimento induz cada indivíduo a compor um repertório de alimentos proibidos ou aconselhados, desestimulando assim a comensalidade em família.[21] A irracionalidade dos hábitos alimentares, decorrentes de tais fatos e do triunfo do *fast-food*, tenderá a transformar o comer em ato solitário.

É provável que o próprio caráter das matérias-primas venha a passar por profundas modificações. A generalização do uso de ferti-

---

[20] Além das críticas relativas aos alimentos que servem, os estabelecimentos de *fast-food* são alvo de censura baseada em preocupações ecológicas, pois suas embalagens descartáveis produzem enorme quantidade de lixo não biodegradável. E quando substituem tais embalagens pelas de papel persistem as críticas, uma vez que consomem volume desmesurado desse material. Lembra Ritzer (*op. cit.*, p. 130) que são necessárias milhares de milhas quadradas de floresta para fabricar o papel que a McDonald's sozinha consome.

[21] O uso do forno micro-ondas facilita às pessoas comerem a sós, contribuindo também para a *McDonaldização* da refeição.

lizantes e de aditivos químicos, ao mesmo tempo que cria produtos graúdos e atraentes, os faz perder muito de seu sabor e até mesmo de seu valor nutritivo.

Hoje, a engenharia genética produz verduras e legumes que crescem mais rapidamente e que se conservam por muito mais tempo. Cientistas estão procurando criar, por exemplo, tomates que param de amadurecer no momento em que são colhidos. Pode-se, assim, aguardar o ponto ideal para colhê-los. Busca-se também produzir frutas e verduras de tamanho padronizado, resistentes ao transporte e de cultivo e colheita mais fáceis.

A produção de alimentos geneticamente modificados e os riscos para a saúde que dela decorreriam são objeto de inflamado debate em vários países.

A possibilidade de alterar geneticamente as plantas, a fim de fazê-las mais resistentes e de cultivo mais rentável, condicionará um elevado grau de homogeneização dos produtos agrícolas. A difusão de tais práticas genéticas, ao reduzir a biodiversidade, também elimina variedades capazes de melhorar as plantas através de cruzamentos futuros.

Aumentará o número de países onde se pratica a controvertida irradiação de frutas e verduras, com a finalidade de retardar o amadurecimento e prolongar a vida. Frutas e verduras irradiadas podem ser guardadas por meses, e carnes, por anos.

Na ex-União Soviética e no Canadá, irradiam-se batatas desde a década de 1950, e nos Países Baixos, na Bélgica, na França, em Israel e na África do Sul pratica-se a irradiação de frutas e verduras como rotina já há alguns anos.

A longa duração dos alimentos irradiados livra a indústria de alimentação de grande parte das inevitáveis perdas causadas pela deterioração. Por outro lado, permite aos produtores buscar mercados distantes, utilizando transporte mais lento e mais econômico.

A obrigatoriedade de que os consumidores sejam informados quando um produto tenha sido irradiado encontra resistência por parte das indústrias de alimentação. Muitas argumentam ser a irradiação "um tratamento" e não um aditivo. Enfatizam também o fato de que a irradiação mata insetos e bactérias, ao mesmo tempo que evita o aparecimento de mofo, pois esteriliza os alimentos. Outro argumento: a irradiação com raios gama não torna os alimentos radioativos. De qualquer forma, prefere-se utilizar a palavra "ionização", menos conhecida do que "irradiação" e que não provoca as mesmas reações de medo.

Há, no entanto, um problema sério para o qual não se tem resposta tranquilizadora: o destino a ser dado ao lixo radioativo proveniente da irradiação de alimentos. A inquietação parece mais do que justificada, sobretudo com relação a países onde o público é menos informado e os mecanismos de controle são incipientes.

Nos últimos anos, houve melhora na qualidade dos alimentos de uma parcela dos consumidores: os que, além de terem recursos, são bem informados. A maioria, entretanto, consome produtos de qualidade inferior, com sabores artificiais e aditivos químicos, muitas vezes desprovidos de valor nutritivo, apesar da boa imagem que a publicidade procura lhes dar. Sabe-se, por exemplo, que uma boa proporção da proteína de alguns *fast-foods* provém de carnes que dificilmente seriam vendidas no seu aspecto natural e que, uma vez moídas, entram na composição de salsichas, almôndegas e hambúrgueres.

No entanto, o dado impressionante do mapa alimentar do mundo é o fato de que, enquanto as técnicas de produção permitem aos países ricos armazenar excedentes de alimentos, populações inteiras nos países pobres definham desnutridas.

Escreve Ulpiano Bezerra de Meneses:

> É um paradoxo que ocorra um crescimento da fome no planeta na época atual, quando a produção agrícola é a maior de toda a história da humanidade [...] A acumulação capitalista primitiva baseou-se na desterritorialização de amplas camadas sociais antes vinculadas à agricultura, transformando-as em marginais.[22]

---

[22] Ulpiano Bezerra de Meneses, *op. cit.*, pp. 41-42.

Se é bem verdade que as estatísticas do Fundo das Nações Unidas para Agricultura e Alimentação (Food and Agriculture Organization – FAO) revelam que até 1985 a proporção de famintos na população mundial havia diminuído, elas demonstram também que, em números absolutos, os famintos jamais foram tão numerosos.

A fome é a principal causa das altas taxas de mortalidade infantil nos países pobres.

Estima-se que a metade da população mundial em idade pré--escolar é de tal maneira desnutrida que o seu desenvolvimento físico e mental está definitivamente comprometido.

A engorda intensiva de gado de corte com milho e outros cereais é negócio próspero. Uma vez desmamados, os bezerros são alimentados durante seis meses com feno, aveia e milho. Em seguida, são conservados em rigoroso confinamento, para que não desenvolvam musculatura e engordem.

As toneladas de esterco provenientes dessa técnica de engorda atingem proporções gigantescas e são motivo de preocupações ambientais. A água do subsolo e a rede fluvial das redondezas terminam inteiramente poluídas.

Ecologistas vêm relacionando também o alto grau de poluição do mar Adriático com os excrementos das criações intensivas de porcos nas adjacências de rios italianos que nele desembocam. Esses rebanhos se destinam à fabricação de charcuteria, que foi tradicionalmente artesanal nessas zonas. No entanto, a sociedade industrializada, para satisfazer a demanda de proteína animal de seu mercado afluente, alterou completamente a escala dessa atividade.

Sylvie Simon,[23] citando a revista *Science et Avenir* de maio de 1989, chama atenção para a experiência, por ela qualificada de delirante, que tem por objetivo aumentar a produtividade das criações de suínos através de uma vacina geradora de fome. Ao inibir o sinal de

---

[23] Sylvie Simon, *Vaccination l'overdose* (Paris: Éditions Déjà, 1999), p. 276.

saciedade do organismo, a vacina faz com que os porcos comam desmesuradamente e engordem com grande rapidez.

O tratamento que se dá aos frangos nas grandes criações em confinamento tem sido objeto de crítica. Na Grã-Bretanha e Alemanha, grupos que combatem essa atividade procuram informar os consumidores da realidade cruel que existe por trás da produção de frango a bom preço.

Os antibióticos que as aves ingerem para prevenir doenças resultantes do alto grau de confinamento contribuem, ao mesmo tempo, para acelerar a engorda. Esses antibióticos, porém, são ingeridos indiretamente por quem come frango. Uma das consequências desse fato pode ser a imunidade ao tratamento com antibiótico, quando esse for necessário.

A utilização de rações fabricadas com ingredientes de origem animal está diretamente relacionada com o aparecimento de casos de encefalopatia espongiforme bovina (doença da vaca louca) e de intoxicação pela dioxina. Substância comprovadamente cangerígena, a dioxina é um subproduto de processos industriais em que ocorrem reações químicas envolvendo o cloro. A dioxina não existe espontaneamente na natureza. Entretanto, se contaminar a água, o solo ou o corpo humano, é dificilmente eliminada.

O esterco das criações intensivas de frangos e galinhas poedeiras, bem como o das criações de gado bovino e suíno, não tem utilização na era dos adubos químicos e constitui também problema ambiental.

A agricultura de alta produtividade, em função de grãos para a alimentação de animais em confinamento, tem sido igualmente censurada. Ela exige, além de irrigação, o emprego maciço de fertilizantes químicos, de pesticidas e herbicidas, criando um círculo vicioso na necessidade de sua utilização. Por isso, o lençol freático de algumas zonas agrícolas está atingindo elevado grau de contaminação, e a água potável pode tornar-se de difícil obtenção.

Há ainda um outro argumento da crítica a essa agricultura e à atividade da qual ela é subsidiária: utiliza-se uma grande parte dos solos produtivos para se obter uma gama limitada de produtos a ser transformada em alimento humano através de animais.

As grandes áreas de monoculturas eliminam as policulturas de subsistência e intensificam o êxodo rural e a "favelização" de cidades. Além disso, o desflorestamento de grandes superfícies é gerador de desequilíbrios hídricos e desertificação.

Nota-se que a vulnerabilidade às pragas, característica da agricultura moderna, decorre do desequilíbrio ambiental que geram as extensas áreas de monocultura. Simultaneamente, descobrem-se as vantagens do controle biológico das pragas[24] e que a saúde dos ecossistemas depende de sua biodiversidade.

Estima-se que, apesar do confinamento e do controvertido uso de antibióticos, são necessários dez quilos de grãos para se conseguir um quilo de carne de frango e muito mais ainda para se obter um quilo de carne bovina. Ora, nos países industrializados o consumo de carne dobrou nos últimos quarenta anos, enquanto o de cereais baixou drasticamente. Dois terços da produção de grãos dos Estados Unidos, do Canadá e da União Europeia destinam-se à alimentação de animais.[25]

---

[24] Ao destruir certos agentes patogênicos, os pesticidas destroem também plantas úteis, pondo termo à interação entre espécies antagonistas. Ensejam, assim, a proliferação de espécies nocivas, que muitas vezes se tornam imunes à sua ação. O tratamento ecológico, ao contrário, para destruir ou reduzir um agente nocivo, introduz uma espécie a ele antagônica.

[25] Recentemente, o governo norte-americano, num conjunto de recomendações de caráter dietético chamado *Dietary Guidelines for Americans* – documento elaborado por uma comissão mista do Agriculture Department of Health and Human Services –, reconheceu, pela primeira vez, haver aspectos saudáveis na dieta vegetariana. Reconheceu, também pela primeira vez, no mesmo documento, que tomar álcool, moderadamente, reduz o risco de problemas cardíacos. Na opinião do Dr. Philip Lee (Assistant Secretary of Health), beber vinho às refeições, de maneira comedida, é benéfico. Em contrapartida, *Dietary Guidelines for Americans* adverte que o consumo excessivo de álcool aumenta os riscos de pressão arterial alta, de problemas cardíacos em geral, de câncer, de suicídio, de violência e de acidentes (*Herald Tribune*, 4-1-1996).

Em todos os países – exceto naqueles onde predomina tradição vegetariana –, a carne é um alimento de prestígio. Um aumento de renda é sempre acompanhado de maior consumo de carne. Os homens consomem também símbolos ao se alimentarem.

A utilização de fertilizantes químicos e pesticidas, bem como o emprego de hormônios na engorda rápida de animais para abate, práticas que tanto amedrontam o consumidor, fazem parte de um sistema de produção de alimentos em que lucro e produtividade são os principais objetivos.

Com o aparecimento de uma série de produtos adoçantes, o açúcar perderá importância. A isoglucose (*high fructose corn syrup*) é um dos novos bioprodutos que está tomando o lugar do açúcar com fins industriais. Inovação da tecnologia enzimática, a isoglucose é fabricada principalmente com milho. O trigo, a batata e a mandioca também podem ser fontes de amido para a fabricação dessa enzima. Xarope altamente concentrado em frutose, a isoglucose substitui o açúcar na fabricação de bebidas, compotas, sorvetes, bolachas e leite processado. Tem a vantagem de adoçar com menos calorias, qualidade muito prezada atualmente. Se a tecnologia enzimática vier a cristalizar a isoglucose em larga escala, haverá considerável diminuição no consumo de açúcar.

Os meios rápidos de transporte e de distribuição, bem como as técnicas modernas de conservar e congelar os alimentos, põem ao alcance dos consumidores dos países industrializados quase todos os produtos alimentícios do mundo. E eles esperam encontrar durante todo o ano, independentemente da estação, a maior variedade possível de alimentos.

A conservação pela alta pressão é uma descoberta japonesa recente que vem contribuir para a satisfação de tal demanda. As altas pressões tornam inativas as bactérias dos alimentos, sem contudo alterar o sabor. Essa técnica consiste em produzir artificialmente pressão semelhante à que sofre um objeto submerso a grandes profundidades.

A sede por coisas novas dos meios afluentes promove variada oferta de produtos alimentares. Mas o entusiasmo por um novo produto dura pouco. Este pode cair em desuso após curto período de superconsumo. Por isso, as técnicas de venda e publicidade vão se aperfeiçoando e, ao mesmo tempo, assemelhando-se.

O grande objetivo das técnicas de venda é induzir os indivíduos a consumir mais. Nesse sentido, as estratégias desenvolvidas por alguns estabelecimentos têm características de ficção científica.

Encontra-se em Saint-Quentin-en-Yvelines, perto de Paris, um "supermercado-laboratório" que tem a finalidade de estudar o comportamento dos consumidores. Em Saint-Quentin-en-Yvelines, os compradores são observados por uma equipe de psicólogos e sociólogos, sentados atrás de uma parede de vidro especial, que os torna invisíveis aos clientes.[26]

Através dessa parede, os percursos, as paradas, as hesitações e os olhares dos fregueses são gravados por um *eye movement recorder*. Tal sistema, pela refração de raios infravermelhos sobre a retina, registra quais os artigos que mais atraem a atenção dos fregueses e o tempo durante o qual os olhares se detêm sobre eles.

A observação sistemática das reações dos compradores pela equipe de cientistas sociais permite aos *designers*, arquitetos, decoradores e técnicos em iluminação planejar os espaços de maneira a estimular o consumo. Assim, largura dos corredores, iluminação, disposição dos produtos, cores, músicas serão adaptadas para que os fregueses se desloquem lentamente, detenham-se mais tempo diante das prateleiras e comprem, além do necessário, o supérfluo.

Consequentemente, as mercadorias que exigem embalagens volumosas, como os eletrodomésticos, serão colocadas próximas à entrada para que os clientes passem por elas enquanto seus carri-

---

[26] Ver artigo "Citoyens sous surveillance", *Le Monde Diplomatique*, maio 1994.

nhos estão vazios. Por outro lado, por terem preços mais altos, farão parecer módicos os dos outros produtos.

Para Lyall Watson,[27] o sucesso de certos jogos não se explicaria exclusivamente pela necessidade humana de recreação. Tais jogos seriam, na verdade, recriação de algo que um dia teve grande importância em nossas vidas: a caça. Os *videogames* exemplificam muito bem essa afirmação. Da mesma forma, o êxito e a atração dos supermercados decorreriam, em grande parte, de nossa experiência pré-histórica como coletores de alimentos e caçadores.

Nas sociedades modernas, obviamente, já não precisamos conseguir alimento da mesma maneira que os nossos antepassados pré-históricos. No entanto, a necessidade ancestral de busca, anterior à domesticação de animais e à agricultura, vai se refletir também em nossa atividade lúdica e na forma pela qual preferimos nos abastecer.

Nos supermercados, como não há vendedores, podemos procurar livremente as mercadorias entre as prateleiras. Arranjos lógicos e imutáveis, afirma Lyall Watson, tirariam grande parte da atração de tais estabelecimentos.

Um supermercado nos Estados Unidos, diz Margaret Visser,[28] é ao mesmo tempo mercado, palácio, templo e passarela. É expressão e símbolo das metas da sociedade norte-americana.

Hoje em dia, como já foi dito, são os próprios cozinheiros que viajam, ministrando cursos, treinando discípulos e abrindo sucursais de seus restaurantes no mundo inteiro.

Assim, a *grande cuisine* do século XX se transformou em cozinha internacional. Isso não quer dizer somente que ela se tenha difundido pelo mundo, mas que há também um movimento no sentido contrário, pois numerosos pratos de países do mundo inteiro têm sido por ela incorporados.

---

27 Lyall Watson, *Omnivore – the Role of Food in Human Evolution*, Sceptre edition (Londres: Hodder and Stoughton Ltd., 1988), pp. 47-8 e 56.

28 Margaret Visser, *Much Depends on Dinner* (Londres: Penguin Books, 1989), p. 22.

A mola mestra da cozinha internacional é a inventividade e o interesse pelo inédito, ao contrário da cozinha regional, que resiste à novidade e tende a considerar inaceitável tudo o que desconhece.

A cozinha regional é geralmente autossuficiente em termos de ingredientes. Se esse fato lhe confere algumas virtudes, condiciona também sua monotonia e dificuldade em assimilar produtos, técnicas e ideias novas. O regionalismo culinário pode ser conservador e xenófobo.

Observa-se sincronismo entre a internacionalização e o interesse crescente pelas cozinhas regionais e nacionais. Multiplicam-se livros de receitas e restaurantes especializados nas mais variadas cozinhas.

Muitos pratos regionais podem ser internacionalizados. Bom exemplo disso são algumas especialidades da cozinha indiana preparadas no Ocidente, sem o excesso de condimentos usados na Índia.

A expressão "cozinha internacional" é muitas vezes utilizada indevidamente para designar uma cozinha que conserva somente as aparências da verdadeira grande cozinha e que procura impressionar pelos termos pomposos de seus menus.

A cozinha internacional, como observa Jean-François Revel, mais do que uma coletânea de receitas de diversas origens, é um conjunto de técnicas e princípios que permitem adaptação às possibilidades locais. É internacional graças ao talento de *chefs* que, dominando os fundamentos da cozinha clássica e usando de flexibilidade, podem reinterpretar receitas de diferentes origens.

Em decorrência, a palavra *gourmet* assume acepção bem distinta da que teve até há pouco tempo, quando se definia tomando como ponto de referência quase único a *haute cuisine* francesa. Ser *gourmet* hoje significa, além de consumidor avisado e interessado em tudo que bebe e come, pessoa que aprendeu a degustar prazerosamente os alimentos, sabendo avaliá-los segundo critérios que não advêm exclusivamente da socialização. Ser *gourmet* é, portanto, transcender o chauvinismo culinário e poder realizar uma mistura sutil de tradição e de curiosidade pelo novo.

10

CONCLUSÃO

Encontramos nas culinárias os vestígios das trocas culturais entre os povos. As cozinhas são produtos de miscigenação cultural.

Como as outras artes, a culinária não é estática. A história de sua evolução difere segundo as áreas geográficas e as épocas. Todas as transformações da economia têm repercussões nos processos de produção e distribuição de alimentos e influenciam profundamente a culinária, os hábitos alimentares e a própria estrutura da vida doméstica.

As variações climáticas, a abundância das colheitas e a estabilidade política são fatores que influenciam o padrão de vida e, consequentemente, a quantidade e a qualidade dos alimentos disponíveis. As situações especiais de fome e escassez geram uma cozinha peculiar que adota em seu repertório alimentos desprezados ou repelidos em tempos normais. A inventividade e a superação de tabus são estimuladas por tais situações.

Vários autores notam haver, através da história da cozinha, um conflito entre a complicação e a simplicidade, o pesado e o leve. Em certas fases, reage-se contra pratos pesados e complicados, ao mesmo tempo que se reclama a volta aos sabores naturais.

Também quanto aos condimentos, há dois tipos de cozinha. A que os utiliza em grande quantidade, sem se preocupar com as possíveis incompatibilidades entre eles, e a que reduz seu uso a um mínimo, para não prejudicar o sabor essencial do alimento nem o caráter do ingrediente básico.

Na China, há 2.500 anos, os taoístas, discípulos de Lao-Tsé, valorizavam a simplicidade culinária e o retorno à natureza, em oposição às regras confucionistas sobre os alimentos. Da mesma forma, no Japão, a cozinha *kaiseki ryori*, sob a influência zen, fez da natureza e da simplicidade seus principais parâmetros.

A luta entre o novo e o velho, o simples e o complicado é constante na história de todas as artes. A culinária não é exceção. Inevitavelmente o conceito do que é bom ou mau em matéria de cozinha muda através dos tempos. Assim, tomar como definitivas as características da culinária de um momento, transformando-as em dogmas gastronômicos, é esquecer o fato de que a maneira de comer, além de expressão de uma realidade complexa, é também moda.[1]

Na "boa cozinha", dizia Curnonsky, "as coisas têm o gosto do que são". Ao advogar simplicidade culinária e enfatizar a qualidade das matérias-primas, Curnonsky foi também crítico acérrimo dos pratos complicados e dos *menus* pomposos.

Os defensores da *nouvelle cuisine*, que surgiu em meados da década de 1960, aprovam essas noções. Segundo eles, a cozinha deve ser uma extensão da natureza. Não deve, portanto, anular o trabalho da natureza e sim completá-lo.

---

[1] Cisnes, pavões e cegonhas, presentes nas grandes mesas europeias da Idade Média, seriam considerados alimentos extravagantes e impensáveis atualmente. A carne bovina, hoje tão prezada, foi considerada, durante séculos, alimento rústico. No século XIV, a manteiga não constava dos livros de cozinha. A partir do século XVII, porém, será característica da cozinha das elites.

De acordo com as normas da *nouvelle cuisine*, os molhos devem evidenciar o sabor do alimento que acompanham. A propósito diz Isabel Allende: "Na cozinha moderna os molhos são leves, muitas vezes parecem simples caldos transparentes; já não se trata de sepultar a comida sob um manto dissimulador que impede que se perceba sua identidade".[2]

Nesse ponto, também a *nouvelle cuisine* se distancia completamente do princípio alquimista que norteou a preparação dos molhos durante séculos, ou seja, a obtenção da "quintessência" das substâncias sápidas através do cozimento lento.

As raízes da atual *nouvelle cuisine* são anteriores à Segunda Guerra Mundial. Já então Fernand Point,[3] que Paul Bocuse considera seu mestre, abolia os molhos pesados e os pratos complicados da gastronomia. Para Fernand Point, *grande cuisine* não significava cozinha complicada. Ao simplificar as preparações, reduzia também o tempo de cozimento.

A expressão *nouvelle cuisine* tampouco é original. Já havia sido empregada em meados do século XVIII para designar a culinária de La Chapelle, Menon e Marin, e, no final do século XIX, para denotar a cozinha de Escoffier e alguns de seus contemporâneos. Outras cozinhas, portanto, já foram novas em seu tempo.

O termo foi retomado na década de 1960 por Henri Gault e Christian Millau, quando identificaram um estilo novo no trabalho de Paul Bocuse, Jean e Pierre Troigros, Michel Guérard, Roger Vergé e Raymond Olivier.

Sem negar o caráter individual da cozinha de cada um desses *chefs*, Gault e Millau perceberam uma tendência comum que apresentava as seguintes características:

1ª) oposição às complicações desnecessárias;

---

[2] Isabel Allende, *Afrodita* (Barcelona: Plaza y Janés, 1997), p. 215.

[3] Fernand Point era proprietário do La Pyramide, um dos restaurantes famosos da França. La Pyramide está em Vienne, a 30 quilômetros ao sul de Lyon.

2ª) redução dos tempos de cocção e redescoberta da utilização do vapor, método de cozimento tradicionalmente empregado pelos chineses;

3ª) prática do que Bocuse denomina *cuisine du marché*, ou seja, utilização dos ingredientes mais frescos que o mercado oferece a cada dia;

4ª) rejeição de *menus* extensos nos quais figuram pratos preparados com antecedência em favor de *menus* pequenos, compostos em função dos ingredientes disponíveis no mercado a cada dia;

5ª) supressão de marinadas fortes para carne e caça;

6ª) desaprovação dos molhos "pesados", inclusive dos molhos à base de *roux*, em favor de manteiga, limão e ervas frescas;

7ª) interesse pelas cozinhas regionais e abandono da *haute cuisine* parisiense como única fonte de inspiração;

8ª) receptividade com relação a novas técnicas e equipamentos *avant-garde*;

9ª) preocupação dietética;

10ª) inventividade.

A *nouvelle cuisine* recomenda, como vimos, a utilização dos melhores produtos da estação. Assim, há que se observar o ciclo sazonal para se consumir os produtos no momento em que deles se pode obter a qualidade máxima. Essa é a ideia básica da *cuisine du marché*, difundida mundialmente por Bocuse.

Para os adeptos da *cuisine du marché* não se pode estabelecer um *menu* em abstrato sem antes verificar o que o mercado oferece de melhor e de mais fresco, a cada dia.

É oportuna a importância que a *cuisine du marché* atribui à qualidade e ao frescor dos ingredientes, à preferência que se deve dar a tudo que é produzido no local ou que tenha viajado o menos possível. O desenvolvimento dos meios de conservação e de transporte leva muitas pessoas a desejarem produtos fora da estação, mesmo em detrimento de sua qualidade.

Na opinião de Bocuse, as refeições são quase sempre demasiadamente grandes. Mesmo quando se trata de um jantar formal, deveriam ser suficientes um *hors d'oeuvre*, um prato quente com seus acompanhamentos e uma sobremesa.

A *nouvelle cuisine*, que é também tentativa de ultrapassar a oposição entre gastronomia e dietética, surgiu para satisfazer exigências características da vida atual.

Hoje, mesmo os trabalhos manuais exigem muito menos esforço físico do que no passado. A mecanização e a automação reduzem consideravelmente o dispêndio de energia humana. E não se pode esquecer o fato de que o automóvel é utilizado cada vez mais como transporte cotidiano. Assim, despende-se menos energia e necessita-se de menos calorias. Além disso, a consciência de que o excesso de peso é nocivo à saúde e a moda do corpo delgado como padrão estético ideal levam as pessoas a preterir pratos e molhos considerados pesados.

Note-se que alguns *chefs* divulgam a utilização dos laticínios com baixo teor de gordura e a preparação de molhos à base de purê de legumes. Essas são algumas das ideias centrais da *cuisine minceur* de Michel Guérard.

Porte esbelto é símbolo de *status* e de bom gosto e está associado à ideia de juventude, saúde, educação, disciplina e mesmo de competência administrativa. Sugere capacidade de cuidar do próprio corpo e pode ser fator de ascensão social e até política.

A "lipofobia" evidencia as contradições de um estilo de vida que gera corpulência e, ao mesmo tempo, discrimina e culpabiliza os obesos. Essa percepção da obesidade faz com que a magreza seja para muitos uma obsessão. Nas sociedades abastadas, a maioria das pessoas sonha em ser magra e sofre com o fato de não o ser.

Contudo, a reação contrária às formas exuberantes não é unânime. Isabel Allende cita o "Himno a la celulites", de Enrique Serna, como exemplo jocoso:

... Vivan las adiposas
adoratrices del esfuerzo nulo,
que dejan las odiosas
fadigas para el mulo
y comen todo lo que agranda el culo.[4]

A corpulência, tanto do ponto de vista moral como do estético, não foi sempre percebida da mesma maneira. No final do século XIX, quando corpulência ainda era sinal de prosperidade e respeitabilidade, personagens de Émile Zola a ela atribuíam qualidades positivas. Em contrapartida, a magreza, além de feia, era alvo de suspeita: "Mas na insistência de Lisa, havia um certo ódio, uma certa desconfiança dos magros...". "Um homem magro é capaz de qualquer coisa. Eu nunca encontrei um que fosse bom...".[5] A novela *Boule de suif*, de Guy de Maupassant, contemporâneo de Zola, narra o poder de sedução de uma patriota corpulenta durante a guerra franco-prussiana (1870).[6]

A publicidade, que permeia e distorce a informação em matéria dietética, acentua a irracionalidade dos comportamentos alimentares.

Nas sociedades afluentes, em que ser magro é cada vez mais difícil, clínicas de emagrecimento constituem um grande negócio, e livros sobre dietas milagrosas são *best-sellers*.

Simultaneamente à grande solicitação ao consumo desenvolve-se informação em sentido oposto sobre regimes e maneiras de se obter e conservar boa forma. Pouco se considera, porém, a grande relação entre obesidade, irracionalidade dos comportamentos alimentares e desritualização do ato de comer.

Vale notar que a maioria das dietas provém dos Estados Unidos, país com recordes de população obesa e pioneiro da

---

4 Isabel Allende, *op. cit.*, p. 63.
5 Émile Zola, *Le ventre de Paris* (Paris: Booking International, 1995), pp. 195 e 204.
6 Guy de Maupassant, *Boule de suif* (Paris: Booking International, 1993).

desritualização do comer. Come-se a qualquer hora, qualquer coisa e em qualquer lugar.

Muitas dietas de emagrecimento têm nítidas conotações morais e são geradoras de sentimento de transgressão.

A oposição à obesidade pode também trazer implícita, por exemplo, a noção ética de que o obeso seria um transgressor, alguém que come além da parte que lhe é atribuída, desrespeitando as regras de repartição e reciprocidade. Tal percepção da obesidade carece de fundamento. Sabe-se que atualmente nos países ricos a maioria dos obesos pertence aos estratos sociais menos favorecidos.

A prescrição de medicamentos redutores do apetite, parte integrante de algumas dietas de emagrecimento, tem revelado os efeitos letais de alguns deles. Redux (dexfenfluramine) e Pondimin (fenfluramine), aprovados nos Estados Unidos pela Food and Drug Administration (FDA) e prescritos durante anos, foram recentemente retirados do mercado.

Diz Claude Fischler:

> Encontramo-nos imersos em uma verdadeira cacofonia dietética, um concerto dissonante de recomendações e proibições, de prescrições e de alertas contraditórios [...] [...] Nessa cacofonia o único elemento que vem à tona é o sentimento de culpa, uma culpa nebulosa, imprecisa, fantasmagórica, ansiosa.[7]

O liame entre alimentação e saúde não é novo. A novidade é a fonte de onde provém essa informação e os seus termos. Até os anos 1960, eram sobretudo os usos sociais que condicionavam a maneira de comer. Desde então, o *marketing*, a publicidade e os meios de comunicação de massa têm papel decisivo nesse terreno.

A indústria de alimentação, ao criar e acompanhar novas tendências alimentares, tem sabido explorar a moda da esbeltez, lançan-

---

[7] Claude Fischler, *Le bon et le sain (T): mangeurs fin de siècle* (Paris: Éditions Autrement, 1993), p. 122. (Série Mutations/Mangeurs, nº 138.)

do produtos com aura de leveza. Os produtos *light* ou *diet* e os substitutos do açúcar são apresentados como solução para os que desejam ser delgados sem privações.

A palavra colesterol integrou-se ao vocabulário leigo, ainda que a complexidade do assunto escape à maioria. De qualquer forma, o alto consumo de carne e de produtos animais, como leite, queijo, manteiga e ovos, é considerado uma das causas de taxa elevada de colesterol e de suas consequências.

Orientados pela demanda, pesquisadores americanos conseguiram produzir ovos pobres em colesterol, embora a custo excessivamente elevado, pois as galinhas são tratadas com medicamento anticolesterol semelhante ao utilizado pelos seres humanos!

Nos anos 1950, dizia-se que o consumo diário de gorduras poli-insaturadas baixaria a taxa de colesterol no sangue. Muitos adotaram cozinha à base de margarina, óleo de soja, de girassol e de milho.

Entretanto, pesquisas dos anos 1980 (Mattson e Grundy) concluíram que o alto consumo de gorduras poli-insaturadas é perigoso. Os leigos começaram, então, a ser informados da existência de dois tipos de lipoproteínas: a de alta densidade (HDL) e a de baixa densidade (LDL). Embora seja desejável baixar a taxa do LDL, o mau colesterol, não é benéfico baixar a taxa de HDL, o bom colesterol. Ora, as gorduras poli-insaturadas reduzem ambas.

Conclui-se que óleo monoinsaturado, como o de oliva, anteriormente desaconselhado, é o mais saudável. O azeite virgem é o mais apreciado pelas suas qualidades dietéticas.[8]

Ao mesmo tempo, observa-se que nos países mediterrâneos, de cozinha à base de azeite de oliva, há uma incidência bem menor

---

[8] Obtém-se o azeite virgem através da primeira prensagem a frio das azeitonas trituradas. Um azeite de qualidade média é obtido por uma segunda prensagem a quente. Azeite de menor qualidade é obtido por uma terceira prensagem com solventes químicos. As boas marcas especificam em seus rótulos se se trata de azeite de primeira, segunda ou terceira prensagem.

de enfermidades cardiovasculares do que nos países do norte da Europa. Em decorrência, nos países ricos o consumo de óleo de oliva tem crescido consideravelmente.

Entretanto, o aumento da demanda de azeite de oliva coincide com o abandono de muitos olivais nos países europeus. O cultivo da oliveira parece incompatível com o estilo de vida das sociedades que se urbanizam e enriquecem. Por outro lado, a introdução de novas técnicas de cultura, capazes de suavizar o trabalho humano, é dificultada pela própria topografia e disposição das árvores nas velhas plantações.

Assim, os olivais vão ganhando importância nos países mais pobres do Mediterrâneo, como a Tunísia e a Turquia. De qualquer forma, parece inevitável que o azeite de oliva, outrora a base da alimentação dos pobres do Mediterrâneo, torne-se cada vez mais caro, um artigo de luxo.

A *nouvelle cuisine*, expressão do confronto entre o tradicionalismo e a inventividade, pôs termo ao dogmatismo que dominou a gastronomia durante tanto tempo. Com ela, a criação culinária se liberou. Esse, talvez, seja o seu grande mérito.

Muitos ingredientes, hoje comuns, eram desconhecidos ou considerados exóticos há apenas alguns anos. Com a intensificação do intercâmbio comercial e a facilidade das viagens internacionais, descobriram-se frutas, verduras, especiarias e novas maneiras de tratar ingredientes conhecidos.

Algumas técnicas e preparações da *nouvelle cuisine*, que passam por inéditas, são na verdade resgatadas de outros tempos ou de outras culturas. Exemplos: cozimento a vapor, ponto de cocção *al dente*, peixe com frutos do mar e frango com crustáceos, comuns nas cozinhas asiáticas e latino-americanas.

O contato com novas paisagens e culturas conduz à descoberta de pratos, técnicas e hábitos culinários. Raymond Olivier aponta as viagens dos cozinheiros e de seus clientes como um dos catalisadores da *nouvelle cuisine*.

Em 1964, Olivier foi responsável pelo funcionamento dos restaurantes montados em Tóquio por ocasião dos Jogos Olímpicos. Pôde reforçar assim, por meio de sua função em evento de tal monta, o encanto dos japoneses pela cozinha francesa.

Logo após, Shizuo Tsuji funda em Osaka uma escola na qual vão ensinar renomados *chefs* franceses. Em contrapartida, estes trazem para seu país padrões estéticos e técnicas assimilados no Japão. Dessa maneira, intensifica-se o intercâmbio entre as duas tradições culinárias, fato considerado um dos principais geradores da *nouvelle cuisine* e da adoção no Ocidente do serviço à japonesa.

A influência da cozinha japonesa na *nouvelle cuisine* é maior do que pode parecer. Theodore Zeldin[9] julga ser a *nouvelle cuisine* um enxerto de ideias japonesas na tradição culinária francesa. Por isso, hoje, os alimentos, sobretudo os legumes, são cozidos mais rapidamente, e cada ingrediente se destaca na apresentação de um prato. Nesse sentido, observa-se a tendência, ao arrumar os pratos, de dispor os alimentos sobre os molhos e de guarnecê-los, sem mascará-los. Assim, cada comensal pode perceber, num relance, os ingredientes do prato que lhe é servido. A variedade e harmonia de cores também revelam o influxo da concepção estética japonesa e do cuidado em fazer com que o alimento seja tão agradável aos olhos quanto ao palato.

O serviço à japonesa, organizado à base do prato individual, cuidadosamente decorado para cada conviva, põe em desuso o *réchaud* e a flambagem ao lado da mesa. Raramente, algo é preparado na sala dos restaurantes. Em decorrência, o *maître d'hôtel* perde o seu papel de figura central e sua função pedagógica em relação à clientela diminui. Esse tipo de serviço confere à equipe da cozinha total responsabilidade pelo sabor e aspecto do que é servido.

---

[9] Theodore Zeldin, *An Intimate History of Humanity* (Londres: Sinclair–Stevenson, 1994), p. 96.

Os princípios da cozinha *kaiseki*, que dão ênfase à utilização dos produtos da estação, à preservação dos sabores naturais, à simplicidade e à leveza, são reencontrados na *cuisine du marché*. A grande diferença entre a *cuisine du marché* e a cozinha *kaseiki* é que a primeira, ao insistir que se observe o ciclo sazonal, o faz simplesmente para que se utilizem os produtos no seu apogeu. A segunda, porém, observa o ritmo das estações por motivos filosóficos, o que transcende o mero nível sensorial.

A *nouvelle cuisine* não escapou a um risco comum a todas as artes: o de levar alguns a negligenciar o acervo da tradição e a exaltar a invenção pela mera invenção. A preocupação em apresentar constantemente novidade e a atração de alguns *chefs* pelo estrelato criam, às vezes, situações caricaturais. Diz Alain Ducasse de maneira apropriada: "Um cozinheiro não é um gênio, é somente um mero artesão. Os verdadeiros gênios são pessoas como Leonardo da Vinci. Nós tratamos do efêmero. Sejamos, portanto, modestos".[10]

Muitos aspectos da *nouvelle cuisine*, como sua ânsia pelo exótico e pela novidade, foram criticados. Para muitos, a *nouvelle cuisine*, apesar da seriedade de sua origem, reduziu-se à preparação de pequenas porções de alimentos caros, apresentados em pratos superdimensionados. Quanto a esse traço dos restaurantes adeptos dos padrões *nouvelle cuisine*, comenta Isabel Allende: "Fico com a sensação de não haver comido o suficiente e de ter pagado demasiado".[11] A inaptidão e os excessos de alguns *chefs* fizeram Paul Bocuse declarar, já em 1982, que a *nouvelle cuisine* havia terminado. Alguns anos depois, ele foi radical em sua crítica, chamando-a de "cozinha

---

[10] Entrevista a *Eurostar Magazine*, nº 8, out. 1996. O *chef* Alain Ducasse se considera discípulo de Alain Chapel. Ducasse é proprietário dos restaurantes Bastide, Louis XV e Alain Ducasse, respectivamente em Moustier, Mônaco e Paris.

[11] *Op. cit.*, p. 166.

para anoréxicos esnobes, feita de porções diminutas e contas exorbitantes".[12]

O aparecimento de uma cozinha nova não é fenômeno inédito na história da gastronomia. Os séculos passados já conheceram várias. Outras certamente surgirão.

---

[12] Paul Bocuse, *Manchete*, Rio de Janeiro, 30 dez. 1989.

BIBLIOGRAFIA

ALBERINI, M. *Storia del pranzo all'italiana dal triclinio allo snack*. Milão: Rizzoli, 1966.

ANDERSON, Eugène. *The Food in China*. New Haven: Yale University Press, 1988.

ARENS, W. *The Man-Eating Myth*. Oxford: Oxford University Press, 1979.

ARON, J. P. *Le mangeur du XIXe siècle*. Paris: R. Laffont, 1973.

BERGIER, J. F. *Une histoire du sel*. Friburgo (Suíça): Office du Livre, 1982.

BEZERRA DE MENESES, Ulpiano & CARNEIRO, Henrique. *A história da alimentação: balizas historiográficas*, 5 vol. São Paulo: Anais do Museu Paulista, 1997.

BLOND, Georges & Germaine. *Histoire pittoresque de notre alimentation*. Paris: Arthème Fayard, 1960. (Collection Les Grandes Études Historiques).

BORDEAU, L. *Histoire de l'alimentation*. Paris, 1894.

BRAUDEL, Fernand. *Civilização material e capitalismo*. Lisboa: Cosmos, 1970.

CASTRO, Josué de. *Geopolítica da fome*. Rio de Janeiro: CEB, 1951.

__________. *O livro negro da fome*. São Paulo: Brasiliense, 1966.

CLAIR, Collin. *Kitchen and Table*. Londres: Abelard-Schuman, 1964.

__________. *Of Herbs & Spices*. Londres: Abelard-Schuman, 1961.

CLIFTON, Claire. *The Art of Food*. Londres: The Wellfleet Press, 1988.

COURTINE, R. J. *La gastronomie*. Paris: PUF, 1970. (Collection Que sais-je?, nº 1.373).

DUMAS, Alexandre. *Le grand dictionnaire de cuisine*. Turim: Henri Veyrier, 1978.

DUPIN, H. *L'alimentation des français*. Paris: ESF, 1978.

ENGELS, F. *The Condition of the Working Class in England in 1844*. Londres: Oddy & Miller, 1969.

FACCIOLI, Emilio. *L'arte della cucina in Italia*. Turim: Einaudi, 1992.

FIDDES, Nick. *Meat. A Natural Symbol.* Londres: Routledge, 1991.
FISHER, M. K. F. *The Art of Eating.* Nova York: Vintage Books, 1976.
FLANDRIN, Jean Louis & MONTANARI, Massimo (orgs.). *Histoire de l'alimentation.* Paris: Fayard, 1996.
FREIRE, Gilberto. *Açúcar.* São Paulo: Companhia Das Letras, 1997.
GAMBA, Julio. *La casa de Lúculo o el arte de comer.* Madri: Espasa-Calpe, 1979.
GIBLIN, James Cross. *From Hand to Mouth.* Nova York: Crowell, 1987.
GOODY, Jack. *Cooking, Cuisine and Class; a Study in Comparative Sociology.* Cambridge: Cambridge University Press, 1984.
GRIMM, Veronika. *From Feasting to Fasting.* Londres: Routledge, 1997.
HALE, John R. *Age of Exploration.* Nova York: Time Incorporated, 1966.
HALE, William H. *Illustrated History of Eating and Drinking through the Ages.* Nova York: American Heritage Publishing Co. Inc., 1968.
HOBUSCH. *Histoire de la chasse.* Paris: Pygmalion, 1984.
HOLANDA, Sérgio Buarque de. *Caminhos e fronteiras.* São Paulo: Companhia Das Letras, 1994.
__________. *Visão do paraíso.* Rio de Janeiro: José Olympio, 1959.
JACOB, H. E. *Six Thousand Years of Bread.* Garden City: Doubleday, 1944.
JOHNSON, Michelle Berriedale. *The British Museum Cookbook.* Londres: British Museum Publications Ltd., 1987.
LEVI-STRAUSS, Claude. *Le cru et le cuit (Mythologiques I).* Paris: Plon, 1964.
__________. *L'origine des manières de table (Mythologiques III).* Paris: Plon, 1968.
LIN, Hsiang Ju & LIN, Tsuifeng. *Chinese Gastronomy.* Nova York: Harvest/HBV, 1977.
LUJAN, Néstor. *Historia de la gastronomia.* Barcelona: Plaza & Janés Editores, 1988.
MASEFIELD, G. B.; WALLIS, M.; HARRISON, S. G. & NICHOLSON, B. E. *The Oxford Book of Food Plants.* Londres: Oxford University Press, 1969.
MAURIZIO, Adam. *Die Geschichte unserer Pflanzennahrung von den Urzeiten bis zur Gegenwart.* Berlim: O.S.E., 1927 (trad. francesa: *Histoire de l'alimentation végétale depuis la préhistoire jusqu'à nos jours.* Paris: Payot, 1932).
MENNEL, Stephen. *All Manners of Food.* Oxford: Basil Blackwell Ltd., 1985.
MOLLAT, M. *Le rôle du sel dans l'histoire.* Paris: PUF, 1968.
MONSOLET, Charles. *Lettres gourmmandes.* Paris: Éditions Rabelais, 1974.
MONTAGNÉ, Prosper. *New Larousse gastronomique.* Londres: Hamlyn, 1983.
MOULIN, Léo. *Les liturgies de la table.* Antuérpia: Fonds Mercator, 1988.
__________ & LÉONARD, Léon. *L'art de manger en Belgique.* Antuérpia: Esco Books, 1979.
PLATT, Colin. *The Atlas of Medieval Man.* Londres: MacMillan Press, 1979.
REDDING, Richard W. *A General Explanation of Subsistence Change.* San Diego: Academic Press, 1991.
REVEL, Jean-François. *Un festin en paroles.* Evreux: J. J. Pauvert, 1979.
RICHIE, Donald. *A Taste of Japan.* Nova York: Kodansha International Ltd., 1985.

RODEN, Claudia. *A New Book of Middle Eastern Food*. Londres: Viking, 1985.

ROTBERG, R. I. & RABB, T. K. *Hunger and History*. Cambridge: Cambridge University Press, 1985.

SINCLAIR, H. M. *Encyclopedia of Food and Nutrition*. Oxford: Pergamon Press, 1969.

STRONG, L. A. G. *The Story of Sugar*. Londres: George Weindenfeld & Nicolson, 1954.

SUPER, John C. *Food, Conquest and Colonisation in 17th Century Spanish America*. Albuquerque: University of New Mexico Press, 1988.

TANNAHILL, Reay. *Food in History*. Londres: Methuen, 1973.

TELEKI, G. & HARDING, R. *Omnivorous Primates*. Nova York: Columbia University Press, 1981.

VISSER, Margaret. *Much Depends on Dinner*. Londres: Penguin Books, 1986.

WIESSNER, Polly & SCHIEFENHÖYEL, Wulf. *Food and the Status Quest*. Oxford: Berghan, 1996.

WILLAN, Anne. *Great Cooks and their Recipes: from Taillevent to Escoffier*. Londres: Elm Tree Books, 1977.

WOOD, R. *The Sociology of the Meal*. Edimburgo: Edinburgh University Press, 1995.

ÍNDICE REMISSIVO